366 und noch mehr... Märchen und Fabeln

erzählt von
Gianni Padoan

mit Bildern von
Sandra Smith

Deutsche Fassung
von
Gisela Fischer
und
Edith Jentner

Pestalozzi-Verlag, D 8520 Erlangen

Januar

Märchen des Monats

Aschenputtel

Januar

Ein reicher Edelmann hatte eine wunderschöne Tochter. Sie war stets freundlich und hilfsbereit, genau wie ihre Mutter. Nur war diese schon lange tot. Der Vater heiratete wieder, doch diese Frau war boshaft, und ihre zwei Töchter waren genauso. Sie arbeiteten nichts, sondern standen den ganzen Tag vor dem Spiegel, um sich zu putzen.

Für die Tochter des Edelmannes begann eine schlimme Zeit. Sie mußte die Stiefschwestern bedienen und im Haus arbeiten. Sie trug immer nur dasselbe zerlumpte Kleid, und abends bekam sie kein Bett, sondern mußte sich neben den Herd in die Asche legen.

Weil sie darum immer schmutzig aussah, gaben ihr die Stiefschwestern den Namen Aschenputtel.

Eines Tages kamen die Schwestern ganz aufgeregt zu ihr. Sie hielten ihr einen Brief hin und riefen: „Wir sind ins Schloß eingeladen! Der Prinz gibt einen Ball, wahrscheinlich will er eine von uns heiraten!"

Aschenputtel machte große Augen. „Ich möchte auch zu dem Ball gehen", sagte es, doch die Schwestern lachten es nur aus, weil es ja keine schönen Kleider besaß.

Am Ballabend hatte Aschenputtel alle Hände voll zu tun, bis die Schwestern aus dem Haus waren. Die Stiefmutter schüttete zuvor noch eine Schüssel mit Linsen in die Asche. Die sollte Aschenputtel auslesen.

„Ach, wenn das meine Mutter wüßte", seufzte es.
Da kamen Tauben aus dem Garten und fragten:
„Sollen wir dir helfen?"
„Ja, die guten ins Töpfchen, die schlechten ins Kröpfchen." Bald hatten die Tauben die Linsen fein säuberlich ausgelesen. Dann eilte Aschenputtel zum Grab der Mutter und rief: „Bäumchen, rüttel dich und schüttel dich, wirf Gold und Silber über mich!"
Da lag ein schönes Kleid unter dem Baum und passende Schuhe dazu. Eine Stimme aber sagte: „Um Mitternacht geht die Zauberkraft zu Ende, dann mußt du den Ball verlassen."

Leichtfüßig eilte Aschenputtel zum Fest. Die Stiefschwestern erkannten es nicht. Alle staunten über das schöne Mädchen, der Prinz aber tanzte nur noch mit ihm und dachte: „Ich bin doch auf Brautschau. Da weiß ich mir keine bessere als diese."
Kurz vor Mitternacht verabschiedete sich Aschenputtel vom Prinzen, lief aus dem Tanzsaal hinaus, — und niemand wußte, wohin es gegangen war. Als die Stiefmutter mit den Töchtern vom Ball kam, lag Aschenputtel in der Asche am Herd und schlief.
Am nächsten Abend wurde das Fest im Schloß fortgesetzt. Kaum waren alle aus dem Haus, ging Aschenputtel wieder zum Grab der Mutter. Dies-

Januar

mal lagen noch schönere Kleider da, und Aschenputtel war wieder die Schönste auf dem Ball und wurde von den Stiefschwestern nicht erkannt. Der Königssohn tanzte nur noch mit ihr. Doch kurz vor Mitternacht verschwand die schöne Tänzerin wieder. Da beschloß er, am nächsten Abend zu einer List zu greifen, damit sie ihm nicht von neuem enteile.

Nachdem Aschenputtel seine Schwestern am dritten Abend zum letzten Mal herausgeputzt hatte, ging es selbst zum Fest und glänzte wie die Sonne am Mittag. Die Schwestern waren blaß vor Neid. Wenn sie aber gewußt hätten, daß es Aschenputtel war, da wären sie vor Ärger geplatzt. An diesem Tag hatte der Prinz die Treppe mit Pech bestreichen lassen. Als Aschenputtel weglief, blieb einer seiner Schuhe daran hängen.

Der Prinz gab im ganzen Land bekannt: „Diejenige, der dieser goldene Schuh paßt, wird meine Gemahlin." Dann machte er sich selbst auf die Suche nach seiner Braut. Aber der Schuh war allen viel zu klein. Schließlich kam der Prinz auch zum Haus des Edelmannes. Die zwei Schwestern freuten sich sehr, denn sie hatten kleine Füße und glaubten, der Schuh würde einer von ihnen passen. Als der ältesten Schwester der Schuh zu klein war, hieb sie sich mit dem Messer ein Stück von der Ferse ab und zwängte den Fuß in den Schuh. Der Prinz glaubte, sie sei seine Braut, und ritt mit ihr fort. Doch als sie am Friedhof vorbeikamen, riefen die Tauben:
„Ruckedigu, ruckedigu,
Blut ist im Schuh!
Der Schuh ist zu klein,
die rechte Braut sitzt noch daheim."
Da brachte der Prinz die falsche Braut zurück, und die zweite Schwester probierte den Schuh. Sie hieb sich ein Stück von den Zehen ab und zwängte den Fuß hinein. Wieder riefen die Tauben dem Prinzen zu, daß er betrogen worden war.

So kehrte er nochmals ins Haus zurück und fragte nach einer anderen Tochter.

Die Mutter sagte: „Da ist nur noch ein garstiges Aschenputtel, dem kann der Schuh bestimmt nicht passen."

Der Prinz bestand aber darauf, daß es den Schuh anprobiere.

Und siehe da, er paßte!

Jetzt erkannte der Prinz auch seine schöne Tänzerin wieder.

„Das ist die rechte Braut!" rief er, und die Stiefschwestern erblaßten vor Neid.

Als der Prinz mit Aschenputtel am Grab vorbeiritt, riefen die Tauben: „Ruckedigu, ruckedigu, kein Blut ist im Schuh! Der Schuh ist nicht zu klein, die rechte Braut, die führt er heim!" Dann setzten sie sich dem Aschenputtel auf die Schultern und begleiteten es zum Königsschloß.

Januar

1 Zwölf in einer Kutsche

Gerade als die Turmuhr Mitternacht schlug, hielt der Wachposten die Reisekutsche an. Es war Neujahr, und die Fahrgäste sollten kontrolliert werden. Zwölf recht sonderbare Gestalten stiegen aus.
Der erste Reisende schien eine wichtige Person zu sein, denn alle sahen ihn mit hoffnungsvollem Blick an. Er hieß Januar und sagte gewichtig: „Ich muß tausenderlei für das ganze Jahr bedenken." Der zweite Reisende rief lachend, das Leben sei kurz und seine Tage gezählt – nicht mehr als achtundzwanzig. „Darum will ich mir ein schönes Leben machen, solange es eben geht!" Die Wache ärgerte sich über den vorlauten Herrn, der aber rief: „Erkennst du mich nicht? Ich bin der Februar, der lustige Karnevalsprinz!" Herr März war launisch. An ihn wandte sich der vierte Reisende, zeigte auf die Mondscheibe und rief: „Ein Silberschatz!" Natürlich war das nur ein Aprilscherz. Um die Gemüter zu beruhigen, sang Fräulein Mai ein liebliches Frühlingslied.
Die beiden folgenden Fahrgäste, Juni und Juli, waren sommermäßig gekleidet und hatten nur Badeanzüge im Gepäck. Frau August trug einen schweren Erntekorb mit sich und schwitzte sehr. Der neunte Fahrgast war ein Künstler. Es war der Maler September, ein Fachmann im Blätterfärben. Herr Oktober kannte sich im Wein- und Obstbau besonders gut aus. Aber man konnte seine Erklärungen nicht gut verstehen, weil ein Herr immerzu laut niesen mußte. Es war der elfte Fahrgast, der fröstelnde Herr November. Großvater Dezember hatte einen Tannenbaum bei sich, den er zu Weihnachten schmücken wollte. Nachdem der Wachposten alle zwölf Fahrgäste kontrolliert hatte, sagte er freundlich: „Ich wünsche der Familie der Monate ein schönes Neues Jahr!" Dann legte er die Hand an die Mütze und ließ die Kutsche mit den zwölf Fahrgästen weiterfahren.

2 Die Rätselkönigin

Die Zarin von Petersburg gab bekannt, daß sie nur den Mann heiraten wolle, dem es gelingt, ihr drei Rätsel aufzugeben, auf die sie keine Antwort wüßte. Viele hatten es schon versucht, aber vergebens. Da stellte sich der Bauer Iwan vor und sagte: „In etwas Gutem befand sich etwas anderes Gutes. Um etwas Gutes zu tun, entfernte ich das eine Gute aus dem anderen." Die Zarin wußte keine Antwort und gab vor, Kopfweh zu haben. „Morgen will ich dir antworten", sagte sie. Inzwischen befahl sie aber ihrer Dienerin, Iwan auszuhorchen. Am nächsten Tag sagte sie: „Die Lösung ist folgende: Ein Pferd graste im Weizenfeld, und ich vertrieb es." Iwans zweites Rätsel lautete: „Auf dem Weg sah ich etwas Böses, das ich mit einem anderen Bösen schlug. So kam Böses durch Böses um." Wieder hat die Zarin die Antwort auf den nächsten Tag verschoben und sagte dann: „Ich erschlug eine Schlange mit einem Stock." Schnell stellte Iwan seine dritte Frage: „Wie haben Sie die beiden ersten Rätsel so schnell gelöst?" „Ich weiß es nicht", sagte die Zarin stockend, denn sie konnte doch unmöglich die Wahrheit sagen. Mehr wollte der schlaue Iwan gar nicht hören, und bald fand die Hochzeit statt.

Januar

3 Die Stadtmaus und die Feldmaus

Eines Tages lud die Feldmaus ihre Freundin, die Stadtmaus, zu sich ein und bewirtete sie mit dem Besten aus ihrer Speisekammer. Die Stadtmaus aber fand das Essen nicht schmackhaft genug und das Leben auf dem Feld langweilig. Bald gelang es ihr, die Feldmaus zu überreden, mit ihr in die Stadt zu ziehen. Nie in ihrem Leben hatte die Feldmaus solche Leckerbissen gesehen, wie sie die Stadtmaus in ihrer Speisekammer hatte: Datteln, Feigen, Mehl, ganz zu schweigen von Brot, Käse und Kuchen.
Die zwei Freundinnen setzten sich zu Tisch. Für die Feldmaus war es ein königliches Mahl. Aber eine Aufregung jagte die andere. Mal schlich die Katze vorbei, mal kam eine Frau in die Speisekammer, mal ein Kind. Und jedesmal mußten sich die beiden Mäuse in ein dunkles Loch zwängen, um sich in Sicherheit zu bringen. Das Herz der Feldmaus klopfte wild vor Angst. Lange konnte sie das nicht durchhalten. Zitternd sagte sie: „Was nützen mir Leckerbissen, wenn ich sie nicht in Ruhe essen kann? Ich ziehe ein einfaches, aber ruhiges Leben vor." Die Feldmaus packte ihre Reisetasche, setzte ihren Hut auf und verabschiedete sich. Sie kehrte nach Hause zurück.

4 Das goldene Fischlein

Ein armer Fischer fing eines Tages ein Goldfischlein in seinem Netz. Es riß das Maul auf und machte verzweifelt Zeichen, es wieder freizulassen. Der Fischer hatte Mitleid mit dem Fischlein und warf es ins Meer zurück, obwohl er dafür vom Goldschmied eine ganze Menge Gold bekommen hätte.
„Ich werde dich reich beschenken!" rief das Fischlein aus dem Wasser. „Aber du darfst niemandem erzählen, was vorgefallen ist."
Als der Fischer zu Hause ankam, fand er seine armselige Hütte nicht mehr vor. An ihrer Stelle stand ein herrliches Schloß, und seine Frau war fast wie eine Königin gekleidet.
„Woher kommt dieser ganze Reichtum?" war ihre erste Frage. „Frag mich nicht, Frau", sagte der Fischer, „sonst verschwindet alles wieder." Aber die Frau war so neugierig, daß sie Tag und Nacht keine Ruhe mehr gab, bis er ihr das Erlebnis mit dem goldenen Fischlein erzählte. Im gleichen Augenblick verwandelte sich das Schloß in die alte Fischerhütte zurück, und alles ringsum war wieder wie vorher.
Sogar die Frau des Fischers gab sich so wie immer: neugierig über alle Maßen und ewig unzufrieden.

5 Der Fuchs und der Storch

Ein Fuchs lud einen Storch zum Mittagessen ein und tischte die köstlich duftende Suppe in einem ganz flachen Teller auf. Er fand es sehr lustig, daß der Storch mit seinem langen Schnabel vergebens im Teller herumpickte und hungrig blieb. Der Storch sagte nichts, sondern lud bald darauf den Fuchs zum Essen ein. Hmmm, wie die Suppe duftete! Aber diesmal konnte der Fuchs keinen einzigen Schluck aus dem bauchigen Krug mit dem engen Hals kosten. Da sagte der Storch lachend: „Wie du mir, so ich dir!"

Januar

6 Die drei Weisen aus dem Morgenland

Eines Nachts erschien ein sonderbarer, heller Stern am Himmel. Alle, die ihn sahen, staunten und fürchteten sich. König Kaspar zog zwei andere weise Sterndeuter aus dem Morgenland zu Rate, um herauszufinden, was der Stern zu bedeuten habe.
König Balthasar studierte alte Bücher. In einem wurde vorausgesagt, daß der Stern die Ankunft des Messias, des Heilandes, und den Ort seiner Geburt anzeigen werde. Darum forderte er die beiden anderen auf, kostbare Geschenke vorzubereiten und zusammen mit ihm den Heiland aufzusuchen.
Melchior wußte, daß der Heiland ein Mann sein würde. Er wollte ihm Myrrhe schenken, um damit seinen Körper zu parfümieren. Kaspar überlegte: „Der Heiland wird der König des Himmels und der Erde sein. Als mächtigem Herrscher gebührt ihm Gold." Balthasar aber glaubte, daß der Messias als der Sohn Gottes geehrt werden müsse. Darum beschloß er, ihm Weihrauch zu bringen, den die Menschen seit jeher zu Ehren ihrer Götter angezündet haben.
Der Stern von Bethlehem zeigte ihnen den Weg zum Stall, wo sie den Heiland als Kind fanden.
Sie legten ihre Geschenke neben die Krippe und knieten ehrfurchtsvoll vor dem Kind nieder.

7 Eine glückliche Familie

In einem Wald lebte ein glückliches altes Schneckenpaar. Niemand machte ihm das Reich streitig, weil weit und breit keine anderen Schnecken waren. Aber eines Tages sagte die Mutter besorgt: „Wie soll unser einziger Sohn eine Braut finden?" Mücken, Schmetterlinge und Hummeln schwirrten durch die Lüfte. Diese bat die Mutter: „Sagt es uns gleich, wenn ihr irgendwo eine hübsche kleine Schnecke seht, die zu unserem Sohn passen würde."
Tage vergingen. „Eine hübsche kleine Schnecke, zehn Flugminuten von hier!" rief ein Schmetterling aufgeregt. „Es ist eine liebenswerte, arme Waise", fügte er hinzu. „Sag ihr, sie solle uns besuchen", bat die alte Schnecke. Die hübsche kleine Schnecke machte sich gleich auf den Weg. Sie brauchte dafür nicht mehr als acht Tagesreisen, weil sie gut in Form war.
Bald wurde Hochzeit gefeiert. Die Bienen schmückten die Hochzeitstorte, und die Glühwürmchen besorgten die Festbeleuchtung. Den Hochzeitsmarsch spielte der Regen auf dem Blätterdach. Das junge Paar bekam viele kleine Schneckenkinder und lebte glücklich und zufrieden — genauso wie das alte Schneckenpaar.

Januar

8 Der gierige Hund

Ein Hund stahl eines Tages ein großes Stück Fleisch, packte es mit seinen Zähnen und rannte, stolz über seine Tat, davon. Am Bach blieb er stehen, schaute ins Wasser und erblickte darin einen anderen Hund, der ein ebenso großes Stück Fleisch in der Schnauze trug wie er selbst. Er kam nicht darauf, daß es nur sein Spiegelbild war.
Neidisch warf er sich auf den fremden Hund, um ihm das Fleisch zu entreißen. Doch als er gierig danach schnappte, fiel ihm sein eigenes Stück ins Wasser.

9 Das bezaubernde Tal

Die Indianer konnten das Feuer, das an einem Herbsttag in ihrem Tal ausgebrochen war, trotz aller Anstrengungen nicht löschen. In ihrer Verzweiflung sandten sie Boten zum Eismann, einem großen Zauberer aus dem Norden, und baten ihn um Hilfe. Der schickte kein Bittgebet zu den Göttern, sondern nahm seinen Federschmuck ab, löste die Zöpfe und schüttelte sein langes, dichtes Haar. Voller Staunen spürten die Männer einen starken Windstoß. Der Eismann schüttelte sein Haar wieder, und es begann zu regnen, dann zu hageln und später zu schneien. Die Boten kehrten ins Tal zurück und berichteten über ihr Erlebnis. Die Flammen wüteten immer noch, und die Indianer schauten dem grausigen Schauspiel von den umgebenden Hügeln zu. Sie fürchteten, die Boten hätten nichts erreicht. Erst nach einigen Tagen setzte ein Wind ein, aber davon breitete sich das Feuer noch mehr aus. Dann begann es zu regnen, aber nur Dampf war die Folge. Erst der Hagel, der die Indianer zwang, Unterschlupf zu suchen, löschte die Flammen. Schließlich deckte Schnee sogar die Asche zu. Im Frühling schmolz der Schnee, und zurück blieb ein herrlicher See.

10 Der Kutscher als Maler

Hans war Kutscher im Dienste des Königs, aber er malte gern und hatte auch besonderes Talent dazu. Die Menschen auf seinen Bildern schienen zu leben und zu sprechen. Sein liebstes Bild war das seiner Schwester. Hans war sehr stolz darauf und hielt es in seiner Kammer verschlossen. Wenn er traurig war, sprach er zu dem Bild und meinte, seine Schwester würde ihm wirklich antworten. Die anderen Diener hörten ihn sprechen und guckten neugierig durch das Schlüsselloch. Das einzige, was sie sehen konnten, war das Gesicht auf dem Bild. Sie meinten, es wäre ein lebendiges, junges Mädchen. So sprach es sich bald herum, daß der Kutscher in seiner Kammer ein Mädchen von unbeschreiblicher Schönheit versteckt hielt. Sogar der König hörte davon und guckte durch das Schlüsselloch. Er verliebte sich auf der Stelle in das bezaubernde Gesicht. Nun erzählte ihm Hans, daß das schöne Mädchen seine Schwester war. Er mußte sie an den Hof bringen, und der König heiratete sie.
So kam es, daß die geliebte Schwester Königin wurde. Hans aber hatte von nun an genug Zeit, sich der Malerei zu widmen und herrliche Bilder zu schaffen.

Januar

11 Der Mann aus dem Paradies

Ein Mann, der davon lebte, Leute zu betrügen, begann eines Tages mit einer ehrlichen Frau ein Gespräch. „Wer bist du", fragte die Frau, „und woher kommst du?" — „Ich komme aus dem Paradies", antwortete der listige Mann.
„Wirklich?" fragte die Frau erfreut. „Dann bist du vielleicht meinem Mann begegnet, der voriges Jahr gestorben ist. Er ist groß, dunkelhaarig und trägt ein Medaillon mit meinem Namen an der Halskette."
„Sicher kenne ich ihn, nur geht es ihm leider nicht sehr gut. Er ist noch arbeitslos und hat nicht genug Geld, um sich Essen und die notwendigen Kleider zu kaufen."
„Der Ärmste!" weinte die Frau. „Ach, könntest du ihm vielleicht ein paar Kleider mitnehmen?" — „Tut mir leid, aber es ist strengstens verboten, Kleider ins Paradies mitzunehmen", antwortete der listige Mann. „Ich könnte aber versuchen, etwas Geld in einem kleinen Geldbeutel ins Paradies zu schmuggeln." — „Oh, nimm ihm das dann mit!" rief die Frau froh und dankbar. „Es sind meine ganzen Ersparnisse."
Später sagte sie sich: „Wer hätte das gedacht, daß meinem Mann im Paradies das Allernötigste fehlen würde?"

12 Die Bremer Stadtmusikanten

Ein Esel, der immer schwer gearbeitet hatte, hörte eines Tages, daß ihn sein Herr verkaufen wolle, und rannte davon. Unterwegs begegnete ihm ein alter Jagdhund, der auch von zu Hause ausgerissen war, weil ihn sein Herr totschlagen wollte. „Aber womit soll ich nun mein Brot verdienen?" jammerte der Hund. „Weißt du, was", sprach der Esel, „ich gehe nach Bremen und werde dort Stadtmusikant. Komm doch mit! Ich spiele die Laute, und du kannst die Pauke schlagen." Bald darauf schloß sich ihnen eine Katze und später noch ein Hahn an. Als es Nacht wurde, hatten die vier Bremen noch nicht erreicht. Darum suchten sie im Wald nach einem Unterschlupf.
Sie kamen an ein hell erleuchtetes Räuberhaus, und die Räuber bereiteten gerade ein reichliches Abendessen vor. „Das wäre was für uns!" sprach der Hahn. Sogleich beratschlagten die Tiere, wie sie es anfangen müßten, um die Räuber zu vertreiben. Endlich fanden sie einen Weg: Der Hund stellte sich auf den Esel, die Katze sprang auf den Rücken des Hundes, und der Hahn flog auf den Kopf der Katze. Auf ein Zeichen begann der Esel zu schreien, der Hund zu bellen, die Katze zu miauen und der Hahn zu krähen. Da flohen die Räuber in größter Angst. Die vier Gesellen aber ließen es sich schmekken. Danach suchte sich jeder eine bequeme Schlafstelle. Nach Mitternacht kam ein Räuber ins Haus zurück. Am Herd leuchteten sogleich zwei gelbe Lichter auf, und jemand zerkratzte ihm das Gesicht. Er konnte nicht wissen, daß es die Katze war. An der Hintertür biß ihn der Hund ins Bein. Der Esel gab ihm noch einen Schlag, und der Hahn schrie laut. „Laßt uns fliehen!" rief der Räuber den anderen zu, und keiner wagte sich mehr ins Haus. So blieben die Bremer Stadtmusikanten für immer darin wohnen.

Januar

13 Metabo und Camilla

Metabo war der König eines Landes im alten Römerreich und ein berühmter Speerwerfer. Eines Tages nahm er seine kleine Tochter Camilla mit auf die Jagd. Plötzlich wurden sie von Feinden angegriffen. Metabo nahm die Tochter auf den Arm und floh. Bald versperrte ihm ein Fluß den Weg. Hinüberschwimmen konnte er nicht mit ihr. Darum band er sie kurzentschlossen an seinen Speer und schleuderte ihn kraftvoll ans andere Ufer. Die Feinde staunten über seine Kraft und Weisheit und zogen sich zurück.

14 Der Storch im Hühnerhaus

Während der langen Reise in wärmere Länder war ein Storch einmal so erschöpft, daß er abstürzte. Er kam in ein Hühnerhaus. Der Truthahn plusterte sich sogleich auf, um sich hervorzutun. Die Hühner aber waren eifersüchtig und machten sich über den Storch lustig: „Wie lang deine Beine sind! Richtige Stelzen!"
Der Storch tat so, als hätte er nichts gehört. Ja, er begann, ihnen über Afrika zu erzählen, wo er schon öfter war, über die Wüste und den Vogel Strauß.
„Was für ein dummer Kerl!" riefen die Enten verächtlich, weil sie nichts verstanden hatten.
Bald wandte sich auch der Truthahn gelangweilt ab. Nun fielen die Hühner gackernd über den Storch her und machten einen solchen Lärm, daß der Bauer ins Hühnerhaus kam, um nachzuschauen, was hier vor sich ging. Als er die Tür öffnete, flog der Storch davon.
Darüber ärgerte sich der Bauer, weil ihn die anderen sicher um den Vogel beneidet hätten. Nun konnte er sich nicht mehr mit dem Storch brüsten. „Meint ihr wohl, Königinnen zu sein", rief er den Hennen zu, „nur weil ihr einmal in einem Suppentopf enden werdet?"

15 Das Loch im Wasser

Ein junger Mann, der niemanden auf der Welt hatte, wollte sich eine Frau suchen. Aber er konnte nicht so schnell die richtige finden, obwohl er gut aussah und reich war.
Am Brunnen ist er einem liebenswerten Mädchen begegnet, aber das kam nicht in Betracht, weil es anscheinend nicht ganz richtig im Kopf war. Es behauptete, seine Stiefmutter wäre eine Fee. Und außerdem sagte es auch noch, daß die Stiefmutter ihm nur erlaube, einen Mann zu heiraten, der eine sehr schwere Aufgabe lösen könne.
„Welche denn?" fragte der junge Mann.
„Ein Loch ins Wasser machen."
„Das ist doch unmöglich!" rief er.
„Dann findest du nie einen Mann."
„O doch!" antwortete das Mädchen überzeugt. „Denn meine Stiefmutter sagte, wenn jemand wirklich liebt, ist er sogar fähig, Wunder zu vollbringen." Der junge Mann war bald wirklich in das Mädchen verliebt, aber die Aufgabe konnte er doch nicht lösen. Er zerbrach sich lange den Kopf... bis eines Tages das Wasser im Brunnen zu Eis gefroren war. Jetzt schlug er ein Loch ins Eis und hatte die Aufgabe gelöst. Nun konnte die Hochzeit gefeiert werden.

Januar

16 Die Fliege und die Ameise

Eine Fliege und eine Ameise stritten sich einmal wegen einer Kleinigkeit. Die Fliege, die unter den Insekten dafür bekannt war, daß sie gleich grob und unhöflich wurde, beschimpfte die Ameise. „Du kleines und unscheinbares Tier", rief sie, „wie kommst du dazu, dich mit mir, einer Tochter der Lüfte, zu vergleichen? Ich fliege in Palästen ein und aus und esse aus Tellern von Bischöfen. Wenn ich Lust dazu habe, kann ich sogar auf dem Kopf eines Königs herumspazieren!"

Die Ameise wartete geduldig ab, bis die Fliege mit ihrem Prahlen zu Ende war, und sagte dann ganz ruhig: „Ich weiß, daß du auf einen Kopf fliegen und dich daraufsetzen kannst, aber du bist nicht einmal imstande, den Kopf eines Königs von dem eines Esels zu unterscheiden. Und im Palast bist du, um bei der Wahrheit zu bleiben, nicht willkommen. Doch warum verliere ich eigentlich meine Zeit mit dir, statt Vorräte für den Winter zu sammeln? Wir Ameisen sind zwar klein, aber weise. Wir leben nicht einfach in den Tag hinein. Und die Kälte kann uns in unserem Bau auch nichts anhaben. Euch Fliegen aber wirft der erste Frost zu Boden. Was nützen da eure Flügel?"

17 Riquet mit dem Schopf

Es war einmal eine Königin, die gebar ein sehr schönes Mädchen, das sie Goldlöckchen nannte. Aber die Worte einer Fee dämpften ihre Freude: „Königin, Eure Tochter wird immer schöner und anmutiger werden, nur wird sie — es tut mir leid, Euch das sagen zu müssen — kein Fünkchen Verstand haben. Sie wird genauso dumm wie hübsch sein. Zum Trost sage ich Euch noch: Sie wird die Gabe besitzen, einem geliebten Menschen etwas von ihrer Schönheit geben zu können."

Im Nachbarland brachte die Königin einen ausgesprochen häßlichen Sohn zur Welt: Er war bucklig, hinkte, schielte und hatte nur ein Büschel Haare auf dem Kopf, weshalb er von allen Riquet mit dem Schopf gerufen wurde. Die Mutter weinte vor Kummer, aber da erschien eine Fee, um sie zu trösten: „Weine nicht. Der Junge wird so klug, daß man seine Häßlichkeit übersieht. Und außerdem wird er die Gabe haben, einem geliebten Menschen etwas von seiner Klugheit zu verleihen."

Goldlöckchen wuchs heran. Die jungen Männer bewunderten die Schönheit der Prinzessin, doch bald wandten sie sich von ihr ab, weil sie vor Dummheit keinen vernünftigen Satz zustandebrachte. Goldlöckchen wurde deshalb immer trauriger. Eines Tages lief sie in den Wald, um sich auszuweinen. Dort begegnete ihr Riquet mit dem Schopf. Die traurige Prinzessin erzählte ihm ihr Leid. Sie gefiel ihm so gut, daß er sie bat, ihn zu heiraten. „Damit wird Euer Kummer ein Ende nehmen", erklärte er, „denn ich kann der Frau, die ich liebe, Klugheit verleihen."

Goldlöckchen war einverstanden. Die Hochzeit sollte aber erst in einem Jahr stattfinden.

Für die Prinzessin verging das Jahr wie im Flug, denn sie wurde von Tag zu Tag klüger und begeisterte alle jungen Männer, die ihr begegneten. Ihrem Hochzeitstag aber sah sie mit sehr gemischten Gefühlen entgegen. Als gerade ein Jahr seit dem Tag der Begegnug zwischen Goldlöckchen und Riquet vergangen war, erschien Prinz Riquet am Königshof. Er wollte Goldlöckchen an ihr Versprechen erinnern und beim König um ihre Hand anhalten. Riquet wurde mit königlichen Ehren empfangen. Er ging auf die Prinzessin zu und verneigte sich vor ihr. Sie hielt die Augen gesenkt. Stellt euch aber ihre Überraschung vor, als sie aufschaute und einen schönen Prinzen vor sich sah. „Die Liebe, die vor einem Jahr in deinem Herzen aufging", sagte er, „hat den Zauber gebrochen, durch den ich so häßlich war. Komm, laß uns jetzt heiraten!"

Januar

18 Der erschrockene Pfannkuchen

Es war einmal eine Mutter, die ihren Kindern immer Kuchen buk. Eines Tages hat sie einen so liebevoll zubereitet, daß allen schon vom Zusehen das Wasser im Mund zusammenlief. „Ach, liebe Mutter", riefen die Kinder ungeduldig, „gib uns schon ein Stückchen davon!" — „Wartet doch, bis er etwas abgekühlt ist, dann könnt ihr ihn ganz aufessen!"
Als der Pfannkuchen nun hörte, was ihn erwartete, bekam er fürchterliche Angst. Mit einem Satz sprang er aus der Pfanne und rollte zur Tür hinaus. Dann war er verschwunden.

19 Die Wichtelmänner

Ein sehr armer, aber ehrlicher Schuster hatte einmal ein seltsames Erlebnis. Am Abend hatte er vom letzten Stück Leder ein Paar Schuhe zugeschnitten, und am Morgen standen sie fertig vor ihm. Er konnte sie sehr gut verkaufen, so daß er nun mehr Leder besorgen konnte. Auch dieses schnitt er am Abend nur zu, und am Morgen waren zwei Paar Schuhe fertig. So ging das eine Zeitlang, dann beschloß der Schuster mit seiner Frau, dem Geheimnis auf die Spur zu kommen. In einer Ecke versteckt, beobachteten sie nun, wie um Mitternacht zwei kleine, nackte Männlein auf den Tisch sprangen und sich an die Arbeit machten. Als die Schuhe fertig waren, verschwanden sie wieder.
Die nackten Wichtelmänner taten dem Schuster leid. „Wir wollen ihnen zum Dank für ihre Hilfe Kleider und Schuhe schenken", schlug er seiner Frau vor. Gesagt, getan.
Die Wichtelmänner freuten sich sehr über das Geschenk. Sie zogen sich flink an, tanzten zur Tür hinaus und sangen: „Sind wir nicht Knaben glatt und fein? Was sollen wir länger Schuster sein!"
Der Schuster hatte ihre Hilfe gar nicht mehr nötig. Er war nun wolhabend und lebte zufrieden mit seiner Frau.

20 Spindel, Weberschiffchen und Nadel

Ein Waisenmädchen lebte ganz allein in einem Haus am Waldrand. Es webte, spann und nähte fleißig, um sich seinen Lebensunterhalt zu verdienen, und litt keine Not.
Einmal zog der Königssohn durch das Land, um sich eine Braut zu suchen. Sie sollte schön und fleißig sein. Man führte ihm viele schöne, reiche Mädchen vor, nur an die fleißige, schöne Näherin dachte niemand. Aber die Dinge, mit denen sie täglich zu tun hatte — Spindel, Weberschiffchen und Nadel —, versuchten, den Königssohn auf sie aufmerksam zu machen. Die Spindel surrte ins Feld hinaus und zog einen goldenen Faden hinter sich her. Das Schiffchen webte in Windeseile einen herrlichen Teppich vor der Türschwelle. Und die Nadel flog in der Stube hin und her, überzog Tisch und Stühle mit Samt und nähte Vorhänge für die Fenster. Das Mädchen schaute sich verwundert im Häuschen um, das nun so vornehm aussah. Noch mehr staunte es aber, als der Königssohn, vom goldenen Faden der Spindel geleitet, ins Häuschen trat. Die schöne, fleißige Näherin gefiel ihm so gut, daß er sie zur Frau nahm. Spindel, Weberschiffchen und Nadel kamen aber in die Schatzkammer.

Januar

21 Die Blume vom Mond

In den Bergen lebte einmal ein Prinz, der das Licht des Mondes über alles liebte. So war sein sehnlichster Wunsch eine Reise zum Mond. Und eines Tages ging er in Erfüllung.
Der Prinz entdeckte, daß das Licht von der schönen Tochter des Mondkönigs kam. Bald verliebte er sich in sie und sie sich in ihn. Weil aber ihre Welten so verschieden waren, mußten sie sich trennen. Als Zeichen ihrer Liebe gab sie ihm eine der Blumen mit, die den Mond wie Schnee bedeckten. So kam das erste Edelweiß auf die Erde.

22 Der Hahn und der Fuchs

Ein hungriger Fuchs war gerade auf der Suche nach einer guten Mahlzeit, als er einen jungen Hahn entdeckte. Der aber flog auf einen Baum, um sich schnell in Sicherheit zu bringen. Der Fuchs tat nun, als ob er über dieses Mißtrauen traurig wäre, und klagte: „Warum fliehst du denn? Ich wollte dich doch nur brüderlich umarmen." — „So dumm bin ich nicht, das zu glauben!" antwortete der Hahn. „Du hast wohl die große Neuigkeit noch nicht gehört?" tat der Fuchs erstaunt.
„Was sollte ich denn gehört haben?" fragte der Hahn. „Daß alle Tiere Frieden geschlossen haben. Jetzt sind wir Brüder. Komm herunter, daß auch wir unseren guten Willen zeigen und uns umarmen. Beeile dich aber, weil ich auch noch andere Brüder umarmen möchte." — „Das hätte ich nie für möglich gehalten!" rief der Hahn und tat so, als ob er begeistert wäre. „Dann wartest du am besten gleich auf die Jagdhunde, die sich uns nähern. Sicherlich können sie es kaum erwarten, dich zu umarmen."
Bevor sich der Fuchs aus dem Staub machte, sagte er noch scheinheilig: „Nicht daß du jetzt glaubst, ich hätte gelogen! Aber vielleicht wissen die Hunde die Neuigkeit noch nicht!"

23 Das kleine Sparschwein

Das Sparschwein war so voller Münzen, daß sie gar nicht klimperten, wenn man es schüttelte. Es stand auf der höchsten Stelle im Spielzeugregal und sah wirklich gut aus, das muß man schon zugeben. Es war aus glänzendem Porzellan, mit blauen Blumen bemalt. Und weil das Sparschwein so wohlhabend war, wurde es von allen Spielsachen sehr geehrt. Manchmal gaben sie ihm zu Ehren nachts eine Vorstellung. Ja, die Puppe sang und seufzte nur, um das Sparschwein auf sich aufmerksam zu machen. Vielleicht würde es sie dann heiraten. Der kleine Zinnsoldat aber marschierte vor dem Regal auf und ab, damit sich kein Dieb in die Nähe traute, um das Sparschwein vielleicht zu stehlen.
Eines Tages versuchte ein Kind, noch eine Münze durch den Schlitz auf dem Rücken des Sparschweins zu zwängen. Da zersprang es ganz einfach in tausend Scherben.
Jemand kam und sammelte die Münzen und auch die Scherben auf.
Und bald stand ein neues kleines Sparschwein an seiner Stelle. Weil es noch leer war, klimperte es nicht.
So kam es, daß sich das neue Sparschwein nicht wesentlich vom alten unterschied.

Januar

24 Ritter Blaubart

Ein sehr reicher Mann hatte einen blauen Bart, der ihn so häßlich machte, daß alle Frauen und Mädchen vor ihm davonliefen. Außerdem fanden es alle unheimlich, daß er schon öfter verheiratet gewesen, und niemand wußte, was aus diesen Frauen geworden war. Dennoch entschloß sich eine junge Frau vom Nachbargut, ihn zu heiraten. Sie hatte keinen Grund zur Klage, denn Ritter Blaubart war höflich, gab ihr alle Hausschlüssel und ließ sie im ganzen Haus schalten und walten. Nur eines verbot er ihr strengstens: das kleine Zimmer am Ende des Ganges zu betreten.

Doch gerade das strenge Verbot machte die junge Frau so neugierig, daß sie es kaum erwarten konnte, daß ihr Mann für ein paar Tage verreiste. Kaum war er fort, trat die Frau ins kleine Zimmer und... starrte voller Grausen um sich: Überall lagen die blutigen Kleider seiner ehemaligen Frauen. Zitternd und bebend bemühte sich die Frau, das Zimmer wieder abzusperren, da stand plötzlich Ritter Blaubart vor ihr. Sie schrie in Todesangst auf, als er zum Schwert griff. Dazu brüllte er: „Zurück ins Zimmer!"

Es hätte schlimm ausgehen können, wenn nicht ihre Brüder hereingestürzt wären und den bösen Zauberer erdolcht hätten!

25 Die Hochzeit der Mäuse

„Aufstehen!" rief die Traumfee dem kleinen Hans zu. „Unter den Fußbodenbrettern feiern zwei kleine Mäuse Hochzeit, und wir sind dazu eingeladen. Das wird ein herrliches Fest!" Im Nu war Hans auf den Beinen, obwohl er noch weiterschlief. „Aber wie soll ich denn durch das Mauseloch kommen?"

Da sagte die Traumfee einen Zauberspruch. Hans wurde so klein, daß er in die Uniform eines Zinnsoldaten paßte, die bereitlag. Ein Fingerhut war die Kutsche und wurde von einem Mäuschen gezogen.

Im Hochzeitssaal wimmelte es von Gästen. Viele leckten an den Wänden, da sie mit einer Schicht Schweineschmalz bedeckt waren. Die Tische bestanden aus echten Käsestücken. Braut und Bräutigam aber saßen in einer Art Nische, gebildet durch ein besonders großes Loch in einem Stück Käse. Von Zeit zu Zeit warfen sie Kürbiskerne unter die Gäste und küßten sich dabei.

Hans unterhielt sich köstlich. Viel zu schnell rief ihm die Traumfee zu: „Komm, Hans! Für uns ist es Zeit zum Gehen."

Und hast du nicht gesehen, lag Hans wieder in seinem Bettchen im Zimmer und schlief tief und fest.

Januar

26 Die drei Spinnerinnen

Es war einmal ein Mädchen, das war so faul, daß die Mutter es eines Tages vor Verzweiflung schlug. Gerade dann kam die Königin vorbei. Die Mutter schämte sich, ihr den wahren Grund zu nennen, so daß sie das Gegenteil sagte: „Meine Tochter würde am liebsten den ganzen Tag spinnen. Aber woher soll ich arme Frau den vielen Flachs nehmen?" Die Königin mochte fleißige Mädchen und nahm es gleich mit aufs Schloß. Dort zeigte sie ihm drei große Kammern voller Flachs. „Wenn du alles zu Garn gesponnen hast", sagte sie, „sollst du meinen Sohn heiraten."
Das Mädchen hätte den Königssohn allzu gern geheiratet, aber es wußte nicht einmal, wie man spinnt. Da kamen ihr drei Spinnerinnen zu Hilfe, die vom vielen Spinnen ganz entstellt waren. Die eine hatte vom Spinnradtreten einen riesigen Platschfuß, die zweite vom Garnlecken eine tief herunterhängende Lippe und die dritte vom Fadendrehen einen großen, breiten Daumen. Bei der Hochzeit fragte der Königssohn die drei Frauen nach dem Grund für ihr wunderliches Aussehen. Als er hörte, daß es vom Spinnen komme, verbot er seiner Frau, noch länger zu spinnen. Wie freute sie sich!

27 Der große Issumboschi

Issumboschi war so klein von Gestalt, daß er für keine Feldarbeit taugte. Darum beschloß sein Großvater, ihn in die Stadt zu schicken, damit er dort ein tapferer Samurai werde. Für die Reise schenkte er ihm einen hölzernen Becher als Boot. Die Mutter gab ihm zwei Reisähren als Ruder und der Vater eine Nadel als Schwert.
Die Reise war für den kleinen Issumboschi sehr gefährlich, wenn man bedenkt, daß für ihn ein Frosch die Maße eines Elefanten hatte. Doch sehr bald lernte er zurechtzukommen. Und weil er so tapfer und klug war, erreichte er die Stadt gesund und wohlbehalten.
Wieso fand er alle Straßen leer? Die Leute hatten sich aus Angst vor einem bösen Riesen in ihre Häuser gesperrt. Ohne zu zögern, nahm Issumboschi mit dem schrecklichen Feind den Kampf auf. Weil er so klein war, konnte er dessen Angriffen geschickt ausweichen. Ebenso leicht war es für ihn, den riesigen Körper mit Tausenden von Schwertstichen zu verletzen, bis der Gegner zusammenbrach.
„Issumboschi ist der Größte!" riefen alle nach dem Kampf. Und Issumboschi fühlte sich jetzt auch größer als der Riese.

28 Die beiden Hähne

Auf dem Dach des Bauernhauses befand sich einer jener Hähne aus Blech, die anzeigen, aus welcher Richtung der Wind bläst. Er stand hoch über den Tieren des Bauernhofes und hätte von oben herab sehr gut krähen können, aber er gab keinen Laut von sich. Im Gegensatz zu ihm war der Haushahn auf seine kräftigen Kikerikis sehr stolz. Auch brüstete er sich gern mit seinem roten Kamm vor den Hennen und Küken. Manchmal erzählte er sogar Lügenmärchen, um sich hervorzutun. „Daß ihr es nur wißt, auch Hähne können Eier legen!" sagte er eines Tages zu den Hennen. „Nur ein einziges in ihrem Leben. Ha, darin steckt aber ein Drache, so fürchterlich, daß die Menschen schon bei seinem Anblick sterben! Darum jagen wir den Menschen einen solchen Schrecken ein. Wir Hähne sind also die wahren Beherrscher der Welt, nicht die Menschen!"
Der Wetterhahn hatte alles mitgehört und schnaubte nur. In seinem langen Leben hatte er schon so vieles gehört und gesehen, daß ihn nichts mehr wunderte.
Und dem Haushahn fühlte er sich so überlegen, daß er sich nicht mal die Mühe nahm, zu widersprechen. Welcher ist nun der Überlegene?

Januar

29 Das wundervolle Lautenspiel

Während der Kreuzzüge kam der Zar in türkische Gefangenschaft. In einem Brief bat er seine Frau, das Lösegeld zu bezahlen, aber sie antwortete nicht. Eines Tages kam ein Lautenspieler an den Hof des Sultans. Er spielte so wundervoll, daß ihn der Sultan aufforderte zu bleiben. Und nach einigen Tagen durfte er sich als Lohn ein Geschenk auswählen. Der Lautenspieler verlangte den Zaren als Sklaven... und bekam ihn.
Als er mit ihm nach einer langen, beschwerlichen Reise in der russischen Hauptstadt ankam, ließ er den Zaren, ohne ein Wort zu sagen, frei und verschwand.
Am Zarenhof herrschte große Freude über die Ankunft des Zaren. Getrübt wurde sie aber, weil der Zar sich weigerte, seine Frau zu sehen. „Sie hat nicht einmal das Lösegeld für meine Befreiung bezahlen wollen!" sagte er. Er hatte recht, und die Zarin wurde verurteilt. Aber da hörte er plötzlich wieder die wundervollen Lautenklänge, und der Lautenspieler erschien. Diesmal erkannte der Zar seine Frau trotz ihrer Verkleidung. Sie war also selbst an den Hof des Sultans gegangen, um ihren Mann zu befreien!
Es wurde für alle ein Freudentag.

30 Das voreilige Schneeglöckchen

Ein Sonnenstrahl ist irgendwie durch den Schnee bis auf den Boden gedrungen und hat eine Blume geweckt. Sie dachte, es wäre Frühling, und streckte sich. Dann bohrte sie ein kleines Loch durch die eisige Schneedecke und steckte das Köpfchen hinaus. Oje, es war noch Winter! Das Schneeglöckchen hatte sich geirrt. Alle lachten es aus, weil es so voreilig und närrisch war.
Hätte ein Junge es nicht mit ins Haus genommen, wäre es sicher vor Kälte umgekommen. Nun stand es im warmen Zimmer und fühlte sich wie eine Königin. Bald danach nahm die große Schwester des Jungen das Schneeglöckchen aus der Vase und steckte es zu einem Brief in ein Päckchen. Es muß ein lieber Brief gewesen sein.
Nach der langen Reise in einer Tasche, gemeinsam mit vielen Briefen und Päckchen, wurde das Schneeglöckchen von einem jungen Mann liebevoll ausgepackt und geküßt.
Als er dann ein großer Dichter wurde, besang er das Schneeglöckchen in mehreren Gedichten, und es wurde berühmt.
Es war ein närrisches, voreiliges Schneeglöckchen, aber auch ein Glückspilz.

31 Der Wolf und der Hirte

Ein Wolf hatte die Gewohnheit, einer Herde zu folgen, ohne jemals ein Schaf anzugreifen. Bald betrachtete ihn der Schäfer nicht mehr als möglichen Feind, sondern als Wächter. Als er nun in der Stadt zu tun hatte, bat er den Wolf kurzerhand, auf die Schafe aufzupassen. Bei seiner Rückkehr fand er kein einziges mehr vor. Der Hirte dachte über das Geschehene lange nach und fand, daß er allein der Schuldige war, weil er dem Wolf vertraut hatte.
Wer schlechten Freunden vertraut, darf nichts Besseres erwarten!

Januar

Inhaltsverzeichnis

Märchen des Monats: Aschenputtel
nach den Brüdern Grimm

1. Zwölf in einer Kutsche — nach H.Ch. Andersen
2. Die Rätselkönigin — nach einem russischen Märchen
3. Die Stadtmaus und die Feldmaus — nach Äsop
4. Das goldene Fischlein — nach den Brüdern Grimm
5. Der Fuchs und der Storch — nach Phädrus
6. Die drei Weisen aus dem Morgenland — nach G. Padoan
7. Eine glückliche Familie — nach H.Ch. Andersen
8. Der gierige Hund — nach La Fontaine
9. Das bezaubernde Tal — nach einer Indianersage
10. Der Kutscher als Maler — nach den Brüdern Grimm
11. Der Mann aus dem Paradies — nach den Brüdern Grimm
12. Die Bremer Stadtmusikanten — nach den Brüdern Grimm
13. Metabo und Camilla — nach einer romanischen Sage
14. Der Storch im Hühnerhaus — nach H.Ch. Andersen
15. Das Loch im Wasser — nach L. Capuana
16. Die Fliege und die Ameise — nach La Fontaine
17. Riquet mit dem Schopf — nach Ch. Perrault
18. Der erschrockene Pfannkuchen — nach einem norwegischen Märchen
19. Die Wichtelmänner — nach den Brüdern Grimm
20. Spindel, Weberschiffchen und Nadel — nach den Brüdern Grimm
21. Die Blume vom Mond — nach einer Alpen-Sage
22. Der Hahn und der Fuchs — nach La Fontaine
23. Das kleine Sparschwein — nach H.Ch. Andersen
24. Ritter Blaubart — nach Ch. Perrault
25. Die Hochzeit der Mäuse — nach H.Ch. Andersen
26. Die drei Spinnerinnen — nach den Brüdern Grimm
27. Der große Issumboschi — nach einem japanischen Märchen
28. Die beiden Hähne — nach H.Ch. Andersen
29. Das wundervolle Lautenspiel — nach einem russischen Märchen
30. Das voreilige Schneeglöckchen — nach H.Ch. Andersen
31. Der Wolf und der Schäfer — nach Äsop

Februar

Märchen des Monats

Schneewittchen und die sieben Zwerge

Februar

Es war einmal eine Königin, die bekam ein Töchterlein. Es hatte eine Haut so weiß wie Schnee, Lippen so rot wie Blut und Haare so schwarz wie Ebenholz. Darum wurde es Schneewittchen genannt. Bald starb die Königin, und ein Jahr darauf heiratete der König wieder.

Die neue Königin war sehr schön, aber sie war auch stolz und hochmütig. Und sie konnte es nicht ertragen, daß jemand schöner sein sollte als sie. Jeden Tag betrachtete sie sich in ihrem Zauberspiegel und fragte: „Spieglein, Spieglein an der Wand, wer ist die Schönste im ganzen Land?" Und immer antwortete der Spiegel: „Frau Königin, Ihr seid die Schönste im Land."

Schneewittchen aber wuchs zu einem wunderschönen Mädchen heran. Und eines Tages antwortete der Spiegel: „Frau Königin, Ihr seid die Schönste hier, aber Schneewittchen ist tausendmal schöner als Ihr."

Da erschrak die Königin. Und von diesem Tag an haßte sie Schneewittchen. Sie befahl einem Jäger, es in den Wald zu bringen und zu töten. Doch der Jäger hatte Mitleid mit dem Mädchen und ließ es laufen. Der Königin aber erzählte er, Schneewittchen sei tot.

Lange irrte das Mädchen im Wald umher. Schließlich kam es an ein kleines Haus und ging hinein, um sich ein wenig auszuruhen. Drinnen war alles ganz klein. Da stand ein gedecktes Tischlein. Und weil Schneewittchen hungrig war, aß es von jedem der sieben Tellerlein ein wenig und trank aus jedem Becherlein einen Schluck, denn es wollte nicht einem alles wegnehmen. Dann legte es sich todmüde in eines der sieben Bettlein und schlief sogleich ein.

Als es dunkel wurde, kamen die Herren des Häuschens, die sieben Zwerge, von ihrer Arbeit aus dem Bergwerk zurück. Sie entdeckten das schlafende Schneewittchen, freuten sich sehr und ließen es weiterschlafen. Am nächsten Morgen erzählte ihnen das Mädchen seine ganze Geschichte. Da hatten die Zwerge Mitleid mit ihm und sagten: „Wenn du uns den Haushalt führst, kannst du gern bei uns bleiben. Aber hüte dich vor der bösen Königin! Laß niemanden herein, wenn wir fort sind!" Die Königin glaubte, Schneewittchen wäre tot und befragte wieder ihren Spiegel. Er antwortete: „Frau Königin, Ihr seid die Schönste hier, aber Schneewittchen über den Bergen bei den sieben Zwergen ist noch tausendmal schöner als Ihr." Da merkte sie, daß der Jäger sie betrogen hatte. Sie verkleidete sich als alte Krämerin, ging zum Haus der Zwerge und bot Schneewittchen einen wunderschönen Schnürriemen an. Das Mädchen kaufte ihn und ließ sich von der Alten das Mieder damit schnüren. Sie schnürte aber so fest,

Februar

daß Schneewittchen nicht mehr atmen konnte und ohnmächtig zu Boden fiel.
Wie erschraken die Zwerge, als sie nach Hause kamen! Schnell schnitten sie den Riemen durch, und Schneewittchen schlug die Augen auf.
Als die böse Königin zu Hause von ihrem Spiegel erfuhr, daß Schneewittchen noch am Leben war, wurde sie vor Schreck kreidebleich. Tag und Nacht dachte sie darüber nach, wie sie das Mädchen umbringen könnte. Dann ging sie in anderer Verkleidung wieder zum Haus der sieben Zwerge. Diesmal bot sie einen Kamm an. Und weil er Schneewittchen so gut gefiel, kaufte es ihn. Aber kaum hatte es den Kamm ins Haar gesteckt, fiel es besinnungslos zur Erde. Zum Glück kamen schon bald danach die Zwerge. Sie zogen den giftigen Kamm heraus, und Schneewittchen kam wieder zu sich. Inzwischen eilte die Königin ins Schloß zurück und befragte ihren Spiegel. Als sie hörte, daß Schneewittchen immer noch lebte, war sie außer sich vor Zorn. Sie vergiftete einen Apfel und ging, als Bauersfrau verkleidet, zum Zwergenhaus. „Ich darf niemanden einlassen!" rief Schneewittchen zum Fenster hinaus. „So will ich dir wenigstens einen Apfel schenken", sagte die Bauersfrau. Und weil Schneewittchen mißtrauisch war, schnitt sie den Apfel durch und gab Schneewittchen die rotbackige, giftige Hälfte. Sie selbst biß in die ungiftige Hälfte. Da aß auch Schneewittchen von dem Apfel. Doch kaum hatte es einen Bissen im Mund, da fiel es tot um.
Froh ging die Königin nach Hause und fragte den Spiegel: „Spieglein, Spieglein an der Wand, wer ist die Schönste im ganzen Land?" Und endlich antwortete der Spiegel: „Frau Königin, Ihr seid die Schönste im Land." Die Zwerge aber versuchten vergebens, Schneewittchen wieder lebendig zu machen. Es war und blieb tot. Da legten sie es in einen gläsernen Sarg und stellten diesen in einer Waldlichtung auf. Eines Tages kam ein Königssohn vorbei. Er sah den Sarg mit dem schönen Mädchen darin und bat die Zwerge: „Schenkt mir den Sarg. Ich kann nicht leben, ohne Schneewittchen zu sehen." Da hatten sie Mitleid und gaben ihm den Sarg. Als die Diener ihn forttrugen, stolperte einer, und das giftige Apfelstückchen rutschte Schneewittchen aus dem Hals. Das Mädchen schlug die Augen auf und fragte: „Wo bin ich?" „Du bist bei mir", sagte der Königssohn und erzählte, was geschehen war. Schneewittchen gewann ihn lieb und ging mit ihm. Bald darauf wurde die Hochzeit gefeiert, und auch die böse Königin war dazu eingeladen. Als sie in den Saal trat, erkannte sie Schneewittchen und erschrak so sehr, daß sie tot umfiel.

Februar

1 Die Zauber-Fischgräte

Es war einmal ein Mann. Er hatte zwölf Kinder und konnte ihnen nicht genug zu essen geben. Alice, die älteste Tochter, war fleißig und sorgte für den Vater und die Geschwister. Als sie vor lauter Hunger dünn wie ein Faden geworden war, hatte die Fee Marina Mitleid mit ihr und schenkte ihr einen Fisch. „Bewahre die Gräte gut auf", bat sie. „Es ist nämlich eine Zauber-Fischgräte! Sie kann dir einen Wunsch erfüllen, einen einzigen aber nur. Darum überlege gut, was du dir wünschen willst."
Zweimal hätte Alice die Fischgräte beinahe gebraucht: Einmal, als einer ihrer Brüder schwer verletzt war, und ein andermal, als ihre kleine Schwester verschwunden war. Doch dann hatte sie auch ohne Zauber einen Ausweg gefunden.
Eines Tages nun wußte der Vater nicht mehr ein noch aus: Er hatte kein Geld mehr. „Gibt es gar keine Möglichkeit, doch noch welches zu bekommen?" fragte Alice nachdenklich. „Nein", antwortete der Vater traurig. „Ich habe schon alles versucht." — „Nun, dann ..." Alice steckte die Hand in die Tasche ihres Kleides und rieb an der Fischgräte. Sofort erschien die Fee Marina und machte all ihren Sorgen ein Ende.

2 Die drei Faulen

Ein König hatte drei Söhne. Sie waren ihm alle gleich lieb, und darum wußte er nicht, welchen er einmal zu seinem Nachfolger bestimmen sollte. Als der König merkte, daß er bald sterben würde, rief er seine Söhne zu sich und sagte:
„Liebe Kinder, ich habe lange nachgedacht und endlich beschlossen, daß der Faulste von euch dreien nach mir König werden soll."
Da prahlte der Älteste: „Wenn ich gerade beim Einschlafen bin und mir ein Staubkorn ins Auge fliegt, lasse ich es, wo es ist. Lieber verzichte ich aufs Schlafen, als daß ich es aus dem Auge wische."
Der zweite erzählte: „Wenn ich vor dem Feuer sitze, um mich aufzuwärmen, und meine Hausschuhe Feuer fangen, dann lasse ich mir eher die Fersen verbrennen, als daß ich die Beine zurückziehe." Darauf prahlte der dritte: „Ich bin noch viel fauler! Wenn ich gehängt werden sollte, den Strick schon um den Hals hätte und mir einer ein scharfes Messer gäbe, damit ich den Strick zerschneiden könnte, so ließe ich mich lieber hängen, als die Hand nach dem Messer auszustrecken." — „Unerhört!" rief der König. „Du bist der Faulste! Du sollst mein Königreich bekommen!"

3 Der Junge, der ins Wasser fiel

Ein Junge spielte am Ufer eines Flusses. Plötzlich rutschte er aus und fiel ins Wasser. „Hilfe!" schrie er. „Ich ertrinke!" Da kam zufällig ein Mann vorbei. Er war einer von denen, die anderen immer gute Ratschläge geben wollen. Statt dem Jungen zu helfen, ermahnte er ihn: „Du hättest nicht so nahe am Fluß spielen dürfen. Man muß immer aufpassen, wo man hintritt!" Der Junge bekam noch viele kluge Ratschläge, aber viel lieber wäre es ihm gewesen, wenn ihn der Mann ohne diese lange Vorrede aus dem Wasser gezogen hätte!

Februar

4 Das Wettspringen

Eine Grille, ein Frosch und ein Känguruh beschlossen eines Tages, um die Wette hoch zu springen. Dieser Wettstreit lockte viele Zuschauer herbei, vor allem, weil der König dem Sieger die Hand seiner Tochter versprochen hatte. Jeder wollte das Schauspiel miterleben und war sogar bereit, ein hohes Eintrittsgeld dafür zu zahlen. Auch der König und der gesamte Hofstaat kamen.
Alle waren sehr gespannt, wer die Königstochter gewinnen würde.
Endlich klatschte der König in die Hände: Das Wettspringen konnte beginnen.
Als erstes kam die Grille dran. Eigentlich war ihr Sprung der höchste. Doch weil sie so klein war, konnte niemand ihn verfolgen. Darum behaupteten die Kampfrichter, sie sei gar nicht vom Boden losgesprungen.
Der Frosch sprang nur halb so hoch wie die Grille. Alle sahen ihn, denn er war dicker und größer als die Grille. Doch leider landete er auf dem Kopf des Königs, und wegen Majestätsbeleidigung mußte er ausscheiden.
Das Känguruh machte nur einen leichten, kleinen Hopser. Aber es hüpfte so geschickt, daß es dabei in die Arme der Prinzessin fiel.
Daher erhielt das Känguruh durch seine Schlauheit die Königstochter zur Frau.

5 Vom Fundevogel

Ein Adler hatte ein kleines Kind gestohlen und in sein Nest geschleppt. Dort entdeckte es ein Förster und nahm es mit nach Hause. Er nannte den Jungen Fundevogel, weil er ihn im Adlernest gefunden hatte, und zog ihn mit seiner Tochter Lenchen auf. Fundevogel und Lenchen hatten einander so lieb, daß sie traurig waren, wenn einer den anderen nicht sah.
Der Adler aber war eine Hexe. Sie fand heraus, wo der Junge war, verwandelte sich in eine alte Köchin und nahm beim Förster eine Stelle an. Sie wollte den Jungen nämlich umbringen. Doch Lenchen erfuhr davon und floh mit Fundevogel.
Kaum hatte die Hexe die Flucht der beiden Kinder bemerkt, da verwandelte sie sich wieder in einen Adler und folgte ihnen. „Verzaubere dich schnell in einen Teich!" sagte Lenchen zu Fundevogel. „Ich will mich in eine Ente verwandeln und auf dir schwimmen." Aber die Hexe erriet, was aus den Kindern geworden war. Deshalb beugte sich der Adler vor und begann, das Wasser aus dem Teich zu trinken. Da packte ihn die Ente mit dem Schnabel, zog seinen Kopf unter Wasser, und er mußte jämmerlich ertrinken. Die Kinder aber kehrten fröhlich heim.

Februar

6 Die Kuh und das Schwein

Ein Schwein lebte so wie alle anderen Schweine auch. Und es hätte sich auch niemals darüber beschwert, wenn sich nicht die Kuh über seine Lebensweise lustig gemacht hätte. „Du führst ein herrliches Leben!" spottete die Kuh. „Lebst von Abfällen und schläfst auf Mist!" Das wiederholte sie so oft und so lange, bis das Schwein dachte: „So kann es nicht weitergehen!" und sich auf den Weg zum Richter machte.
„Alle Tiere auf dem Bauernhof haben gutes Essen und ein sauberes Lager!" klagte es. „Warum ich nicht?" „Da hast du recht", meinte der Richter. „Von nun an sollst du Körner und Erbsen und ein Bett mit seidener Bettwäsche haben!"
Das Schwein rannte zum Koben zurück. Es fieberte danach, seiner Frau die gute Nachricht zu bringen. „Körner, Erbsen und seidene Bettwäsche!" grunzte es auf dem Heimweg fröhlich vor sich hin. Unterwegs begegnete es der Kuh, und diese spottete wieder wie üblich: „Abfälle und Mist!" Diese Worte klangen dem Schwein in den Ohren. Und als seine Frau fragte: „Na, ist alles gut gegangen?", versprach es sich und sagte: „Sehr gut! Von jetzt an leben wir von Abfällen und schlafen auf Mist!"

7 Der liebste Roland

Prinz Roland war mit einem wunderschönen Mädchen verlobt. Eines Nachts kam es ganz verstört zu ihm und sagte: „Liebster Roland, wir müssen fliehen! Meine Stiefmutter ist eine Hexe und will mich töten." — „Schnell weg von hier!" sagte Roland. „Doch wir nehmen noch ihren Zauberstab mit."
Als die Stiefmutter bemerkte, daß der Zauberstab fehlte, zog sie sofort ihre Siebenmeilenstiefel an und folgte den beiden. Da verwandelte sich Roland blitzschnell in eine Geige und das Mädchen in eine Blume. Doch die Stiefmutter erriet, daß die Blume ihre Stieftochter war. Schon streckte sie die Hand aus, um die Blume zu brechen, da begann die Geige zu spielen. Und weil es eine Zaubergeige war, mußte die Hexe tanzen. Schneller und schneller, bis sie schließlich erschöpft umfiel. Bevor sie starb, fand sie gerade noch Zeit, sich an Roland zu rächen: Sie zauberte ihm sein Gedächtnis weg. Darum erinnerte sich Roland nicht mehr an seine verzauberte Verlobte, als er sich wieder zurückverwandelt hatte. Er ging davon und ließ die Blume zurück. Ein Hirte fand sie, pflückte sie und stellte sie zu Hause in die Vase. Seitdem stand das Essen schon bereit, wenn er heimkam, und das Haus war aufgeräumt. „Da steckt ein Zauber dahinter", meinte er. Eines Morgens tat er nur so, als ginge er aus dem Haus, und versteckte sich im Schrank. Plötzlich sah er, wie die Blume aus der Vase schlüpfte und mit der Hausarbeit begann. Schnell murmelte er einen Zauberspruch, und im selben Augenblick wurde aus der Blume wieder das schöne Mädchen. Bald darauf lud Prinz Roland alle jungen Männer und Frauen des Landes ein. Sie sollten bei einem Fest singen. Auch das Mädchen ging hin und sang. Roland erkannte es an seiner Stimme und war außer sich vor Freude. Sie heirateten noch am gleichen Tag.

Februar

8 Merkwürdige Antworten

Ein Fuchs fragte einen Hasen, warum er so merkwürdig vor sich hin lächelte. „Ich habe gerade geheiratet", sagte der Hase. „Wie schön für dich!" meinte der Fuchs. „Schön? Eigentlich nicht. Meine Frau ist alt und furchtbar häßlich!" — „Wie traurig für dich!" „Traurig? Das auch wieder nicht. Sie besitzt nämlich ein schönes Haus!" „Wie schön für dich!" — „Schön? Das auch wieder nicht, denn das Haus ist verbrannt..." — „Oh, wie traurig!"
„Traurig? Nein, denn meine alte, häßliche Frau war drin, als es brannte!"

9 Der Prahlhans, der König und der Esel

Ein Prahlhans behauptete, er hätte einen Zaubertrank, mit dem er sogar aus einem Esel einen Gelehrten machen könnte. Der König, der dem Mann eine Lehre erteilen wollte, nahm ihn beim Wort.
„Bringt den Mann in den Stall und gebt ihm einen Esel!" befahl er. „Zahlt ihm zehn Jahre lang ein gutes Gehalt! Und wenn dann der Esel weder lesen noch zählen kann, soll der Mann gehängt werden!"
Alle hielten diesen Vorschlag für gerecht und weise.
„Das wird ein lustiges Schauspiel, wenn du in zehn Jahren am Galgen baumelst!" rief ein Höfling dem Prahlhans zu. Und alle anderen wollten sich vor Lachen ausschütten.
„Wart's ab!" erwiderte dieser, denn dumm war er nicht. „Wir werden ja sehen, wer in zehn Jahren gestorben ist, du oder ich, der König oder der Esel. Zehn Jahre sind eine lange Zeit! Da kann sich vieles ändern. Und dann bedenke: Du lachst vielleicht an dem Tag, an dem ich gehängt werde. Ich aber, ich lache nicht nur einen Tag, sondern zehn Jahre lang! Denn in der Zeit sehe ich zu, wie ihr alle mühsam tagtäglich euer Geld verdient, während ich überhaupt nichts dafür tun muß!"

10 Der Drache und der Zigeuner

Eines Tages kam ein Zigeuner in ein völlig verlassenes Dorf. Nur ein einziger verängstigter Bewohner war noch da. Er erzählte: „Das Land wird von einem Drachen heimgesucht. Jeden Morgen verschlingt er einen Menschen." Der Zigeuner fürchtete sich nicht und blieb. Am nächsten Morgen hörte er lautes Donnergrollen, und die Erde erzitterte. Der Drache kam. Er war riesengroß und sah furchterregend aus. Doch der Zigeuner ging ihm mutig entgegen. „Friß mich nur", sagte er. „Kauen kannst du mich sowieso nicht. Du mußt mich ganz hinunterschlucken. Und wenn ich dann unten in deinem Magen liege, werde ich ihn durchlöchern, und du mußt sterben."
Der Drache brüllte vor Lachen. „Du hältst dich für so stark? Sieh nur, was ich kann!" Er nahm einen Stein und zerdrückte ihn zu Staub.
„Na und?" sagte der Zigeuner und zuckte mit den Achseln. „Ich kann einen Stein so fest drücken, daß in wenigen Sekunden Wasser herausläuft!" Statt eines Steines nahm er heimlich einen Ziegenkäse in die Hand. Und er drückte ihn, daß der Saft nur so heraustropfte. Da bekam der Drache furchtbare Angst. Er floh und kam nie wieder zurück.

Februar

11 Der Löwe, der Wolf und der Fuchs

Als der Löwe krank war, besuchten ihn alle Tiere, nur der Fuchs nicht. „Du kümmerst dich überhaupt nicht um den Löwen!" schimpfte ihn der Wolf. Da kam der Löwe dazu. „Ausgerechnet mir wirft man vor, dich nicht zu lieben!" klagte der Fuchs. „Dabei bin ich um die ganze Welt gelaufen, um für dich ein Wunder-Heilmittel zu finden." — „Und... hast du es?" — „Ja", antwortete der Fuchs listig. „Du mußt einem Wolf das Fell abziehen und dich darin einwickeln!" Da machte sich der Wolf eiligst aus dem Staube, um sein Leben zu retten.

12 Die fünf Erbsen

Fünf Erbsen glaubten, die Schote, in der sie lagen, wäre die Welt. Wie überrascht waren sie, als ihre Schote eines Tages von einem kleinen Jungen geöffnet wurde! Da entdeckten sie etwas ganz Neues! „Was wird wohl jetzt mit uns geschehen?" fragten sie sich besorgt. Die erste Erbse wurde in ein Spielzeuggewehr gesteckt und in die weite Welt geschossen. Die zweite flog auf die Sonne zu. Die beiden nächsten rollten auf den Fußboden des Kinderzimmers. Die letzte aber landete in der moosbewachsenen Spalte einer Fensterbank. Im Zimmer dahinter lag ein armes Mädchen, das sehr krank war. Ja, es war so krank, daß man sich wundern mußte, wie es überhaupt den langen, kalten Winter überlebt hatte.
„Was ist das Grüne, das am Fenster wächst und sich im Wind bewegt?" fragte das Mädchen eines Tages. Da rückte die Mutter sein Bett ganz dicht ans Fenster, damit die kleine Kranke die Pflanze, die dort gewachsen war, besser sehen könnte. Bald darauf brachten die warmen Sonnenstrahlen die Pflanze zum Blühen. Da hatte das Mädchen plötzlich die Kraft, aufzustehen und die Erbsenblüte zu streicheln. Und es dauerte nicht mehr lange, so war es wieder ganz gesund.

13 Der Kartenspieler

Der Kartenspieler hatte immer Karten in der Hand. Und weil er geschickt war, Glück hatte und auch recht gut mogeln konnte, gewann er jedes Spiel. Jene, denen er so das Geld abgenommen hatte, kamen nach ihrem Tod in den Himmel und beschwerten sich bei Petrus. Da schickte er den Tod auf die Erde. Der sollte den Kartenspieler holen. Petrus wartete viele Tage und Nächte lang. Aber weder der Tod noch sonst eine Seele kam. Deshalb sandte Petrus einen Engel zur Erde. Der sah, daß der Tod eifrig Karten spielte. Darum also starb niemand mehr! Vergebens versuchte der Spieler, auch den Engel für das Spiel zu gewinnen. Ihm blieb nichts anderes übrig, als zu sterben und zur Hölle zu fahren. Sogleich begann er, mit Luzifer Karten zu spielen, und gewann ihm alle Teufel ab. Diesen befahl er, einer auf den anderen zu steigen, und kletterte dann auf dieser Art Leiter in den Himmel hinauf. Als er dort einigen Heiligen beim Spiel ihren Schein abgewonnen hatte, wurde Petrus wütend. Er warf den Spieler zum Himmel hinaus. Beim Fall zersprang dessen Seele in tausend kleine Stücke. Jedes schlüpfte in die Seele eines Menschen, und darum gibt es auch heute noch Kartenspieler.

Februar

14 Die Blume der Liebenden

Eine Königstochter verlor die Sprache, als sie klein war. Seitdem war sie sehr traurig und sehr allein. Ihre einzige Freude war es, sich um die Blumen im königlichen Garten zu kümmern. Eines Abends stand dort plötzlich eine fremde Blume. Niemand hatte sie wachsen sehen. Die Prinzessin pflegte sie besonders liebevoll. Stundenlang stand sie oft vor der kleinen Pflanze, und es sah so aus, als würde sie zu dieser sprechen oder als wäre sie entzückt über das, was die Blume zu ihr sagte. Endlich glaubte der König, seine Tochter wäre verzaubert. Er riß die Blume aus und warf sie zu Boden. „Vater, was hast du getan!" rief die Prinzessin. Vor Schreck hatte sie die Sprache wiedergefunden.

Im gleichen Augenblick wurde aus der Pflanze ein schöner junger Prinz. Er hatte sich von einer Fee in die Blume verzaubern lassen, um in der Nähe der stummen Prinzessin zu sein. Als Blume besaß er eine Stimme, die die Königstochter hören konnte. Umgekehrt konnte auch er die stumme Prinzessin verstehen.

Und weil dies am 14. Februar geschah, schenken sich alle, die sich lieb haben, am Valentinstag Blumen. Der Prinz und die Prinzessin aber heirateten und lebten glücklich zusammen.

15 Der Schweinehirt

Ein Prinz hielt um die Hand der Kaisertochter an. Eines Tages schickte er ihr eine Rose und eine Nachtigall. Alle fanden die Geschenke schön, aber die Prinzessin murrte: „Die Rose ist ja echt! Und der Vogel ist auch nicht künstlich!" Darüber ärgerte sich der Prinz. Er verkleidete sich und ließ sich beim Kaiser als Schweinehirt anstellen. In seiner freien Zeit baute er einen hübschen Topf mit lauter Schellen rundherum. Wenn es im Topf kochte, klingelten sie und spielten die Melodie „Oh, du lieber Augustin, alles ist hin!"

Als die Prinzessin das Lied hörte, wollte sie den Topf unbedingt haben. „Er kostet fünfzig Küsse", sagte der Schweinehirt. Der Kaiser sah, daß seine Tochter den Schweinehirten küßte, und zornig jagte er beide davon. Da jammerte die Prinzessin: „Ach, hätte ich doch den schönen Prinzen geheiratet!" Der Schweinehirt wischte sich die dunkle Farbe aus dem Gesicht, warf die schmutzigen Kleider ab und stand als schöner Prinz vor der Prinzessin. „Ich verachte dich", sagte er. „Den Prinzen, der dir die Rose und die Nachtigall schenkte, wolltest du nicht. Aber den Schweinehirten hast du für dieses Spielzeug geküßt! Sing 'Oh, du lieber Augustin, alles ist hin!' und behalte den Topf!"

Februar

16 Der Koch Chichibio und der Kranich

Eines Tages schoß ein Jäger einen Kranich und gab ihn seinem Koch Chichibio, damit er ihn zubereite. Mmh, wie lecker der große, gebratene Vogel aussah! Da konnte Chichibio nicht widerstehen: Er schnitt einen Schenkel ab und aß ihn.
Als der Kranichbraten serviert wurde, bemerkte der Jäger, daß ein Schenkel fehlte. „Wieso hat er nur ein Bein?" fragte er seinen Koch.
„Alle Kraniche haben nur ein Bein!" gab Chichibio frech zur Antwort. Da sagte der Jäger: „Dann gehen wir morgen früh einmal zusammen zum Teich und schauen, ob du die Wahrheit gesagt hast. Und wehe dir, wenn du mich belogen hast!"
Als sie am nächsten Morgen zum Teich kamen, schliefen die Kraniche noch, und zwar, wie es ihre Gewohnheit ist, auf einem Bein stehend.
„Was habe ich Euch gesagt, Herr!" sagte Chichibio schlau. Da klatschte der Jäger in die Hände, und sofort stellten die aufgeschreckten Kraniche ihr zweites Bein auf den Boden, um zu fliehen.
„Das gilt nicht!" schimpfte Chichibio. „Gestern abend habt Ihr auch nicht in die Hände geklatscht. Sonst hätte nämlich der gebratene Kranich auch sein zweites Bein vorgestreckt!"

17 Der Fuchs und der Wolf

Ein Wolf hatte sich einen Fuchs zum Diener genommen. Der Fuchs war es leid, für seinen Herrn zu arbeiten, und wäre am liebsten davongelaufen. Doch da der Wolf stärker war als er, mußte er bleiben.
„Hol mir etwas zu fressen!" befahl der Wolf immer. „Sonst verschlinge ich dich!"
„Ich kenne einen Bauernhof, auf dem es zwei Lämmer gibt", sagte der Fuchs eines Tages. „Davon werde ich dir eins holen." Schon lief er los, stahl ein Lamm und brachte es dem Wolf. Dann trollte er sich davon.
Als der Wolf das Lamm gefressen hatte, war er immer noch hungrig. Er schlich darum in den Schafstall und stahl auch das zweite Lamm. Dabei machte er solchen Lärm, daß der Bauer herbeilief und ihm einen Schlag mit dem Stock versetzte.
„Du bist daran schuld, daß er mich erwischt hat!" schimpfte der Wolf den Fuchs.
Der Fuchs aber dachte: „Na warte, du Vielfraß, dir werde ich's zeigen!"
Am nächsten Morgen sagte der Wolf wieder: „Hol mir etwas zu fressen, sonst verschlinge ich dich!"
Da erzählte der Fuchs: „Ich kenne einen Keller, in dem der Bauer Fleisch, Wurst und Schinken aufbewahrt."
„Das ist gut!" sagte der Wolf erfreut. „Aber diesmal gehen wir beide zusammen!"
Durch eine schmale Öffnung schlüpften sie in den Keller. Er war voller Vorräte, und der Wolf stürzte sich gierig darauf. Der Fuchs aber zwängte sich vor jedem Bissen durch die schmale Öffnung, denn er wollte sicher sein, daß er auch wieder hinausschlüpfen konnte. „Warum vergeudest du so deine Zeit?" fragte der Wolf. In diesem Augenblick kam der Bauer mit einem Knüppel. Blitzschnell schlüpfte der Fuchs durch den Spalt ins Freie. Der Wolf aber saß mit seinem dicken Bauch in der Falle und bezog eine kräftige Tracht Prügel.

Februar

18 Die Sonne und der Mond

Vor langer, langer Zeit strahlte der Mond ebenso hell wie die Sonne. Das bereitete den Menschen große Schwierigkeiten. Denn da es immer hell war, wußten sie nicht, wann sie aufstehen und wann sie schlafen gehen sollten!
Als Gott dies erkannte, befahl er dem Erzengel Gabriel, seine Flügel auszubreiten, den Mond damit zu verschleiern und so das Mondlicht zu dämpfen.
Die dunklen Stellen, die wir heute auf dem Mond sehen, sind Kratzer von den langen Flügeln des Engels.

19 Cornelia und das Rotkehlchen

Ein Schmied hatte zwei Töchter. Die älteste war bildschön und hieß Regina. Die jüngere sang für ihr Leben gern und hieß Cornelia. Der Vater hatte Regina lieber, und immer wieder sagte er: „Regina gebe ich nur einem Prinzen zur Frau. Cornelia aber bekommt der erste, der um ihre Hand anhält." Cornelia machte sich nichts daraus. Sie hatte mit einem Rotkehlchen Freundschaft geschlossen und sang mit ihm zusammen wunderschöne Lieder. „Cornelia hat schon einen Mann gefunden!" machte sich Regina über die jüngere Schwester lustig. Wie recht sie hatte! Eines Tages war nämlich das Rotkehlchen verschwunden. Dafür kam ein junger Mann zum Schmied und bat um Cornelias Hand. Sein Name war Rotkehlchen. Der Vater gab sofort seine Zustimmung, und die Hochzeit wurde gefeiert. Dann kam die Reihe an Regina. Der junge Mann, der um ihre Hand anhielt, war sehr einfach gekleidet, aber jeder sagte Prinz zu ihm. Deshalb glaubte der Schmied, er wäre ein verkleideter Königssohn. Wie überrascht war er, als er die Wahrheit erfuhr! Reginas Mann hieß nämlich nur Prinz, während Cornelia einen echten Königssohn zum Mann bekommen hatte, Prinz Rotkehlchen!

20 Der Ritter und die Drachen

Ein Ritter durchstreifte einen Wald und entdeckte plötzlich einen ungeheuren Drachen. Der Mann war sehr mutig und hatte schon mehrere Drachen getötet, die noch viel größer waren. Dieser aber besaß entsetzlich viele Hälse, wohl etwa hundert, und ebenso viele Köpfe mit weit aufgerissenen Mäulern. Es wäre für den Ritter leicht gewesen, einen Drachen mit drei oder sogar sieben Köpfen zu töten! Aber diesen hier... Also rannte er, so schnell er nur konnte, davon. Doch er irrte sich gewaltig: Gerade wegen seiner vielen Hälse hätte dieser Drache niemals aus dem Gebüsch herauskommen können. Es wäre ein Kinderspiel gewesen, ihn zu besiegen! Bald darauf erspähte der Ritter wieder einen Drachen im dichten Unterholz. Dieser hatte nur einen einzigen Kopf. Der Ritter ließ sich viel Zeit, bevor er auf den Drachen losging. Endlich trat er furchtlos mit dem Schwert in der Hand auf ihn zu. Doch dieser Drache hatte zwar nur einen Kopf, aber dafür hundert Arme. In Null Komma nichts kam er aus dem Unterholz, packte den Ritter und erdrückte ihn. Diese Geschichte zeigt, daß hundert Arme, die gehorchen, gefährlicher sein können als hundert Köpfe, die befehlen.

Februar

21 Wie kam der Bär zum Stummelschwanz?

Als der Bär noch seinen langen Schwanz besaß, traf er eines Tages den Fuchs. Dieser hatte eine Menge gestohlene Fische bei sich, behauptete aber: „Ich habe sie selbst gefangen. Es geht ganz einfach. Du mußt nur ein Loch ins Eis schlagen und den Schwanz hineinhängen. Dann beißen sich die Fische daran fest." Der Bär probierte das sofort aus. Er hielt den Schwanz so lange ins Wasser, bis das Loch im Eis wieder zu- und sein Schwanz festgefroren war. Er zog mit aller Kraft. Da riß der Schwanz ab... und ist nie wieder gewachsen.

22 Calandrino und der Zauberstein

Calandrino war recht einfältig, und seine Freunde Bruno und Carlo machten sich gern über ihn lustig. „Komm mit zum Fluß", sagten sie eines Tages zu Calandrino. „Wir wollen einen Zauberstein suchen. Er macht denjenigen, der ihn besitzt, unsichtbar."
„Aber woran können wir den Zauberstein erkennen?" fragte Calandrino eifrig. „Nun, der Zauberstein ist schwarz", erklärte Bruno. „Darum sammeln wir lauter schwarze Steine, bis einer von uns unsichtbar wird."
Calandrino wollte den Zauberstein unbedingt finden. Deshalb sammelte er eine Unmenge schwarze Steine. Auf einmal taten seine beiden Freunde so, als sähen sie Calandrino nicht mehr. „Wo ist er nur? Vor einer Minute war er noch hier!"
„Bestimmt ist er schon nach Hause gegangen!"
Als Calandrino das hörte, war er überzeugt, daß er den Zauberstein endlich gefunden hatte. Glücklich lief er davon, damit er den Stein für sich allein behalten könnte.
Bruno und Carlo aber gaben vor, mit kleinen Kieselsteinen um die Wette zu werfen. Und natürlich tat Calandrino keinen Muckser, wenn ihn ein Steinchen traf...

23 Der kleine Vogel, der nicht singen kann

Ein armer Schuhmacher hatte eine Tochter, die er sehr liebte. Doch das Mädchen war stumm. Von den Nachbarn wurde es darum „der kleine Vogel, der nicht singen kann" genannt. Als der Sohn des Königs eines Tages sehr krank wurde, sagte eine Fee zum König: „Nur der kleine Vogel, der nicht singen kann, kann ihn wieder gesund machen." Da ließ der König sofort im ganzen Reich nach dem Vogel suchen. So erfuhr auch der Schuhmacher davon. Er ging mit seiner Tochter zum Palast. Aber der König wurde zornig, als er sah, daß man ihm ein stummes Mädchen brachte, und ließ den Schuhmacher und seine Tochter ins Gefängnis werfen. Im selben Augenblick seufzte der kranke Königssohn: „Jetzt hat man den kleinen Vogel, der nicht singen kann, in einen Käfig gesperrt."
Da war das Mädchen plötzlich nicht länger stumm. Es sang: „Der kleine Vogel, der nicht singen kann, wird auf den großen Baum fliegen. Er wird hoch im Wipfel sein Nest bauen und wird nicht länger schweigen."
Als das der König erfuhr, ließ er den Schuhmacher und seine Tochter zu seinem Sohn führen. Der Prinz wurde sofort gesund, und schon bald darauf fand die Hochzeit statt.

Februar

24 Rapunzel und der Prinz

Ein Mann und eine Frau hatten sich schon lange ein Kind gewünscht, und endlich erwartete die Frau eins. Da sah sie eines Tages im Nachbargarten Rapunzeln und bekam solche Lust darauf, daß ihr Mann schließlich über die Gartenmauer stieg und eine Handvoll Rapunzeln für sie stach. Die Frau aß sie mit Heißhunger. Doch schon am nächsten Tag hatte sie wieder Lust auf Rapunzeln. Als nun der Mann noch einmal in den Garten kletterte, überraschte ihn die Hexe, der der Garten gehörte. Erschrocken erzählte er ihr von der Schwangerschaft seiner Frau und ihrem Heißhunger. „Du darfst so viele Rapunzeln nehmen, wie du willst", sagte sie. „Doch du mußt mir das Kind versprechen, das deine Frau erwartet." In seiner Not versprach er es.
Sobald das Kind geboren war, kam die Hexe. Sie holte das Mädchen und nannte es Rapunzel. Rapunzel wuchs zu einem schönen Mädchen heran. Als es zwölf Jahre alt war, sperrte es die Hexe in einen hohen Turm, der weder Tür noch Treppe hatte. Nur ganz oben war ein Fenster. Wenn die Hexe in den Turm wollte, rief sie von unten: „Rapunzel, Rapunzel, laß mir dein Haar herunter!" Da ließ es seinen langen Zopf hinunter, und die Hexe kletterte daran wie an einem Seil hinauf. Eines Tages kam ein junger Königssohn in den Wald. Er hörte Rapunzel hoch oben in dem Turm eine Melodie singen und wollte es kennenlernen. Als er entdeckte, wie die Hexe hinaufgelangte, tat er es ihr nach, sobald sie wieder weg war. Er kletterte am Zopf zum Fenster hinauf, sah Rapunzel und verliebte sich sofort. Von nun an kam der Prinz jeden Tag. Endlich sagte er: „Morgen bringe ich eine seidene Leiter mit. Dann fliehen wir miteinander." Er war noch nicht lange weg, da erschien die Hexe. „Warum bist du so viel schwerer als mein Prinz?" fragte Rapunzel, als es sie heraufgezogen hatte. Die Hexe geriet vor Wut außer sich. Ritschratsch! schnitt sie Rapunzel die Haare ab und verbannte es in die Wildnis. Als der Prinz am nächsten Tag nach Rapunzel rief, ließ die Hexe den Zopf hinunter und zog den Prinzen zum Fenster hinauf. „Du wirst Rapunzel nie wiedersehen!" rief sie und stieß ihn in die Tiefe. Der Prinz kam zwar mit dem Leben davon, aber die Dornen, in die er gefallen war, hatten ihm die Augen zerstochen. Blind irrte er nun durch die Welt. Eines Tages kam er in die Gegend, in der Rapunzel lebte. Da hörte er die bekannte Melodie. Auch Rapunzel erkannte den Prinzen, und sie fielen sich in die Arme. Als Rapunzel vor Freude weinte, benetzten seine Tränen die Augen des Prinzen, und er konnte wieder sehen. Er nahm Rapunzel mit in sein Königreich, und dort wurde die Hochzeit gefeiert.

25 Der Schreibheft-Kobold

Als es vom Kirchturm Mitternacht schlug, wurden alle Gegenstände in dem kleinen, dunklen Kinderzimmer lebendig. Auch die Hefte, die Andreas schon für den nächsten Morgen in die Schultasche gepackt hatte. Ja, sogar die geschriebenen Wörter in seinem Schreibheft begannen sich zu bewegen.
Der Kobold, der für das Schreibheft verantwortlich war, betrachtete die Buchstaben und schlug verzweifelt die Hände über dem Kopf zusammen. Was für ein Gekritzel! Kein Buchstabe war dem anderen gleich! Manche waren groß und dünn, andere so dick und kugelrund, daß es aussah, als würden sie davonrollen. Die einen schienen auf Zehenspitzen zu stehen, die anderen breit und behäbig dazusitzen. Manche waren nach links geneigt, wieder andere fielen nach rechts. Ach, es war wirklich zum Verzweifeln! Andreas hatte eine schlimme Schrift. Aber — kein Wunder! Er gab sich ja auch keine Mühe und hatte es immer eilig. Der Schreibheft-Kobold war sehr ärgerlich und rief: „Aufgepaßt! Und... eins — zwei, eins — zwei!" Nun mußten die Buchstaben, ob sie wollten oder nicht, so lange turnen, bis alle ordentlich, gerade und deutlich lesbar dastanden.

Februar

26 Die Kristallkugel

Ein Schiff sollte eine sehr wertvolle Kristallkugel zum Kaiser von Japan bringen. Doch unterwegs geriet es in einen Sturm und sank. Als der Kaiser von dem Unglück erfuhr, ließ er die besten Taucher des Reiches nach der Kugel suchen. Und er versprach dem, der sie finden würde, eine hohe Belohnung. Aber die Taucher konnten die Kugel nicht finden.
Da kam eine kleine, zierliche Frau mit einem Kind auf dem Arm. „Laßt mich auch danach suchen", bat sie. „Denn wenn ich die Kugel finde und die Belohnung bekomme, möchte ich aus meinem Sohn Kamatari einen Samurai machen." Da erhielt sie die Erlaubnis. Gleich band sie sich ein Seil um den Leib und tauchte zum Meeresgrund hinunter, tief, ganz tief, bis zum Palast der Drachen. Dort fand sie, wie sie es vermutet hatte, die Kristallkugel.
Die Frau ergriff sie schnell und begann, wieder zur Oberfläche aufzusteigen. Plötzlich wurde sie von furchtbaren Seeungeheuern angegriffen. Sie wehrte sich mit ihrem Dolch. Doch selbst als sie schwer verletzt war, ließ sie die Kugel nicht aus der Hand. Und dort war diese auch noch, als man die Frau auf das Schiff hinaufzog. Der Kaiser, der die Kristallkugel bekam, hielt sein Versprechen. Und so ist aus Kamatari ein tapferer Samurai geworden.

27 Der Berg der Elfen

An diesem Abend fand auf dem Berg der Elfen ein großes Fest zu Ehren des mächtigen Eiszwerges statt. Seine Frau war vor kurzem gestorben, und nun sollten sich seine beiden Söhne unter den sieben Töchtern des Elfenkönigs eine Frau aussuchen.
Der Eiszwerg trug eine Krone aus Eiskristallen und Tannennadeln. Er war liebenswürdig und höflich. Doch seine Söhne waren eingebildet und rüpelhaft. Die sieben Töchter des Elfenkönigs konnten sie darum nicht ausstehen. Sie durften aber eine Heirat nicht ablehnen, weil der Eiszwerg so ungeheuer mächtig war. Zu Beginn des Festes führten die sechs ersten Töchter des Elfenkönigs den Gästen ihre Künste vor: Sie tanzten, machten sich unsichtbar, zündeten ihre Irrlichter an und spielten auf der Zauberharfe. Aber trotz ihrer Schönheit gefielen sie dem Eiszwerg nicht. Sie waren ihm zu fremd. Die jüngste Tochter des Elfenkönigs hatte noch keine besondere Kunst erlernt. Sie konnte jedoch wunderschön singen und unzählige zauberhafte Geschichten erzählen. „Das ist die richtige Frau!" dachte der Eiszwerg. „Doch nicht für meine Söhne, sondern für mich!" Und noch am selben Tag wurde die Hochzeit gefeiert.

Februar

28 Das Feuerzeug

Als ein Soldat aus dem Krieg zurückkehrte, begegnete er einer Hexe. „Willst du reich werden?" fragte sie. „Gern", antwortete der Soldat. „Wer wollte das nicht?" Da erklärte ihm die Hexe, daß er in eine Baumhöhle hinabsteigen müsse. „Dort unten ist eine Kiste mit Goldstücken. Sie wird von einem großen, bösen Hund bewacht. Doch ich verrate dir einen Zauberspruch, damit kannst du dich vor ihm schützen." Der Soldat prägte sich den Spruch gut ein und fragte: „Was verlangst du dafür?" — „Nichts", sagte die Hexe. „Bring mir nur ein altes Feuerzeug mit, das meine Großmutter einst unten hat liegenlassen." In Wirklichkeit aber wollte sie auch das Gold. Der Soldat befolgte die Anweisungen der Hexe aufs Wort und kam bald mit den Taschen voll Gold und dem Feuerzeug aus der Höhle zurück. Bevor die Hexe einen Zauberspruch murmeln konnte, tötete sie der Soldat, denn er hatte die gierige Alte durchschaut. Dann ging er mit dem Feuerzeug und dem Gold in die nächste Stadt und lebte dort als reicher Herr, bis er schließlich keinen Pfennig mehr besaß. Eines Abends, als es ganz dunkel war und der Soldat kein Geld hatte, um sich ein Licht zu kaufen, fiel ihm das Feuerzeug ein. Er holte es hervor und schlug einen Funken. Im selben Augenblick stand der Hund aus der Höhle vor ihm und fragte: „Was befiehlt mein Herr?" Das also hatte es mit dem Feuerzeug auf sich! Der Soldat brauchte es nur zu schlagen, und schon erfüllte ihm der Hund jeden Wunsch. Jetzt war er wieder ein reicher Mann. Eines Tages sagte er zu dem Hund: „Mehr als alles auf der Welt wünsche ich mir, die Prinzessin zu sehen, die im Palast eingeschlossen ist!" Der Hund verschwand und kehrte im Nu zurück.

Der Soldat und die Prinzessin mochten sich sofort. Sie verliebten sich ineinander, und schon bald wurde die Hochzeit gefeiert.

29 Der Fuchs mit dem kurzen Schwanz

Eine Falle hatte einem Fuchs den schönen, buschigen Schwanz abgeschlagen. Er sah nun nicht mehr aus wie die anderen Füchse. Darüber war er so unglücklich, daß er sie zu überreden versuchte, sich auch den Schwanz abzuschneiden. „Euer Schwanz ist doch nur überflüssiges Gewicht, das ihr mit herumschleppt", sagte er. Aber die Füchse durchschauten ihn und erwiderten: „Warum bist du dann mit deinem kurzen Schwanz nicht zufrieden? Du behauptest das ja nur, weil du neidisch auf unseren langen Schwanz bist!"

Februar

Inhaltsverzeichnis

Märchen des Monats: Schneewittchen und die sieben Zwerge nach den Brüdern Grimm

1. Die Zauber-Fischgräte   *nach Ch. Dickens*
2. Die drei Faulen   *nach den Brüdern Grimm*
3. Der Junge, der ins Wasser fiel   *nach La Fontaine*
4. Das Wettspringen   *nach H. Ch. Andersen*
5. Vom Fundevogel   *nach den Brüdern Grimm*
6. Die Kuh und das Schwein   *nach einem norwegischen Märchen*
7. Der liebste Roland   *nach den Brüdern Grimm*
8. Merkwürdige Antworten   *nach einem norwegischen Märchen*
9. Der Prahlhans, der König und der Esel   *nach La Fontaine*
10. Der Drache und der Zigeuner   *nach einem russischen Märchen*
11. Der Löwe, der Wolf und der Fuchs   *nach Äsop*
12. Die fünf Erbsen   *nach H. Ch. Andersen*
13. Der Kartenspieler   *nach den Brüdern Grimm*
14. Die Blume der Liebenden   *nach L. Capuana*
15. Der Schweinehirt   *nach H. Ch. Andersen*
16. Der Koch Chichibio und der Kranich   *nach Boccaccio*
17. Der Fuchs und der Wolf   *nach den Brüdern Grimm*
18. Die Sonne und der Mond   *nach einem arabischen Märchen*
19. Cornelia und das Rotkehlchen   *nach L. Capuana*
20. Der Ritter und die Drachen   *nach La Fontaine*
21. Wie kam der Bär zum Stummelschwanz?   *nach einem norwegischen Märchen*
22. Calandrino und der Zauberstein   *nach Boccaccio*
23. Der kleine Vogel, der nicht singen kann   *nach L. Capuana*
24. Rapunzel und der Prinz   *nach den Brüdern Grimm*
25. Der Schreibheft-Kobold   *nach G. Padoan*
26. Die Kristallkugel   *nach einem japanischen Märchen*
27. Der Berg der Elfen   *nach H. Ch. Andersen*
28. Das Feuerzeug   *nach H. Ch. Andersen*
29. Der Fuchs mit dem kurzen Schwanz   *nach Äsop*

März

Märchen des Monats

Der standhafte Zinnsoldat

März

Es war einmal ein kleiner Zinnsoldat in einer prächtigen blau-roten Uniform. Das Gewehr hielt er geschultert und das Gesicht geradeaus. Ganz stramm stand er da, wie ein wirklicher Soldat, der vor einem Schloß Wache hält.

Der kleine Junge, der den Zinnsoldaten zusammen mit anderem Spielzeug bekommen hatte, stellte ihn in seinem Zimmer auf das Fensterbrett. Von dort konnte er alles gut überblicken. Da gab's noch einen Teddybären, einen summenden Kreisel, Kegel und ein sehr schönes Spielzeugschloß.

Dann war unter den Spielsachen noch ein boshafter Kobold, der plötzlich aus seiner Schachtel hochschnellen konnte, um jemanden zu erschrecken. Und jedesmal grinste er dabei boshaft. Am liebsten schaute der Zinnsoldat hinauf aufs Klavier. Dort stand auf der gelben Spieldose eine zierliche Puppe aus Porzellan in einem feinen rosa Kleidchen. Einen Arm hielt sie anmutig in die Höhe und das eine Bein hoch emporgestreckt, wie beim Tanz.

Es war nämlich eine hübsche, kleine Tänzerin.

„Das wäre eine Frau für mich!" dachte der Zinnsoldat. Bei ihm war es Liebe auf den ersten Blick gewesen, sie aber schenkte ihm keinerlei Beachtung. Nicht einmal nach Mitternacht, wenn alles Spielzeug lebendig wurde. Immer schaute die Tänzerin in eine andere Richtung. Als sie der Zinnsoldat wieder einmal lange ansah, fuhr ihn der Kobold an:

„Zinnsoldat, sieh doch nicht nach dem, was dich nichts angeht!"

Er zog es vor, nichts zu sagen. Am nächsten Morgen, als der kleine Junge ins Zimmer kam, flog das Fenster auf, und der Zinnsoldat stürzte Hals über Kopf aus dem dritten Stockwerk auf die Straße hinunter und blieb mit der Bajonettspitze zwischen den Pflastersteinen stecken. Ein richtiger Platzregen setzte ein. Als er vorüber war, kamen zwei Gassenjungen. „Sieh mal", sagte der eine, „da liegt ein Zinnsoldat. Wir wollen ihn ins Papierschiffchen setzen und im Rinnstein fahren lassen! Das wird lustig!"

Das Schiffchen segelte den Rinnstein hinunter, und die Jungen liefen nebenher. Manchmal schlug das Wasser Wellen, und der Strom riß das Schiffchen mit. Dann wieder drehte sich das Papierschiffchen so rasch im Kreis, daß der Zinnsoldat bebte. Aber er blieb standhaft, hielt das Gewehr auf der Schulter und verzog keine Miene.

Auf einmal trieb das Schiffchen unter ein langes Rinnsteinbrett. Hier war es ganz dunkel.

„Wohin treibt es mich?" dachte der Zinnsoldat. „Ich glaube, das hat was mit dem eifersüchtigen Kobold zu tun."

März

Da tauchte plötzlich eine Wasserratte auf, um ihr Revier zu verteidigen. „Hast du einen Paß?" fragte sie. „Her damit!"

Der Zinnsoldat schwieg still und hielt das Gewehr noch fester. Er hatte ja auch gar keinen Paß.

Erbost schwamm die Ratte hinter dem Schiffchen her. Fast hätte sie es erreicht, doch da kam das Schiffchen zum Glück in eine stärkere Strömung und schoß davon. Bald hörte der Zinnsoldat ein Brausen, das jeden erschrecken könnte. Das Bächlein aus dem Rinnstein mündete hier in einen großen Kanal, und das Wasser schoß wie ein Wasserfall hinunter.

Der erschrockene Zinnsoldat hielt sich so steif, wie er nur konnte. Drei-, viermal drehte sich das Schiffchen herum, füllte sich immer mehr mit Wasser und begann zu sinken. Bald stand der Zinnsoldat bis zum Hals im Wasser. Mehr und mehr löste sich das Papier auf, tiefer und tiefer sank das Schiffchen. Noch einmal dachte der Zinnsoldat an die niedliche, kleine Tänzerin, die er nicht mehr sehen sollte, dann schlug das Wasser über seinem Kopf zusammen. Doch — welch ein Zufall! — im selben Augenblick wurde er von einem großen Fisch verschlungen.

Oh, wie dunkel es da drinnen war! Aber der Zinnsoldat blieb standhaft und legte das Gewehr nicht aus der Hand. Zuerst schwamm der Fisch hin und her, machte die schrecklichsten Bewegungen und wurde endlich ganz still. Dann fuhr es wie ein Blitz durch ihn hindurch, Tageslicht drang herein, und eine Stimme rief laut: „Der Zinnsoldat!"

Der Fisch war nämlich gefangen und auf den Markt gebracht worden. Dort hatte ihn das Dienstmädchen gekauft und mit nach Hause genommen. In der Küche wurde der Fisch aufgeschnitten und der Zinnsoldat gefunden. „Den muß ich zeigen!" rief das Dienstmädchen und trug ihn ins Kinderzimmer.

Er wurde auf den Tisch gestellt, und dort — nein, wie wunderlich es doch in der Welt zugehen kann! — wurde es dem Zinnsoldaten klar, daß er in demselben Zimmer stand, in dem er früher gewesen war. Er erkannte den Jungen und das Spielzeug wieder. Voller Erwartung ließ er die Augen durch das Zimmer gleiten — ja, da stand sie auch noch, die zierliche Tänzerin!

Das Herz des Zinnsoldaten begann so laut zu pochen, daß selbst sie es hören mußte, denn plötzlich wirbelte sie ein paarmal herum, verneigte sich dann vor dem weitgereisten Zinnsoldaten und lächelte ihm zu.

Da schoß der Kobold hervor, aber so heftig, daß die Feder brach und er zurückfiel. Nun hatte der Zinnsoldat Ruhe vor ihm!

März

1 Der Sonnabend des Sandmanns

Noch kein Kind schlief, obwohl es schon spät war. Daran war der kleine Sandmann Ole schuld, weil er den Kindern an diesem Sonnabend keine Geschichten erzählt hat.
Darum beschloß Halmars Mutter nachzusehen, was denn los sei.
„Wir müssen bis morgen die ganze Welt schön geputzt haben", sagte Ole, „denn der Sonntag ist ein besonderer Tag. Ich will auf den Kirchturm steigen und nachsehen, ob die Kirchenheinzelmännchen die Glocken stimmen, damit sie recht schön läuten können. Und was die größte Arbeit ist: Ich muß noch alle Sterne vom Himmel holen, um sie zu polieren. Aber erst müssen sie numeriert werden, damit sie nachher wieder auf ihren alten Platz kommen. Sonst sitzen sie nicht fest und könnten einer nach dem anderen herunterpurzeln."
„Ach, hören Sie doch auf, Herr Sandmann", sagte die Mutter, „erzählen Sie mir doch keine Märchen! Die Sterne können nicht heruntergeholt und poliert werden wie eine Laterne."
„Wollen Sie das besser wissen als ich?" fragte der Sandmann. Da sagte die Mutter nichts mehr. Sie wollte Ole doch nicht so verärgern, daß er ihrem Halmar keine Geschichten mehr erzählt.

2 Sage um König Midas

Vor langer, langer Zeit herrschte in Phrygien König Midas, ein sehr dummer und habgieriger Mann. Einmal hatte er den Waldgott Silenus eingeladen. Nach dem üppigen Mahl sagte dieser: „Als Dank für die gute Bewirtung will ich dir einen Wunsch erfüllen."
Midas zerbrach sich den Kopf. Was konnte er sich wünschen, um noch reicher und mächtiger zu werden?
„Ich wünsche mir, daß alles, was ich berühre, zu Gold wird."
„So sei es!" sagte Silenus nur. Sogleich berührte Midas seinen Stuhl, und schon verwandelte er sich zu Gold. Dann faßte er seinen Gürtel, einen Becher, eine Statue an — alles wurde zu Gold.
Wie im Goldrausch ging Midas durch sein Schloß und berührte Wände, Möbel, Felle. Er wollte immer mehr Gold haben. Die Habgier leuchtete aus seinen Augen.
Endlich setzte er sich hungrig zu Tisch. Da verflog aber seine Begeisterung sehr schnell, denn jede Speise, die er zum Mund führen wollte, wurde zu Gold. „Ich werde verhungern!" rief er entsetzt. Zum Glück hob Silenus den Zauber wieder auf.
Midas war nun bereit, für eine Weintraube auf alles Gold zu verzichten.

3 Der Löwe und die Maus

Ein Löwe schnappte eine Maus und wollte sie fressen. „Laß mich frei", bat die Maus, „denn du könntest mich mal brauchen."
Da lachte der König der Tiere belustigt... und ließ die zitternde Maus laufen.
Einige Zeit danach fingen Jäger den Löwen mit einem Netz, aus dem er sich nicht befreien konnte. Da kam die Maus und nagte mit ihren scharfen Zähnen das Netz durch.
„Es gibt Zeiten", sagte die Maus, „in denen die Schwachen den Starken helfen können."

März

4 Prinzessin Eselsfell

Ein mächtiger König, der alt und häßlich war, hatte es sich in den Kopf gesetzt, ein ganz junges und sehr schönes Edelfräulein zu heiraten. Entsetzt bat sie ihre weise Patin um Rat. „Einem König kann man nicht offen widersprechen", meinte die erfahrene Frau. „Du kannst ihn aber um etwas bitten, von dem er sich niemals trennen würde: Er soll dir das Fell seines Wunderesels schenken, der ihn täglich mit Goldtalern versorgt."
Die Patin war sicher, daß der König das nie tun würde, aber sie irrte sich. Nun war das Edelfräulein ganz verzweifelt.
„Verlaß sofort das Land", schlug die Patin vor. „Hüll dich ins Eselsfell und mach dein Gesicht schwarz, damit man dich nicht erkennt. Niemand wird auf den Gedanken kommen, in dem häßlichen, übelriechenden Eselsfell könnte ein schönes Edelfräulein stecken."
Nach langem Suchen hatte das Edelfräulein endlich auf einem Meierhof des Nachbarkönigs Arbeit gefunden. Alle verspotteten die schmutzige Magd und nannten sie Eselsfell. Sie aber ertrug ihr schweres Schicksal sehr tapfer.
Eine einzige Freude hatte sie noch im Leben: Sonntags schloß sie sich in ihre Kammer ein, wusch sich und legte Schmuck und schöne Kleider an, wie sie es gewöhnt war, am Königshof zu tun. Da trug es sich zu, daß der Königssohn zu der Zeit auf dem Bauernhof weilte und alle Kammern besichtigen wollte. Weil er die eine Tür verschlossen fand, guckte er durch das Schlüsselloch.
Was er da sah, verschlug ihm den Atem! Der Königssohn verliebte sich unsterblich in das schöne Mädchen. Als er sich auf dem Bauernhof nach der zauberhaften Erscheinung erkundigte, erfuhr er, daß die Kammer Eselsfell gehörte. „Ein schönes Mädchen habt Ihr wohl im Traum gesehen", meinten alle lachend.
Darauf wurde der Prinz ganz krank vor Liebeskummer, und seine besorgten Eltern waren bereit, ihm jeden Wunsch zu erfüllen. Er aber verlangte nur, daß Eselsfell ihm einen Kuchen backen solle. Eselsfell ahnte wahrscheinlich, daß der Prinz sie beobachtet hatte, denn sie steckte ihren Ring in den Kuchen. Der Prinz verstand die Botschaft sogleich und gab bekannt, daß er nur diejenige heiraten wolle, der dieser kleine Ring gehöre.
Viele probierten ihn, aber er paßte nur Eselsfell. Jetzt war für sie der Augenblick gekommen, um die Verkleidung für immer abzulegen.
Glücklich erkannte der Prinz in ihr das schöne Mädchen aus der Kammer und heiratete sie.

5 Das Rätsel des Zaren

Der Zar hatte den Anführer der Rebellen gefangengenommen. Da kam dessen schöne Tochter und bat ihn, ihren geliebten Vater wieder freizulassen.
Der Zar sagte halb spöttisch und halb im Ernst: „Ich will deinem Vater die Freiheit wiedergeben und dich heiraten, wenn du mein Rätsel lösen kannst. Gelingt es dir aber nicht, so muß dein Vater sterben, und du heiratest meinen Stallknecht."
„In Ordnung", sagte die junge Frau, „wie lautet dein Rätsel?"
„Komm zu mir, nicht bekleidet, doch auch nicht nackt", sagte der Zar, „nicht zu Fuß und nicht zu Pferde, nicht mit und nicht ohne Geschenk!"
Am nächsten Tag kam sie in ein Fischernetz gehüllt an den Zarenhof. So war sie nicht nackt und nicht bekleidet. Dabei saß sie auf dem Rücken eines Hasen, so daß sie nicht zu Fuß und nicht zu Pferde kam. Und in der Hand hielt sie eine Wachtel, die sie vor den Augen des Zaren fliegen ließ. So sah er sein Geschenk und hatte doch keins.
Der Zar bewunderte sowohl kluge als auch tapfere Menschen und hielt sein gegebenes Wort: Er schenkte seinem tapferen Feind die Freiheit und heiratete dessen kluge Tochter.

März

6 Der Waldkönig zieht in den Krieg

König Löwe traf Vorbereitungen für einen Krieg und rief alle Tiere zu den Waffen. Seine Minister aber meinten, Esel und Hase würden nicht dazu taugen, weil der eine dumm und der andere überaus ängstlich sei.
„Darum sollten wir die beiden gar nicht erst rufen!"
„Ich denke nicht daran!" widersprach der Löwe. „Der Esel hat eine lautere Stimme als ich. Er wird als Trompeter eingesetzt. Der Hase, der schnell laufen kann, wird unser Eilbote. Man muß jeden dort einsetzen, wo er sein Bestes leisten kann."

7 Der Große und der Kleine Bär

Hans war ein lieber und hilfsbereiter junger Riese. Jede Art von Arbeit tat er gern und schaffte durch seine Bärenkräfte allein, wozu sonst ein Dutzend Männer nötig waren.
Eines Tages wurde das Dorf, in dem Hans lebte, von zwei grimmigen Bären angegriffen, besser gesagt, von einem Bären und von einer Bärin.
Der Bürgermeister und die Bewohner riefen sogleich Hans zu Hilfe. Er kam gerade dazu, wie die Bären einen alten Mann bedrängten.
Zornig packte Hans den größeren Bären bei seinen Hinterfüßen, schwang ihn einmal herum und schleuderte ihn mit aller Kraft weit in den Himmel hinauf. Dann ergriff er die Bärin und schleuderte sie hinterher.
Weil sie aber leichter war, flog sie viel höher. Der Bär wollte sie zurückhalten, aber es gelang ihm nicht.
„Komm sofort her!" schrie er die Bärin an.
„Ich kann nicht! Komm du zu mir!" rief sie zurück. Seit diesem Tag bemühen sich die beiden Bären vergebens, sich näher zu kommen und gemeinsam wieder auf die Erde zurückzukehren. Sie wurden zu Sternbildern. Die Astronomen verfolgen ihren Lauf am Himmel und sprechen vom Großen und vom Kleinen Bären.

8 Die kluge Else und die Haustür

Else vergaß beim Weggehen meist, die Haustür abzuschließen. Darum sagte Josef oft: „Denk an die Tür!" An diesem Tag nun sollte ihm Else das Essen aufs Feld hinausbringen.
„Denk aber an die Tür!" rief er ihr zu, bevor er ging.
Da setzte sich Else hin und dachte lange nach. Endlich hatte sie die Lösung gefunden: „Ich werde die Tür mitnehmen, um immer an sie zu denken." Gesagt, getan. Doch was sollte sie mit dem Korb tun? „Den hänge ich an die Tür, dann muß ich ihn nicht tragen!" Schlau, nicht wahr?

März

9 Die zertanzten Schuhe

Es war unerklärlich! Jeden Abend, wenn die schöne Königstochter schlafen ging, verriegelte der König eigenhändig die Tür, dennoch hatten am Morgen ihre Schuhsohlen Löcher. Der König versprach demjenigen, der das Rätsel zu lösen vermag, seine Tochter zur Frau. Viele versuchten es vergebens. Da meldete sich ein Soldat, der von einer Zauberin kürzlich einen unsichtbar machenden Mantel bekommen hatte. Vor dem Schlafengehen schenkte ihm die Königstochter noch Wein ein, aber er trank ihn nicht, weil ihn die Zauberin davor gewarnt hatte. So war er wach und konnte der Königstochter folgen, als sie aufstand und durch einen geheimen Gang unter ihrem Bett in ein herrliches Schloß gelangte. Dort tanzte sie die ganze Nacht mit dem König der Nacht. Als die Königstochter im Morgengrauen in ihr Zimmer zurückkehrte, erwarteten ihr Vater und der Soldat sie schon. Da half kein Leugnen! Die Zauberin kam nun dem Soldaten wieder zu Hilfe. Sie brach den Zauber des Nachtkönigs, so daß die Königstochter frei war. Sie verliebte sich in den armen Soldaten, und bald fand die Hochzeit mit großem Prunk statt.
Als dann der König in hohem Alter starb, erbte der einstige Soldat das Königreich und bestieg den Thron.

10 Der Schwan und die Gans

Ein Mann kaufte auf dem Markt einen Schwan und eine Gans. Zu Hause angekommen setzte er beide auf dem Teich seines großen Gartens aus. Der schöne Schwan sollte seine Augen erfreuen und durch seinen sagenhaften Gesang vor dem Tod auch seine Ohren. Die Gans aber sollte einmal einen schmackhaften Braten für die Festtafel abgeben.
Lange Zeit lebten beide Vögel in Ruhe auf dem Teich und befreundeten sich. Gemeinsam schwammen sie auf dem Wasser und wurden oft vom Hausherrn und seinen Gästen bewundert und mit Leckerbissen verwöhnt. Doch dann kam der Tag, an dem die Gans geschlachtet und für ein Festessen gebraten werden sollte.
An diesem Tag war der Koch zufällig betrunken, und so kam es, daß er statt der Gans den Schwan fing. Wie er das Messer an seinen Hals setzte, begann der Schwan in Todesangst seinen berühmten letzten Gesang. Eine singende Gans aber hatte der Koch noch nie erlebt, und er weigerte sich, sie zu schlachten. So kam die vermeintliche Gans auf den Teich zurück.
Daraus kann man sehen, daß schönes Singen jemandem sogar das Leben retten kann.

März

11 Der Fuchs und der Ziegenbock

Ein durstiger Fuchs irrte durch die Felder und suchte nach Wasser. Endlich fand er einen Brunnen, auf dessen Grund Wasser war. Doch wie dorthin gelangen? Der Fuchs untersuchte die Lage und fand heraus, daß die Eimer an einer Rolle hingen. Wenn man den einen Eimer hinunterließ, stieg der andere hoch.
Nun sprang der durstige Fuchs in einen Eimer und war im Nu auf dem Grund. Endlich konnte er sich satt trinken! Darüber, wie er wieder hinauf gelangen würde, machte er sich gar keine Sorgen. Denn er war überzeugt davon, daß bald jemand am Brunnen erscheinen werde. Dann würde ihm schon etwas einfallen! Und wirklich schaute bald ein Ziegenbock in den Brunnen hinunter. Der Fuchs rief: „Steig in den Eimer. Dann kommst du herunter, und ich steige hinauf." — „Gut, und weiter?" fragte der Bock. „Noch einfacher: Du steigst hoch und ich hinunter." Das überzeugte den Ziegenbock. Er kletterte in den Eimer und war bald auf dem Brunnengrund. Oben angelangt, wollte der Fuchs davongehen. „Wart doch", schrie der Bock, „du mußt dein Versprechen halten!" — „Versprechen? Wir haben doch nur Möglichkeiten besprochen!"

12 Jorinde und Joringel

Jorinde und Joringel hatten sich sehr lieb und wollten bald heiraten. Eines Tages gingen sie im Wald spazieren und verirrten sich. Als Joringel durch die Bäume ein Schloß sah, rief er: „Schau mal!" — „Zicküt, zicküt", antwortete eine Nachtigall. Überrascht drehte er sich um. Jorinde war nicht zu sehen. Eine Nachteule umkreiste Joringel dreimal, und er konnte sich nicht mehr bewegen. Dann flog sie hinter einen Baum, und gleich darauf kam eine alte, krumme Frau hervor und fing die Nachtigall. Joringel erkannte, daß es eine Hexe war. Verzweifelt jammerte und weinte er und bat, sie möchte ihm seine Jorinde wiedergeben. Doch die Hexe sagte: „Du sollst sie nie wiedersehen!" und ging fort.
Was blieb da Joringel anderes übrig, als sich in der Nähe des Schlosses aufzuhalten und zu hoffen?
Eines Nachts träumte er von einer blutroten Blume, in deren Mitte eine große Perle war. Mit dieser konnte er den Zauber der Hexe brechen und Jorinde befreien. Joringel machte sich gleich auf die Suche. Doch erst am neunten Tag fand er die Blume mit der großen Perle. Es war die Rose der Liebe, die jeden Zauber brechen konnte. Damit drang Joringel in das Schloß der Hexe und fand einen riesigen Raum voller Vogelkäfige. An die siebentausend Nachtigallen waren da gefangen. Wie sollte er seine Jorinde herausfinden? Auf einmal sah Joringel die Hexe mit einem Käfig zur Tür laufen und wußte: Das ist seine Jorinde! In zwei Schritten war er bei der Hexe, berührte sie mit der roten Blume, und nun hatte sie keinerlei Macht mehr. Im nächsten Augenblick stand Jorinde vor ihm, so schön wie sie immer gewesen war. Glücklich fielen sich die beiden um den Hals.
Dann hob Joringel auch von allen anderen Nachtigallen den Zauber auf, und sie verwandelten sich in junge Mädchen zurück.

März

13 Der Adler und der Holzfäller

Ein Holzfäller fand einen Adler, der in eine Falle geraten war. Der schöne große Vogel mit dem stolzen Blick tat ihm leid, und er ließ ihn frei.
Einmal um die Mittagszeit setzte sich der Holzfäller unter eine steile Felswand auf einen Stein, um zu essen. Plötzlich schoß der Adler herab, riß ihm die Mütze vom Kopf und flog damit davon. Der Mann sprang auf und folgte ihm... da stürzten knapp hinter seinem Rücken mächtige Felsbrocken von der Wand herab. So hatte ihm der dankbare Adler das Leben gerettet.

14 Der Schutzpatron des Fuhrmanns

Es hatte so viel geregnet, daß der Weg ganz schlammig war und tiefe Löcher hatte. So kam es, daß die Räder eines schwer beladenen Wagens tief im Schlamm einsanken und ein Rad schließlich in einem Loch steckenblieb. Der Fuhrmann trieb sein Pferd an, schrie laut, zerrte am Zügel und schlug es sogar. Aber der Wagen bewegte sich nicht vom Fleck. Dann begann der Fuhrmann zu schimpfen und am Wagen zu zerren... doch ohne Erfolg.
In seiner Not betete er nun zu seinem Schutzpatron und versprach ihm eine Kerze, wenn er ihm weiterhalf.
„Bevor du eine Kerze suchen gehst", hörte der Fuhrmann plötzlich eine Stimme sagen, „hör lieber auf, mit Pferd und Wagen zu schimpfen, und suche ein paar Steine, um das Loch aufzufüllen. Lade außerdem einen Teil der Säcke ab, damit der Wagen leichter wird."
Der Mann tat alles, ohne zu widersprechen... und bald bewegte sich der Wagen vorwärts.
„Ein Wunder ist geschehen!" schrie der Fuhrmann.
„Unsinn!" hörte er wieder die Stimme. „Das Wunder hast du selbst vollbracht. Und denk immer daran: Hilf dir selbst, so hilft dir Gott!"

15 Doktor Allwissend

Ein armer Bauer beneidete die Doktoren um ihr schönes Leben und beschloß, auch ein Doktor zu werden. Er kaufte sich eine Perücke und hängte über die Haustür ein Schild, worauf „Doktor Allwissend" stand.
Ein reicher Mann, dem man viel Geld gestohlen hatte, las es und dachte: „Wenn er allwissend ist, kennt er auch die Diebe."
Er lud ihn deshalb zum Essen ein. Als der Diener bei Tisch eine Schüssel hereinbrachte, rief Doktor Allwissend: „So, das ist der erste!" Er meinte damit den ersten Gang, der Diener aber verstand: „Das ist der erste Dieb!" Und weil er das auch wirklich war, wurde ihm angst und bange. Als ein anderer Diener dann den nächsten Gang hereinbrachte, hörte er: „Das ist der zweite!" Dem dritten Diener erging es ebenso. Und weil sie den Diebstahl zu viert ausgeführt hatten, fühlten sie sich überführt und gestanden die Tat.
Der reiche Mann belohnte Doktor Allwissend fürstlich.
Was aber für unseren Bauern-Doktor noch wichtiger war: In der ganzen Gegend sprach es sich herum, wie er die Diebe überführt hatte. Und die Leute sagten voller Anerkennung: „Der Mann weiß wirklich alles!"

März

16 Die kluge Else und der Spiegel

Eines Tages streifte die närrische Else durch den Wald, um Pilze zu suchen. Als sie an einen Teich kam, legte sie sich schlafen. Und als sie wieder aufwachte, war es schon fast dunkel. Sie schaute ins Wasser und konnte ihr Spiegelbild nicht erkennen. Da erschrak sie sehr.
Ganz verwirrt fragte sie sich: „Bin ich's nun, oder bin ich's nicht?" Um das zu klären, eilte sie nach Hause, klopfte ans Fenster und rief: „Wo ist Else?" — „Sie wird in ihrem Zimmer sein." — „Also bin ich's nicht!" seufzte sie und zog in die Welt.

17 Das liebe Eselein

Das Königspaar wünschte sich schon lange ein Kind, doch als die Königin endlich eines bekam, war es — o Trauer! — ein Eselein. Dennoch liebten sie es von Herzen, und der Prinz verstand es, sich durch seine nette, fröhliche Art bei allen beliebt zu machen. Und wenn er erst auf seiner Laute spielte, vergaßen die Zuhörer, daß er kein Mensch, sondern nur ein Eselein war.
Als es erwachsen war, wollte das Eselein die Welt kennenlernen. So zog es mit seiner Laute an einen anderen Königshof. Anfangs lachte man über das Eselein, denn es sah gar zu possierlich aus. Bald durfte es aber neben der Königstochter am Tisch sitzen, und so kam es, daß es sich in sie verliebte. Aber wie sollte das weitergehen? Das Eselein wurde ganz traurig. Alle meinten es gut mit ihm und versuchten, es aufzuheitern, doch vergebens! Die Königstochter, die es auch liebgewonnen hatte, war mit einer Heirat einverstanden. Die Hochzeit wurde mit großem Prunk gefeiert. Und als dann das Eselein mit seiner Frau allein war, fiel plötzlich die Eselshaut ab, und ein schöner Jüngling stand vor ihr.
So hatte die Kraft der Liebe den bösen Zauber gebrochen.

18 Nicht zu glauben!

Eine ehrbare Henne putzte ihr Gefieder mit dem Schnabel und zog sich dabei eine Feder heraus. „Wieder eine!" sagte sie ärgerlich. „Wenn ich so weitermache, werde ich bestimmt nicht schöner!"
Ihre Nachbarin hörte sie reden, ohne alles genau zu verstehen. Zur Glucke sagte sie: „Eine meiner Schwestern rupft sich alle Federn aus, um schöner zu werden..."
Der Täuberich, der mitgehört hatte, sagte nur: „Wie schamlos!"
„Pst!" machte seine Frau gleich, „so was sagt man nicht vor Kindern!"
Aber dann erzählte sie den Schwalben brühwarm weiter: „Wißt ihr es schon? Eine Henne hat sich alle Federn ausgerissen, um dem Gockel zu gefallen." — „Nicht zu glauben!" „Wirklich wahr!" Als es die Schwalben weitererzählten, ging es schon um zwei Hennen. Und als die Geschichte wieder zurück ins Hühnerhaus kam, war schon von fünf-sechs Hennen die Rede, die sich wegen des Hahns gerauft und ihre Federn verloren haben. Als die erste Henne die Geschichte hörte, erkannte sie sich darin selbstverständlich nicht wieder. „Na, so was!" empörte sie sich. „Die sollten sich in Grund und Boden schämen!"

März

19 Die Sonne und der Wind

Die Sonne und der Wind stritten darüber, wer der Stärkere sei. Sie kamen überein: Sieger ist, wer einen Wanderer am schnellsten dazu bringt, seinen Umhang abzulegen. Zuerst blies der Wind so fest wie in einer kalten, stürmischen Winternacht. Doch der Wanderer hüllte sich nur noch fester ein. Die Sonne tat nichts anderes, als zu scheinen. Es wurde wärmer. Der Mann schwitzte und zog bald den Umhang von selbst aus. Somit war die Sonne die Stärkere. Denn durch langsames Überzeugen erreicht man mehr als mit roher Gewalt.

20 Der Wolf und die sieben jungen Geißlein

Eines Tages wollte Mutter Geiß in den Wald gehen und Futter holen. Sie warnte ihre sieben jungen Geißlein eindringlich, dem bösen Wolf zu trauen, da er sich gern verstellte.
„Ihr könnt ihn an seiner rauhen Stimme und an seinen schwarzen Füßen erkennen", sagte sie.
Kaum war die Geiß fort, klopfte der Wolf auch schon an die Haustür und gab sich als die Mutter aus. Aber die Geißlein riefen: „Unsere Mutter hat eine feine Stimme. Du bist der Wolf!" Nachdem der Wolf ein Stück Kreide gegessen und seine Stimme fein gemacht hatte, kam er wieder. Doch diesmal erkannten ihn die Geißlein an seiner schwarzen Pfote und öffneten ihm nicht. Da lief der Wolf zum Bäcker und ließ sich Teig über eine Pfote streichen. Nun ging der Bösewicht zum dritten Mal zur Tür und rief: „Macht mir auf, Kinder, euer Müttterchen ist heimgekommen und hat jedem von euch etwas mitgebracht." Dabei legte er seine weiße Pfote ins Fenster. Nun glaubten die Geißlein, es sei wirklich ihre Mutter, und öffneten die Tür. Da sprang der Wolf herein und verschlang alle... alle, bis auf eines, das sich im Uhrenkasten versteckt hatte.
Als die alte Geiß zurückkam, suchte sie verzweifelt nach ihren Geißlein. Endlich fand sie ihr jüngstes und erfuhr, was der böse Wolf angestellt hatte. Da ging sie den Wolf suchen und fand ihn laut schnarchend unter einem Baum. Die Geiß sah gleich, daß in seinem dicken Bauch sich etwas regte und zappelte.
Flink schnitt sie dem Ungetüm den Bauch auf, und alle Geißlein sprangen munter heraus. Gemeinsam füllten sie seinen Bauch mit großen Steinen, und dann nähte ihn die Geiß zu. Von alldem hatte der Wolf nichts gemerkt. Als er schließlich ausgeschlafen hatte, ging er zum Brunnen, um zu trinken. Da zogen ihn die schweren Steine hinein, und er ertrank.

März

21 Das Geheimnis der Sphinx

Vor langer Zeit wurde die Stadt Theben von einer Sphinx bewacht, einem Lebewesen, das den Kopf einer Frau, den Körper eines Löwen und die Flügel eines Adlers hatte. Sie stellte jedem Ankömmling die gleiche Frage, und wer nicht antworten konnte, mußte sterben. Als Ödipus nach Theben kam, fragte sie: „Wer geht morgens auf vier, mittags auf zwei und abends auf drei Beinen?"
„Der Mensch", antwortete er. „Als Kind krabbelt er, als Erwachsener geht er aufrecht, und im Alter stützt er sich auf einen Stock."

22 Die beiden Samurais und ihr Diener

Ein Samurai war unglücklich, weil er auf dem Weg nach Kyoto sein Gepäck selbst tragen mußte. Er hatte keinen Diener gefunden. Ein anderer Samurai war auch ohne Diener unterwegs und langweilte sich allein. Als sich die beiden begegneten, waren sie froh, daß sie nun zusammen weitergehen konnten.
Sie mußten ihr Gepäck zwar selbst tragen, aber sie leisteten sich Gesellschaft. Später trafen sie dann einen einfachen Mann, der auch nach Kyoto ging und bereit war, in ihre Dienste zu treten. Sogleich gaben ihm die Samurais ihre langen und schweren Schwerter zu tragen.
Aber sie waren mit ihrem Diener nicht zufrieden. „Man sieht schon von weitem, daß er kein Krieger ist!" sagte einer. „Es ist für uns wenig ehrenwert, einen solchen Diener zu haben", nörgelte der andere.
Nach einer Weile hielt es der Mann nicht mehr aus. Er bedrohte die Samurais mit dem Schwert und rief: „Werft die Messer weg, die ihr im Gürtel tragt!"
Als beide entwaffnet waren, forderte er ihre Geldbeutel. Dann warf er die Schwerter weg und rief: „Tragt die allein. Für mich ist es ehrenvoll genug, euer Geld zu tragen!"

23 Der junge Riese und der Geizhals

Ein junger, gutherziger Riese hörte von einem Schmied, der sehr geizig war und seine Arbeiter schlecht bezahlte. Bei dem meldete sich der junge Riese als Gehilfe.
Der Geizhals war sicher, ein gutes Geschäft gemacht zu haben, denn der Riese würde die Arbeit von einem Dutzend Männern leisten. Und als Lohn hatte er nur verlangt, für jeden Hammerschlag eine Kleinigkeit zu bekommen. Der Geizige hoffte, mit dem Gehilfen eine Menge Geld zu sparen.
Aber er sollte sich täuschen!
Schon mit dem ersten Hammerschlag schlug der junge Riese den Amboß so tief in die Erde, daß man ihn zu nichts mehr verwenden konnte.
Nun erschrak der Schmied. Er wollte den jungen Riesen schnell wieder loswerden, bevor er noch mehr Schaden anrichtete. Aber vorher mußte er ihm seinen Lohn geben. „Was soll ich dir für den einen Hammerschlag bezahlen?" fragte er.
„Nichts! Doch nimm du das für deinen Geiz!" rief der Riese und versetzte dem Schmied einen Tritt, daß er in hohem Bogen über die Dächer des Dorfes flog.

März

24 Ali Baba und die vierzig Räuber

Eines Tages ging Ali Baba mit seinen Eseln in den Wald, um Holz zu fällen. Da sah er eine gewaltige Staubwolke, die immer näher kam. Als er Waffen blitzen sah, erschrak er und versteckte sich. Und wirklich war es eine Räuberbande, schwer mit Diebesgut beladen! Ihr Anführer stieg vom Pferd, näherte sich einer Felswand und sagte: „Sesam, öffne dich!"
Sogleich tat sich eine Tür auf, ließ alle vierzig Räuber eintreten und schloß sich dann wieder.
Ali Baba hielt den Atem an, so überrascht war er über das Gesehene. Nach langer Zeit öffnete sich die Tür wieder, die Räuber verließen die Höhle, und der Anführer sagte: „Sesam, schließe dich!" Dann ritten die Räuber wieder fort.
Nachdem sich Ali Baba von seinem Schrecken erholt hatte, siegte die Neugierde. „Sesam, öffne dich!" sprach er und stand bald in einer riesigen, hellen Höhle, die ganz mit Schätzen gefüllt war, lauter Diebesbeute.
Ali Baba sah sich alles in Ruhe an. Dann besann er sich nicht lange, schleppte so viele Säcke mit Gold aus der Höhle, als seine Esel zu tragen vermochten, schichtete Holz darüber und ging als reicher Mann nach Hause. In die Höhle aber kehrte er nie wieder zurück.

25 Der Löwe und der alte Hase

In der Steppe am Waldrand lebte ein grimmiger Löwe, dem viele Tiere zum Opfer fielen. Er wütete wie ein Tyrann unter ihnen. Schließlich konnten die Tiere den Löwen dazu bewegen, sich täglich mit einem einzigen Mahl zu begnügen, aber dafür blieb es dem Löwen erspart, jagen zu müssen. Jeden Tag opferte sich ein Tier freiwillig. Das ging eine Zeitlang so, bis ein alter, listiger Hase an der Reihe war.
Ganz außer Atem kam er angerannt und berichtete: „Nur mit viel Mühe konnte ich mich vor dem Löwen retten, um rechtzeitig hier zu sein!"
„Ein anderer Löwe?" brüllte der König der Tiere. „Wo ist er?"
„Am Teich. Er ist jung und kräftig und viel mutiger als Ihr."
„Davon will ich mich selbst überzeugen! Führ mich hin!"
Der erboste Löwe folgte dem Hasen bis zum Teich, schlich sich ans Ufer, erblickte sein eigenes Spiegelbild darin, stürzte sich wutentbrannt auf den vermeintlichen fremden Löwen und ertrank. So befreite ein schwacher, aber listiger Hase die Tiere von dem grausamen Tyrannen.
Daraus kann man sehen, wie wahr das Sprichwort ist: „List ist oft stärker als rohe Kraft."

März

26 Jäger, Hirsch und Schmetterling

Ein junger Jäger erblickte einen herrlichen Hirsch und verfolgte ihn zu Pferde. Immer tiefer folgte er ihm in den Wald, bis sie vor einer Hütte standen. Hier verwandelte sich der Hirsch in eine Hexe. „Auch du bist in meine Falle geraten, Jäger!" kicherte sie.
„Ich werde dich in ein Tier verwandeln!" Ihre knöcherne Hand kam immer näher auf ihn zu. Entsetzen packte ihn, und er wollte fliehen. Doch da versperrte ihm plötzlich ein riesiger Bär den Weg. Nun näherte sich die Hexe als schwarzer Rabe. Die Zauberformel verlangte es, daß sie ihr Opfer berührte. Aber ein Schmetterling kam ihr zuvor!
Im gleichen Augenblick, wie er den Jäger streifte, war der Zauber gebrochen: Der Schmetterling verwandelte sich in eine schöne Jägerin.
Sie richtete ihren Pfeil auf den Raben und rief: „Gib uns frei, alte Hexe, sonst..."
Da erlangte auch der Bär — es war niemand anders als der Bruder der Jägerin — sein früheres Aussehen wieder.
„Schnell aufsitzen!" rief der Jäger und gab seinem Pferd die Sporen. Bald waren sie in Sicherheit, aber das Krächzen des Raben klang ihnen noch lange in den Ohren.

27 Die eitle Stopfnadel

Es war einmal eine Stopfnadel, die kam sich so fein vor, daß sie sich einbildete, eine Nähnadel zu sein. Doch als die Hausfrau eines Tages mit der Stopfnadel einen Pantoffel nähen wollte, brach sie. „Sagte ich's nicht!" jammerte sie, „ich bin zu fein!" Die Frau wollte die Nadel nicht wegwerfen. Sie tröpfelte Lack auf das dicke Ende und steckte dann ihr Tuch mit der Nadel zusammen. „So, nun bin ich eine Busennadel!" sagte die Stopfnadel und lachte stolz.
Doch eines Tages fiel sie aus dem Tuch heraus, genau in den Ausguß. „Nun verreise ich!" freute sich die Stopfnadel. Auch als sie später im Rinnstein landete, war sie noch immer guter Laune.
Späne, Strohhalme und Blätter schwammen über sie hinweg. „Die wissen alle nicht, was unter ihnen steckt", sagte die Stopfnadel überheblich. Sie wußte gar nicht, daß sie inzwischen schwarz und häßlich geworden war.
Eines Tages lag da etwas dicht neben der Stopfnadel und glitzerte. Es war nur eine Flaschenscherbe, sie aber glaubte, es sei ein Diamant und wollte mit ihm bekannt werden. Sie stellte sich als Busennadel vor und erzählte über ihre Erlebnisse.

28 Eine Glocke für die Katze

Die Mäuse versammelten sich, um gemeinsam zu überlegen, wie sie sich vor der Katze schützen könnten. „Warum binden wir ihr keine Glocke um? Wir würden sie kommen hören und könnten uns schnell in Sicherheit bringen."
Alle waren begeistert, und der Vorschlag wurde einstimmig angenommen. Da meldete sich eine alte Maus zu Wort: „Der Einfall ist wirklich gut. Wer von euch ist aber bereit, sein Leben aufs Spiel zu setzen, um der Katze die Glocke um den Hals zu hängen?" Bis heute hat sich niemand gemeldet.

März

29 Apollo und der Hirte

Apollo, der griechische Gott der Musik, spielte wunderbar auf der Leier. Keiner konnte sich darin mit ihm vergleichen, und er war sehr stolz darauf. Aber eines Tages hörte er erzählen, daß ein Hirte namens Marsyas seiner Flöte genauso liebliche Töne entlocken könne. Darum lud ihn Apollo auf seine Insel ein und forderte ihn zum Wettkampf heraus. Die Musen sollten entscheiden, wer auf seinem Instrument die schöneren Lieder spielen konnte, und den Sieger nennen. Zuerst kam Apollo an die Reihe, dann Marsyas. Beide Musiker spielten wunderbar. Wen sollten die Musen zum Sieger wählen? Sie wollten keinen nennen. Das ärgerte Apollo, und er schlug vor, es noch einmal zu versuchen. „Aber diesmal wollen wir die Instrumente verkehrt halten", sagte er lachend.

Selbst auf den Kopf gestellt, verzauberte Apollos Leier die Zuhörer durch ihre wunderbaren Melodien. Dann nahm Marsyas das verkehrte Ende seiner Flöte in den Mund und blies... aber er brachte keinen einzigen Ton heraus. Er war überlistet worden! Apollo hatte gewonnen, wurde von den Musen aber nicht zum Sieger ernannt, weil er unehrlich vorgegangen war.

30 Die verzauberte Mühle

Es hatte sich in der ganzen Gegend herumgesprochen, daß in der alten Mühle Geister hausten. Wenn zufällig ein Fremder darin übernachtete, war er am Morgen so verstört, daß er nicht einmal sprechen konnte. Da beschloß ein junger Mann, eine Nacht in der Mühle zu verbringen. Er wollte herausfinden, was dort vor sich ging. Vor Mitternacht tat sich die Tür auf, und ein langer Tisch wurde von unsichtbarer Hand hereingeschoben. Er war reich gedeckt, Kerzen brannten darauf. Dann wurden Stühle herbeigerückt, aber es war niemand zu sehen. Hände erschienen, die Speisen auf Teller legten, mit Messern und Gabeln umgingen. Sonst war jedoch nichts zu sehen und zu hören. Der junge Mann setzte sich nach einer Weile auch an den Tisch, aß und trank mit und ließ sich's schmecken. Als die Schüsseln leer waren, gingen die Kerzen aus. Und im gleichen Augenblick bekam der junge Mann eine schallende Ohrfeige. Nach der zweiten schlug auch er kräftig zu. Er nahm nichts umsonst, sondern gab reichlich zurück.

Wie wild schlug er um sich. Bei Tagesanbruch hörte der ganze Spuk plötzlich auf. Von nun an aber mieden die Geister die Mühle.

31 Die silbernen Eier

In einer arabischen Stadt ging eine Frau auf den Markt und kaufte sich eine Henne. Wie groß war aber ihre Überraschung, als die Henne kein gewöhnliches, sondern ein silbernes Ei legte! Und am nächsten Tag fand die Frau ein zweites silbernes Ei. Da rief sie: „Wie kann ich die Henne wohl dazu bringen, täglich mehrere Eier zu legen?" Lange dachte sie nach und meinte dann: „Ich hab's! Mehr Futter, mehr Eier!"

Aber es war leider kein guter Einfall. Die Henne verdarb sich den Magen und starb.

März

Inhaltsverzeichnis

Märchen des Monats: Der standhafte Zinnsoldat nach H. Ch. Andersen

1. Der Sonnabend des Sandmanns *nach H. Ch. Andersen*
2. Sage um König Midas *nach einer griechischen Sage*
3. Der Löwe und die Maus *nach Äsop*
4. Prinzessin Eselsfell *nach Ch. Perrault*
5. Das Rätsel des Zaren *nach einem russischen Märchen*
6. Der Waldkönig zieht in den Krieg *nach La Fontaine*
7. Der Große und der Kleine Bär *nach den Brüdern Grimm*
8. Die kluge Else und die Haustür *nach den Brüdern Grimm*
9. Die zertanzten Schuhe *nach den Brüdern Grimm*
10. Der Schwan und die Gans *nach La Fontaine*
11. Der Fuchs und der Ziegenbock *nach La Fontaine*
12. Jorinde und Joringel *nach den Brüdern Grimm*
13. Der Adler und der Holzfäller *nach Äsop*
14. Der Schutzpatron des Fuhrmanns *nach Äsop*
15. Doktor Allwissend *nach den Brüdern Grimm*
16. Die kluge Else und der Spiegel *nach den Brüdern Grimm*
17. Das liebe Eselein *nach den Brüdern Grimm*
18. Nicht zu glauben! *nach H. Ch. Andersen*
19. Die Sonne und der Wind *nach Äsop*
20. Der Wolf und die sieben jungen Geißlein *nach den Brüdern Grimm*
21. Das Geheimnis der Sphinx *nach einer griechischen Sage*
22. Die beiden Samurais und ihr Diener *nach einem japanischen Märchen*
23. Der junge Riese und der Geizhals *nach den Brüdern Grimm*
24. Ali Baba und die vierzig Räuber *nach einem Märchen aus Tausendundeiner Nacht*
25. Der Löwe und der alte Hase *nach einem indischen Märchen*
26. Jäger, Hirsch und Schmetterling *nach den Brüdern Grimm*
27. Die eitle Stopfnadel *nach H. Ch. Andersen*
28. Eine Glocke für die Katze *nach Äsop*
29. Apollo und der Hirte *nach einer griechischen Sage*
30. Die verzauberte Mühle *nach den Brüdern Grimm*
31. Die silbernen Eier *nach einem arabischen Märchen*

April

Märchen des Monats

Peter und der Wolf

April

Peter verbrachte seine Ferien bei den Großeltern, die einen schönen Bauernhof am Waldrand besaßen.

Er fand dort allerlei zum Spielen. Außerdem gab es im Garten und auf dem Hof viele Tiere, die ihm Gesellschaft leisteten und mit denen er Freundschaft schließen konnte.

Peter durfte auf dem Bauernhof gehen, wohin er wollte. Nur eines hatten ihm die Großeltern verboten: den Garten durch das Tor zum Wald zu verlassen. Im Wald gab es nämlich einen Wolf.

Aber gerade weil es verboten war, wünschte sich Peter nichts sehnlicher, als in den Wald zu gehen.

Eines Tages hatte der Großvater vergessen, dieses Tor zu schließen, und Peter schlich hinaus.

Eine Ente folgte ihm. Sie wollte die Gelegenheit nutzen, um ein Bad zu nehmen. Der Bach floß unter einer Birke her. Als die Ente dort ankam, rief ihr ein Rotkehlchen vom Baum herunter zu: „Was bist du denn für ein seltsamer Vogel? Du kannst ja nicht einmal fliegen!"

„Und du, was bist du?" fragte die Ente zornig zurück. „Du kannst ja nicht einmal schwimmen!"

Die beiden begannen zu streiten und machten so eine Katze auf sich aufmerksam, die gerade auf der Suche nach einer guten Mahlzeit war. Als Peter sah, wie sich die Katze an das Rotkehlchen anschlich, warnte er laut: „Vorsicht!" Da flog das Vöglein blitzschnell auf die höchste Spitze der Birke. Die Ente aber verfolgte laut schnatternd die Katze und versuchte, sie mit dem Schnabel zu zwicken.

Durch den Lärm wurde der Großvater herbeigelockt. Er zog Peter die Ohren lang, brachte ihn auf den Hof zurück und schloß das Tor ab.

„Was hättest du getan, wenn plötzlich der Wolf gekommen wäre?" schimpfte er.

„Ha", prahlte Peter, „ich fürchte mich doch nicht vor einem Wolf!" Bald darauf kam der Wolf. Erschrocken flüchtete das Rotkehlchen wieder auf die Spitze der Birke. Doch die Ente konnte nicht entkommen.

Der Wolf erwischte sie und schlang sie, ohne zu kauen, gierig hinunter. Die Katze hatte sich inzwischen auf einen Baum gerettet. Doch war dieser so niedrig, daß sie dort vor dem Wolf nicht sicher war.

Das erkannte Peter, der vom Hof aus alles mitangesehen hatte. Er hatte Angst um die Katze und wollte ihr helfen.

Aber wie? Das Gartentor war ja verschlossen!

Rasch holte er ein langes Seil, knotete ein Ende zu einer Schlinge und warf diese über den Gartenzaun. Sie schlang sich um einen Ast der Birke, und Peter konnte am Seil entlang zum Rotkehlchen klettern.

April

„Lenk du den Wolf ab", bat er das Vöglein.

Da flatterte das Rotkehlchen vor dem Wolf hin und her, und er versuchte, nach ihm zu schnappen. Dann flog das Vöglein immer um seinen Kopf herum, und der Wolf drehte sich wie ein Kreisel um sich selbst.

Peter saß oben im Baum und wartete einen günstigen Augenblick ab. Jetzt! Er warf die Schlinge, erwischte den Wolf am Schwanz und zog ihn in die Höhe. Gerade wollte er ihn an einem Ast festbinden, da traten vier Jäger mit Gewehren aus dem Wald heraus. Sie sahen den Wolf und wollten sofort schießen. Aber Peter hatte Angst um seine kleinen Freunde und schrie, so laut er nur konnte: „Nicht schießen! Das Rotkehlchen und ich, wir haben den Wolf doch schon gefangen! Helft mir lieber, ihn zu fesseln! Dann können wir ihn in den Tiergarten bringen."

Also banden die vier Jäger und der kleine Junge dem Wolf die Vorder- und auch die Hinterpfoten zusammen und hängten ihn über eine Stange. So konnten sie ihn gut tragen.

In diesem Augenblick kam der Großvater. Als er hörte, was Peter fertiggebracht hatte, wollte er es erst nicht glauben. Das war ja die Tat eines mutigen Jägers! Und doch war es wahr!

Der Großvater führte nun voll Stolz den kleinen Zug an, der sich auf den Weg zur nächsten Stadt machte. Peter folgte gleich hinter seinem Großvater, und das Rotkehlchen flatterte ihm um den Kopf herum. Auch das Vöglein war sehr stolz auf die Rolle, die es beim Fangen des Wolfes gespielt hatte. Und das mit gutem Recht, oder etwa nicht?

Hinter Peter kamen die vier Jäger, von denen zwei die Stange mit Wolf trugen.

Die Katze stolzierte mit erhobenem Schwanz neben dem Wolf her. Sobald die Gefahr vorbei war, hatte sie den Baum verlassen. Sie war fest davon überzeugt, daß auch sie Lob verdient hatte.

Leider fehlte die Ente. Sie hatte ihr Bad im Bach mit dem Leben bezahlen müssen.

Aber merkwürdig: Wenn Peter genau hinhörte, glaubte er, ein leises „Quak-quak" zu hören. Endlich hatte er eine Idee. Er nahm sein Taschenmesser, schnitt dem Wolf den Bauch auf, und sogleich sprang die Ente unverletzt heraus. Ein Glück, daß der Wolf sie im ganzen geschluckt hatte! Peter nähte ihm schnell wieder den Leib zu, und so blieb auch der Wolf am Leben.

Ja, er lebt sogar heute noch. Wenn du in den Tiergarten gehst, kannst du ihn ganz leicht an seiner großen Narbe auf dem Bauch erkennen und auch daran, daß er sich sehr vor Rotkehlchen fürchtet!

April

1 April, April!

Ein Holzfäller fand eines Tages eine Kiste mit Goldstücken. Und weil seine Frau geschwätzig wie eine Elster war, dachte er sich eine List aus, um den Fund geheimzuhalten.
Er traf einige Vorbereitungen und bat dann seine Frau, mit ihm spazierenzugehen. Als sie an einem Baum vorbeikamen, rief er: „Sieh nur, da wächst ein Fisch!" (Natürlich hatte er ihn selbst dorthin gehängt!)
Bald darauf zog der Holzfäller am Bach sein Fangnetz aus dem Wasser, und darin war... ein Hase! (Auch den hatte er hineingelegt!)
Wenig später stolperte der Holzfäller über die Schatzkiste und tat so, als würde er sie gerade erst entdecken. „Erzähl nur ja niemandem davon!" bat er seine Frau. Aber wie erwartet prahlte sie damit vor ihren Freunden. Da fragte der Holzfäller: „Eine Schatzkiste? Wann sollen wir die denn gefunden haben?"
„Weißt du das wohl nicht mehr?" rief seine Frau erstaunt. „Das war doch an dem Tag, als wir den Fisch auf dem Baum und den Hasen im Fischnetz gefunden haben!" Das klang so verrückt, daß die Freunde ihr kein Wort glaubten. — Aber wißt ihr, was der Fisch im Baum war? Der erste Aprilscherz!

2 Der Hahn und das Wiesel

Ein junger Hahn krähte stolz sein „Kikeriki". Da schlich sich ein Wiesel von hinten an und sagte: „Du singst gut. Aber ich kenne einen Hahn, der kann krähen und dabei auf einem Bein stehen!" — „Als ob das schwer wäre!" meinte der Hahn überheblich. „Und er schließt dabei die Augen!" fügte das Wiesel hinzu.
„Das kann ich auch! Schau her!" Kaum hatte der Hahn die Augen zu, da sprang ihn das Wiesel an und schleppte ihn zum Waldrand, um ihn in Ruhe zu verzehren.
Unter einem Baum machte es halt. Schnell fragte der Hahn: „Hat man dich nicht gelehrt, vor dem Essen zu beten?" — „Aber gewiß doch!"
Das Wiesel ließ seine Beute kurz los, um die Pfoten zu falten... und schon saß der Hahn auf dem Baum. Listig hob das Wiesel ein trockenes Blatt auf und tat so, als würde es lesen. „Der Brief ist vom König", sagte es. „Aber leider verstehe ich kein Wort. Du bist doch so klug. Kannst du mir vielleicht helfen?"
„Gern", antwortete der Hahn, „später. Dort hinten sehe ich nämlich ein paar Jäger kommen."
Da rannte das Wiesel blitzschnell davon, und der schlaue Hahn kehrte zum Hühnerhof zurück.

3 Die frechen Kobolde

Eine Frau hatte ein wunderschönes Baby. Doch eines Tages kamen Kobolde, stahlen das Kind und legten statt dessen ein Kobold-Baby ins Bettchen. „Bitte, gebt mir mein Kind zurück!" flehte die Frau, aber die Kobolde lachten nur. Da wurde sie sehr traurig. Tag und Nacht dachte sie nur noch an ihr Kind. Und so schlug sie einmal, ganz in Gedanken versunken, ein Ei nicht in die Pfanne, sondern direkt ins Feuer. Darüber wollten sich die Kobolde vor Lachen ausschütten. Und weil sie Lachen über alles lieben, gaben sie ihr das Baby zurück.

April

4 Der goldene Zauberschuh

Die Dorfbewohner hatten das Geschrei des Schuhhändlers satt. Sie beschlossen, ihm alle Schuhe abzukaufen, um endlich ihre Ruhe zu haben. Aber je mehr Schuhe sie kauften, um so voller wurden die Verkaufskörbe. Ärgerlich wollten die Leute über den Schuhhändler herfallen, als der König vorbeikam. Er wurde gebeten, Recht zu sprechen. Gleich schenkte der schlaue Schuhhändler dem König einen goldenen Schuh für den jungen Prinzen, und so entschied der König, der Mann habe nichts Schlimmes getan.

Der Schuhhändler verließ noch am selben Tag das Dorf. Schon bald bemerkte der König, daß der goldene Schuh verhext war. Denn als der Prinz ihn angezogen hatte, brachte er ihn nicht mehr vom Fuß herunter. Doch der Schuh wuchs mit dem Fuß des Prinzen und tat ihm nicht weh. Daher störte er nicht allzu sehr.
Die Jahre vergingen, und schließlich wurde für den Prinzen eine Frau gefunden und die Hochzeit vorbereitet. Sofort fing der Schuh an, weh zu tun, und hörte erst wieder auf, als die Hochzeit abgesagt wurde. Daraufhin suchte der König einen Zauberer auf. „Der Prinz wird nur diejenige heiraten können, die ihm den Schuh auszuziehen vermag", meinte er.
Alle Frauen des Landes mußten es nun versuchen: erst die Prinzessinnen, dann die Herzoginnen, danach die Fürstinnen und so fort. Schließlich blieb nur noch ein schmutziges, in Lumpen gekleidetes Küchenmädchen übrig. Es kniete vor dem Prinzen nieder, faßte den Schuh und zog ihn mühelos vom Fuß. Aber der Prinz konnte doch kein Küchenmädchen heiraten! Der König war außer sich vor Zorn. Plötzlich begann draußen der Schuhhändler wieder zu schreien, und im selben Augenblick verwandelte sich das Küchenmädchen, das seine Tochter war, in eine wunderschöne, liebenswerte Prinzessin.

5 Die große, weiße Katze

Ein Mann war zum Nordpol gereist und hatte dort einen Eisbären gefangen. Den wollte er dem Zaren schenken. Auf dem Heimweg bat er eines Abends einen Holzfäller, bei ihm übernachten zu dürfen.
„Von mir aus gern", sagte der Holzfäller. „Es ist allerdings nicht viel Platz, denn am fünften April feiern die Trolle ihr Waldfest, und leider immer bei mir!"
Der Mann richtete sich im Abstellraum ein Lager her, und der Bär legte sich hinter den Ofen. Mitten in der Nacht kamen die Trolle. Sie machten so viel Lärm wie ein ganzer Spielplatz voller Kinder. Plötzlich entdeckte einer die weiße Pelzkugel hinter dem Ofen. Und weil er sie für eine große Katze hielt, begann er, an ihrem Fell zu zupfen. Zornig brummend stürmte der Eisbär hervor. Da rannten die Trolle kreischend vor Angst davon.
Im nächsten Jahr kam ein Troll am Tag vor dem Waldfest zum Holzfäller und fragte: „Ist die große, weiße Katze noch hier?"
„Natürlich", erwiderte der Holzfäller. „Inzwischen hat sie sieben Junge gekriegt. Die sind noch größer und bösartiger als sie!" Von da an hatte der Holzfäller für immer seine Ruhe vor den Trollen.

April

6 Die Nachtigall und die Eule

Eine Nachtigall war in einem Käfig eingesperrt, der neben einem Fenster hing. Sie sang immer nur während der Nacht.
„Warum singst du nicht tagsüber?" fragte eine Eule verwundert.
„Man hat mich gefangen, als ich am Tage sang", antwortete die Nachtigall. „Nun bin ich vorsichtig und singe nur noch nachts."
Da lachte die Eule. „Du hättest dich vorher in acht nehmen sollen, als du noch frei warst. Jetzt hat es keinen Sinn mehr, du bist ja schon gefangen!"

7 Treue Freunde

Ein junger Diener sorgte so liebevoll für sein Pferd, daß sich sogar der Fuchs wünschte, ihn als Herrn zu haben. Darum bat er den Diener, ihm dienen zu dürfen. Diesem war es recht, und er behandelte den Fuchs so gut, daß erst der Bär, dann der Wolf und schließlich alle Tiere des Waldes in seinen Dienst traten.
Nach einiger Zeit beschlossen die Tiere, ihrem Herrn eine Frau zu suchen, damit er ganz glücklich wäre. Sie wählten die Zarentochter für ihn aus. Dann stellten sie es so geschickt an, daß der Diener und die Zarentochter sich begegneten und ineinander verliebten. Als der Zar erfuhr, wen seine Tochter heiraten wollte, wurde er wütend und sperrte sie in einen hohen Turm.
Doch sogleich nahmen sich die Tiere vor, sie zu befreien, und heckten einen Plan aus: Die Katze kletterte auf den Turm und lockte die Prinzessin auf den Balkon. Dort packte sie ein Adler vorsichtig mit den Klauen und trug sie davon. Nun erklärte der Zar den Tieren den Krieg. Aber es waren so viele Tiere, daß er sich ergeben mußte. Von da an lebten der Diener und die Zarentochter glücklich miteinander, umgeben von all ihren treuen Tierfreunden.

8 Der Schneehase

Der Indianer Adlerauge war ein ausgezeichneter Jäger. Dieser Sommer aber war so heiß und trocken, daß alle Tiere nach Norden wanderten, um Wasser zu suchen. So konnte Adlerauge seinen Stamm schließlich nicht mehr mit Fleisch versorgen. Er beschloß, dorthin zu ziehen, wohin auch die Tiere geflüchtet waren. Mit seinem Kanu fuhr Adlerauge so lange nach Norden, bis er von einem Schneesturm überrascht wurde. Da ging er an Land.
Er stellte verwundert fest, daß er die Tierspuren im Schnee ausgezeichnet sehen konnte. Bald darauf verfolgte er einen Hirsch. Aber der Schnee war so hell und blendete so stark, daß Adlerauge sich verirrte. Ein brauner Hase kam angehoppelt und bot sich an, ihn zum Kanu zurückzubringen. Es war einfach, dem Hasen zu folgen, denn er war als dunkler Fleck im weißen Schnee leicht zu erkennen.
Adlerauge war so glücklich über seine Rettung, daß er sich zu dem braunen Hasen hinabbeugte und ihn streichelte. Da wurde das Fell des Hasen auf einmal schneeweiß. Nun würde er im Schnee nicht mehr auffallen, und kein Jäger könnte ihn schießen.
So also ist der Schneehase zu seinem weißen Fell gekommen.

April

9 Der Hut des Samurai

Hanaco, die Tochter eines Samurai, mußte einen riesigen Hut tragen. Ihr Vater hatte ihn ihr kurz vor seinem Tod aufgesetzt, und niemandem gelang es, ihr den Hut abzunehmen. Alle im Dorf machten sich über das Mädchen lustig, und schließlich zog es fort.

Nach einem weiten Weg kam Hanaco in eine große Stadt. Dort trat sie in den Dienst des Kaisers, um sich ihren Lebensunterhalt zu verdienen. Aber auch am Kaiserhof machten sich bald alle über Hanaco lustig.

Eines Tages fand sie der Kronprinz in Tränen aufgelöst. Er hörte sich ihre Geschichte an und war so gerührt, daß er seinen Vater bat, Hanaco heiraten zu dürfen.

„Ein Prinz kann doch keine Dienerin zur Frau nehmen!" rief der Kaiser entsetzt. Und um der Sache ein Ende zu machen, jagte er das Mädchen vom Hof.

Gerade als Hanaco den Palast verlassen wollte, fiel ihr der große Hut von selbst vom Kopf. Nun sahen alle im Saal, wie wunderschön das Mädchen war. Und außerdem wurde das goldene Schmuckkästchen sichtbar, das so lange verborgen gewesen war.

Ein Minister aber erkannte in Hanaco die Tochter des Samurai, und jetzt stand einer Hochzeit nichts mehr im Wege.

10 Der Streit um die Bienenwabe

Arbeitsbienen und Drohnen stritten miteinander um eine Bienenwabe. Da sie sich nicht einigen konnten, wem diese gehörte, gingen sie vor Gericht. Der Richter, eine Wespe, fand nicht heraus, wer von den beiden die Wahrheit sprach. Zeugen wurden befragt und erklärten, sie hätten braungelb gestreifte Insekten aus dem Bienenstock kommen sehen. Doch sowohl die Arbeitsbienen als auch die Drohnen waren braun-gelb gestreift. Darauf holte die Wespe weitere Erkundigungen ein, und der Prozeß zog sich in die Länge. Schließlich wurde es der Bienenkönigin zuviel. „Je länger das dauert, desto mehr verlieren wir dabei", sagte sie. „Keiner von euch arbeitet mehr, und der Honig im Bienenstock geht langsam aus. Ich schlage folgende Lösung vor: Sowohl die Arbeitsbienen als auch die Drohnen bauen je eine Wabe. Auf diese Weise finden wir am leichtesten und vor allem am schnellsten heraus, wer recht hat."

Die Drohnen, die ja keine Waben bauen können, waren mit dieser Lösung natürlich nicht einverstanden.

Daher wußte nun auch die Wespe, daß die umstrittene Bienenwabe nur den Arbeitsbienen gehören konnte.

April

11 Vom Riesen, der sich Zeit ließ

Der Riese Hans trat einen Dienst als Holzfäller an. Aber als ihn am nächsten Morgen seine Kameraden weckten, um mit ihm in den Wald zu gehen, blieb er im Bett und sagte: „Ich habe noch viel Zeit!"
Endlich stand er auf, kochte sich erst einmal eine gute Erbsensuppe und aß sie in aller Ruhe auf. Diese Suppe war nämlich das Geheimnis seiner ungeheuren Kräfte.
Danach ging auch Hans in den Wald. Aber nicht weit. Er riß schon bald zwei riesige Bäume aus und warf sie auf den Wagen.
Auf dem Rückweg versperrten ihm plötzlich Baumstämme den Weg. Hans machte sich nichts daraus. Er schirrte die Pferde ab, lud sie zu den Bäumen auf den Wagen und hob dann diesen mitsamt der ganzen Fracht über das Hindernis hinweg. Sein Meister freute sich, daß er zwei riesige Bäume mitbrachte. Hans aber hielt sich nicht lange mit Schwätzen auf, sondern legte sich gleich wieder schlafen. Als seine Kameraden zurückkamen, beschwerten sie sich bei dem Meister: „Hans schläft immer noch!" — „Mag sein", meinte er. „Aber seht, was er im Schlaf gefällt hat!" Und damit zeigte er auf die beiden großen Bäume.

12 Die Schäferin und der Schornsteinfeger

Die Schäferin mit dem hübschen geblümten Kleid und dem großen Strohhut stand auf einem Tischchen direkt vor dem Spiegel.
Neben ihr stand ein Schornsteinfeger. Die beiden waren Figuren aus feinem Porzellan. Sie liebten sich vom ersten Augenblick an und wollten heiraten.
Nicht weit von ihnen war ein Clown mit nickendem Kopf, der immer ja zu sagen schien. Er behauptete: „Ich bin der Großvater der Schäferin und habe ihre Hand bereits der chinesischen Drachenmaske versprochen!"
Als das die Schäferin hörte, wollte ihr das Porzellanherz vor Kummer zerspringen. „Laß uns fliehen!" schlug ihr der Schornsteinfeger vor, und ganz verzweifelt willigte sie ein. Die beiden kletterten nun durchs Ofenrohr — es war der einzige Weg nach draußen, den der Schornsteinfeger kannte —, und bald waren sie auf dem Dach. Über ihnen leuchteten die Sterne und unter ihnen die Lichter der Stadt. Nie hätte die Schäferin geglaubt, daß die Welt so groß war. Sie bekam es plötzlich mit der Angst zu tun und wollte wieder zurück ins Haus. Der Schornsteinfeger, der sie von ganzem Herzen liebte, konnte ihr den Wunsch nicht abschlagen. Und so standen die zwei Figuren schon wenig später wieder an ihrem gewohnten Platz auf dem Tischchen. Inzwischen war jedoch ein Unfall passiert: Der Clown hatte versucht, den beiden zu folgen. Dabei war er von der Fensterbank gefallen und hatte sich den Hals gebrochen. Seine Besitzer hatten den Kopf mit Draht und Klebstoff wieder befestigt, aber nun war der Hals steif, und der Clown konnte nicht mehr nicken. Als dann die Drachenmaske fragte: „Kann meine Hochzeit mit der Schäferin bald stattfinden?", konnte er nicht mehr zustimmen. Endlich stand einer Heirat des Schornsteinfegers mit der Schäferin nichts mehr im Weg.

April

13 Reineke Fuchs und der Fischer

Reineke Fuchs sah einen Fischer mit einem Wagen vom Fluß zurückkommen. Listig legte er sich auf die Straße und stellte sich tot. Als der Fischer den Fuchs sah, dachte er: „Aus seinem Fell könnte ich mir eine schöne Pelzjacke machen lassen!" Er lud den Fuchs zu den gefischten Karpfen und Aalen und fuhr dann weiter. Putzmunter kippte Reineke sogleich den Korb mit Aalen aus und sprang hinterher. So hatte der Fischer weder eine Pelzjacke noch seine Aale. Er war von Reineke hereingelegt worden.

14 Wie das Feuer zu den Indianern kam

Anfangs hatten die Indianer kein Feuer, wußten aber, daß es dies gab. Auf einer Insel, die von Wieseln bewohnt wurde, sahen sie nämlich Rauch aufsteigen. Ein Blitz hatte dort in einen Baum eingeschlagen und ihn in Brand gesetzt. Und dieses Feuer hüteten die Wiesel. Weil die Indianer nicht bis zu der Insel schwimmen konnten, bot ihnen ein Hase seine Hilfe an: „Ich werde euch das Feuer holen! Ich kann schneller laufen und schwimmen als die Wiesel!" Er bestrich seinen Kopf mit Harz und machte sich auf den Weg.

Die Wiesel empfingen den Hasen voll Freude und luden ihn zu einem wilden Tanz rund ums Feuer ein. Genau das hatte der Hase erhofft. Er tanzte und näherte sich dabei immer mehr dem Feuer – bis sich endlich das Harz auf seinem Kopf entzündete. Da rannte er, so schnell er konnte, davon. Die Wiesel liefen hinterher, holten ihn aber nicht ein. Deshalb baten sie die Regengeister um Hilfe, und gleich darauf begann es, in Strömen zu regnen. Der schlaue Hase flüchtete in eine Höhle und wartete, bis der Schauer vorbei war. Dann setzte er seinen Weg fort und brachte den Indianern, wie versprochen, das Feuer. Und dort brennt es bis zum heutigen Tag.

15 Die Viper und die Frösche

Eine Viper kam oft zu einem Teich, um zu trinken. Doch die Wasserschlange dort betrachtete den Teich als ihr Eigentum. Schließlich wollten beide den Streit in einem Zweikampf entscheiden. Die Frösche, die sich vor der Wasserschlange fürchteten, hielten zur Viper und quakten während des Kampfes wie wahnsinnig. Was sonst hätten sie tun sollen? Die Viper gewann den Kampf, und die Frösche verlangten eine Belohnung. Da zischte die Viper: „Für euer Quaken danke ich euch, wie ich es kann – durch Zischen!"

April

16 Der Fuchs und die Schildkröte

Ein hungriger Fuchs hatte eine Schildkröte gefangen. Aber er konnte ihren Panzer nicht entfernen und sie daher auch nicht fressen. „Tu mich doch eine Zeitlang zum Weichen ins Wasser!" schlug die Schildkröte vor. Dem Fuchs gefiel die Idee ausgezeichnet. Er ahnte nicht, daß die Schildkröte gut schwimmen konnte! So trug er seine Beute zum Bach und hielt sie hinein. Gleich wand sich die Schildkröte aus seinen Pfoten, schwamm blitzschnell in die Mitte des Baches und rief: „Siehst du, Fuchs, du bist nicht immer der Schlaueste!"

17 Der Froschkönig

Einer jungen, sehr schönen Königstochter fiel eines Tages ihr liebstes Spielzeug, eine goldene Kugel, in den Brunnen. Da weinte und jammerte sie so sehr, daß ein Frosch Mitleid mit ihr hatte. „Was gibst du mir, wenn ich dir die Kugel hole?" fragte er. „Meine Perlen, meine Edelsteine!" sagte die Königstochter. „Deine Perlen und Edelsteine will ich nicht. Ich möchte dein Gefährte sein und immer bei dir bleiben!" Das versprach die Königstochter, denn sie dachte: „Der einfältige Frosch muß ja doch im Wasser bleiben!" Kaum hatte er ihr die Kugel aus dem Brunnen geholt, lief sie davon, und der Frosch konnte nicht schnell genug hinterher. Doch am Abend kam er zum Palast. Da erschrak die Königstochter und erzählte ihrem Vater die ganze Geschichte. „Was du versprochen hast, mußt du auch halten!" sagte der König streng. Die Königstochter nahm nun den Frosch vorsichtig mit den Fingerspitzen und trug ihn hinauf in ihr Zimmer. Angeekelt warf sie ihn mit aller Kraft an die Wand. Da stand plötzlich ein schöner Prinz vor ihr. Den hatte sie von einem bösen Zauber erlöst. Nun fiel es ihr nicht schwer, ihr Versprechen zu halten, und der Prinz wurde ihr lieber Gefährte.

18 Das geheimnisvolle Kästchen

Ein Junge, der am Waldrand spazierenging, entdeckte plötzlich ein Kästchen. Aufgeregt begann er sich auszumalen, was darin sein könnte. Vielleicht Goldstücke oder Edelsteine... Aber das Kästchen war verschlossen, und der Junge hatte nichts, um es zu öffnen.
Seine Neugier wurde immer größer, und schließlich ging er ein Stück vom Weg ab und suchte einen alten Mann auf, von dem es hieß, er könnte hellsehen.
Der Alte untersuchte das Kästchen, betastete es, roch daran und sagte endlich: „Es ist etwas Gutes darin."
„Was denn? Gold? Edelsteine?"
„Etwas Gutes, mehr kann ich dir nicht verraten", meinte der Alte.
Der Junge, der überzeugt war, einen Schatz gefunden zu haben, wurde immer ungeduldiger. „Etwas Gutes", murmelte er vor sich hin. „Bestimmt etwas sehr Wertvolles, sonst hätte mir der alte Mann nicht so geantwortet." Der Junge platzte nun beinahe vor Neugier. Er nahm einen großen Stein und schlug damit auf das Kästchen ein, bis es schließlich zerbrach.
Darin war... ein Negerkuß! Doch er war ganz zerquetscht, weil der Junge voreilig das Kästchen zerschlagen hatte.

April

19 Der Delphin des Sängers

Der berühmte griechische Sänger Arion gewann einmal bei einem Sänger-Wettstreit auf Sizilien so viel Gold und Edelsteine, daß er ein großes Schiff mieten mußte, um die Schätze in seine Heimatstadt Korinth zu bringen.

Die Matrosen aber waren neidisch auf Arions Reichtum. Unterwegs überfielen sie den Sänger und wollten ihn über Bord werfen. Arion wehrte sich nicht, er bat die Matrosen nur, noch ein letztes Lied singen zu dürfen. Und dann bezauberte sein Gesang die Matrosen so sehr, daß sie zu spät merkten, was nun geschah: Gleich bei den ersten Tönen war ein Delphin neben dem Schiff aufgetaucht. Arion sprang auf seinen Rücken, und der Delphin brachte ihn sicher nach Korinth.

Als die räuberischen Matrosen mit Arions Schiff im Hafen von Korinth einliefen, erzählten sie, der Sänger wäre bei einem Sturm über Bord gefallen. Doch wie erschraken sie, als ihnen Arion mit Soldaten entgegenkam! Sie wurden festgenommen und bestraft.

Zur Erinnerung an dieses Ereignis hat man im Hafen von Korinth ein Standbild errichtet, das auch heute noch dort steht. Es zeigt einen jungen Mann auf dem Rücken eines Delphins.

20 Das Kamel und der Schakal

Ein Schakal wollte auf die andere Seite eines Flusses hinüber, aber er war sehr wasserscheu. Darum traf er eines Tages mit einem Kamel ein Abkommen.

„Wenn du mich auf deinem Rücken ans andere Ufer trägst, zeige ich dir dort ein Zuckerrohrfeld. Während du dir das Zuckerrohr schmecken läßt, esse ich Fische und Krabben", schlug er vor.

„Einverstanden", antwortete das Kamel, „steig auf meinen Rücken!"

Alles klappte ausgezeichnet. Der Schakal hatte jedoch einen kleinen Magen und war bald satt. Da begann er zu heulen, und sogleich lief der Bauer mit einem Stock herbei. Der Schakal konnte ihm gerade noch entwischen, aber das Kamel mußte ein paar kräftige Schläge einstecken.

Als das Kamel den Schakal später wieder über den Fluß zurückbrachte, fragte es: „Kannst du mir sagen, warum du so geheult hast?"

„Nun, wenn ich gut gegessen habe, singe ich immer ein wenig."

„Ach so!" sagte das Kamel. „Und ich habe die Gewohnheit, mich nach einer guten Mahlzeit im Fluß zu wälzen."

So kam es, daß der Schakal ein unfreiwilliges Bad nahm.

April

21 Die Lerche und der Bauer

Eine Lerche hatte ihr Nest in einem Getreidefeld. Das Getreide war schon fast reif, und die Lerche hatte Angst, der Bauer würde es mähen, bevor ihre Jungen flügge wären.
Eines Tages kam der Bauer. „Mein Getreide reift gut", sagte er. „Ich glaube, ich muß mit meinen Nachbarn sprechen, daß sie mir bei der Ernte helfen."
Die jungen Lerchen bekamen es mit der Angst zu tun. „Schnell, Mutter, wir müssen weg!" piepsten sie. Doch Mutter Lerche sagte beruhigend: „Ein Mann, der so spricht, hat es nicht sehr eilig." Und sie behielt recht. Am nächsten Tag geschah nichts. Die Nachbarn kamen nicht zum Bauern, und das Getreide blieb stehen.
Ein paar Tage später kam der Bauer wieder zu seinem Feld. Nun war das Getreide so reif, daß die Körner zu fallen begannen.
„Ich muß mir sofort ein paar Männer zum Mähen nehmen, sonst ist mein Getreide für mich verloren!" rief der Bauer.
„Kommt, Kinder", drängte Mutter Lerche, „wir müssen weg von hier. Jetzt verläßt sich der Bauer nicht mehr auf seine Nachbarn, sondern nimmt die Sache selbst in die Hand. Jetzt meint er es ernst."

22 Die Gänsehirtin

Eines Morgens traf ein junger Graf im Wald eine alte Frau, die ein schweres Bündel trug. Die Last schien sie fast zu Boden zu drücken, und darum bot er ihr seine Hilfe an.
Das Bündel war schwerer, als der Graf gedacht hatte. Doch wie er es ablegen wollte, war es wie festgewachsen! Da merkte er, daß die alte Frau eine Hexe war, und es blieb ihm nichts anderes übrig, als ihr die Last bis zu ihrem Haus zu tragen. Dort hütete eine dicke, häßliche Frau mit faltigem Gesicht die Gänse. „Meine Tochter", erklärte die alte Frau. Und dann zauberte sie dem jungen Grafen zu seiner Überraschung nicht nur das Bündel vom Rücken, nein, sie gab ihm zum Dank sogar noch ein wunderschönes Büchslein. Es war aus einem einzigen Smaragd geschnitten, und eine Perle lag darin.
Bald darauf schenkte der junge Graf das Büchslein der Königin. Als sie die Perle darin erblickte, erschrak sie. Diese Perle war nämlich eine Träne ihrer jüngsten Tochter, die der König im Zorn vom Hof gejagt hatte.
Sie ließ sich vom Grafen sein Erlebnis erzählen und zu der alten Frau führen. Kurz bevor sie ihr Haus erreichten, entdeckte der Graf am Ufer eines Teiches die häßliche Tochter. Sie nahm gerade ihre graue Perücke ab, zog das dicke Fellkleid aus und streifte schließlich die faltige Haut vom Gesicht. „Mein Kind!" rief die Königin, als sie das liebliche Mädchen erblickte. Da kam die alte Frau herbei. Sie war jedoch keine böse Hexe, sondern eine gute Fee.
„Du hast mir drei Jahre lang die Gänse gehütet", sagte sie zur Königstochter. „Dafür schenke ich dir die Perlen, die du geweint hast, und mein Haus."
Es knackte mächtig, und dann stand anstelle des Häuschens ein Palast vor ihnen. Die alte Frau aber war verschwunden. Nun heirateten der junge Graf und die Königstochter und wurden glücklich.

April

23 Die zwei Krähen

Von zwei Krähen behauptete jede: „Ich kann mit einem vollen Sack höher fliegen als du!" Schließlich stopfte die eine Krähe ihren Sack voll mit leichter Baumwolle. Dabei machte sie sich über die andere Krähe lustig, die einen gleich großen Sack mit schwerem Salz füllte. Doch dann begann es zu regnen, wie es die zweite Krähe erwartet hatte. Das Salz löste sich langsam auf, und der Sack wurde immer leichter. Die Baumwolle aber saugte sich voll Wasser und wurde so schwer, daß die erste Krähe zu Boden gehen mußte.

24 König Salomon und die Königin von Saba

König Salomon war so weise und so gerecht, daß Gott ihm die Herrschaft über die guten und bösen Geister sowie über die Tiere gegeben hatte. Die Königin von Saba wollte herausfinden, ob er wirklich die Kräfte besaß, die man ihm zusprach. Darum schickte sie einen Boten mit einem schönen Gefäß zu ihm. „Könnt Ihr erraten, was darin ist?" fragte der Bote den König.
Ein Geist flüsterte es dem König zu, und er antwortete: „Eine Perle und ein Edelstein." — „Richtig", sagte der Bote, „und in beiden ist ein winziges Loch, durch das Ihr einen Faden fädeln sollt."
Nun flüsterte ein anderer Geist dem König den Namen des besten Goldschmieds ins Ohr, aber auch der konnte nicht helfen. Guter Rat war teuer! Da sagte plötzlich ein winziger Wurm: „Darf ich es versuchen, Euer Majestät?" Er nahm den Faden ins Mäulchen, kroch in das winzige Loch des Edelsteins und kam auf der anderen Seite wieder heraus. Dann tat er das gleiche bei der Perle.
Jetzt erkannte die Königin von Saba, daß König Salomon wirklich über die guten und bösen Geister sowie über die Tiere herrschte. Sie ging zu ihm und warf sich ihm zu Füßen.

25 Der Bogenschütze und die Prinzessin

Iwan war der beste und mutigste Bogenschütze des Zaren. Mit besonders schwierigen Aufgaben wurde immer er betraut und danach jeweils befördert. So hatte er es bereits in jungen Jahren zum General gebracht.
Als Iwan alt war, schickte ihn der Zar ans Ende der Welt. Er sollte dort die schöne Prinzessin Vassilissa rauben, weil der Zar sie heiraten wollte. Unterwegs mußte Iwan unzählige Gefahren bestehen. Doch schließlich kehrte er mit der zukünftigen Zarin zurück. Prinzessin Vassilissa war außer sich über die Entführung und erklärte: „Ich werde den Zaren nur heiraten, wenn mein Entführer zuvor in einem Topf mit Öl gekocht wird!" Sofort befahl der Zar Iwan, in den Topf mit kochendem Öl zu steigen. Ohne zu zögern tat es der mutige Bogenschütze.
Und o Wunder, seine Tapferkeit gab ihm erstaunliche Kräfte: Das Öl verbrannte ihn nicht. Ja, als man ihn herausholte, sah man, daß es ihn sogar wieder jung und hübsch gemacht hatte!
Da wurde der undankbare Zar in den Topf geworfen und Iwan zum Zaren ernannt. Nun hatte Prinzessin Vassilissa nichts mehr gegen eine Heirat einzuwenden.

April

26 Der Kalif und der Hofnarr

Der Kalif von Bagdad hatte sich einen sehr drolligen und witzigen Mann zum Hofnarren genommen. Dieser Narr war bei seinem Herrn so beliebt, daß ihn alle höflich und mit Achtung behandelten. Wie erstaunt war daher der Kalif, als er den Hofnarren eines Tages vor Schmerzen laut schreien und heulen hörte!
Der Lärm kam aus dem Kalifensaal, und der Kalif eilte hinein. Verwundert blieb er stehen: Seine Leibwächter waren dabei, den Narren nach Strich und Faden zu verprügeln!
„Hört sofort auf damit!" befahl er. „Warum schlagt ihr ihn?".
„Herr, er saß auf Eurem Platz!" erklärten die Leibwächter.
„Laßt ihn sofort los!" sagte der Kalif. „Er hat es sicher nicht getan, um mich zu beleidigen!" Doch der Narr klagte und jammerte weiter, obwohl ihm niemand mehr etwas tat. „Jetzt reicht es!" schalt der Kalif.
„Aber Herr", erklärte der Hofnarr, „ich klage ja nicht meinetwegen, sondern Euretwegen!" — „Meinetwegen?" fragte der Kalif erstaunt.
„Ja, Herr! Wenn ich schon so viel Schläge bekam, nur weil ich ein paar Minuten auf Eurem Platz saß, wieviel gebühren Euch dann, da Ihr doch schon so viele Jahre darauf sitzt!"

27 Die Seifenblase

Ein König wurde eines Tages sehr krank und war von da an nicht mehr derselbe: Nichts freute ihn mehr, alles kam ihm langweilig vor. Und mit seinem ständigen Gähnen steckte er allmählich alle am Hofe an. Der König wollte irgend etwas haben, wußte aber nicht, was. Und darum konnte es ihm auch niemand geben.
Seine Minister ließen Ärzte und Gelehrte kommen — vergebens.
Sie erfanden allerlei Zeitvertreib, Spiele, Puzzles und vieles mehr — aber nichts half.
Da kam eines Tages eine kleine alte Frau an den Königshof. „Ich habe, was der König will", sagte sie. „Doch ihr müßt mich dafür mit Gold aufwiegen!" Man gab ihr, was sie wünschte. Aber es war unglaublich: Soviel Gold auch auf die andere Waagschale gelegt wurde, es reichte nicht, denn die alte Frau wurde immer schwerer. Der Schatzmeister war schon ganz verzweifelt. Da brach die kleine alte Frau plötzlich in lautes Gelächter aus. „Der König wünscht sich Seifenblasen!" erklärte sie, tauchte einen Strohhalm in eine Schale mit Seifenlauge und blies dann eine Seifenblase nach der anderen. Und wahrhaftig! Im selben Augenblick verflog die Langeweile des Königs. Er war wieder gesund und zufrieden.

April

28 Der Wolf und der Kranich

Einem Wolf war eine Fischgräte im Hals steckengeblieben. Er ging zum Kranich und bat ihn, sie herauszuziehen. „Ich will dich dafür auch reichlich belohnen", versprach er.
Der Kranich steckte seinen langen Schnabel in den Rachen des Wolfes und zog gleich darauf die Gräte heraus. Der Wolf bedankte sich und ging. „He, und die Belohnung?" rief ihm der Kranich nach. „Wieso?" entgegnete der Wolf. „Als du deinen Kopf in meinen Rachen gesteckt hast, habe ich nicht zugebissen. Ist das nicht Belohnung genug?"

29 Ole, der kleine Sandmann

In der ganzen Welt ist niemand, der so viele Geschichten weiß wie Ole, der kleine Sandmann.
Er trägt eine Jacke aus Seidenstoff. Aber es ist unmöglich, ihre Farbe zu bestimmen, denn sie glänzt mal rot, mal grün oder blau, dann wieder gelb oder schwarz, je nachdem, wie Ole sich dreht. Auf dem Kopf hat er einen hohen Hut mit lauter Sternen. Der kleine Sandmann ist nicht größer als ein Daumen. Er trägt nur Socken und läuft immer auf Zehenspitzen, damit ihn niemand kommen hört. Und wirklich, Ole wurde noch nie gesehen. Der kleine Sandmann hat eine wichtige Aufgabe: die Kinder einschlafen zu lassen. Leise wie ein Mäuschen kommt er ins Zimmer, streut den Kindern ft! Sand in die Augen, damit sie diese schließen, und dann bläst er ihnen sanft in den Nacken. Davon wird den Kindern der Kopf schwer, und sie schlafen ein.
Jetzt öffnet Ole einen der beiden Schirme, die er immer bei sich trägt. Wenn er den schwarzen Schirm über die Kinder spannt, träumen sie nichts. Wenn er aber den farbigen Schirm mit den bunten Bildern aufspannt, träumen sie die ganze Nacht über die schönsten Geschichten.

30 Der Drache am See

Hidesato war ein mutiger Samurai. Als er eines Tages zu einem See kam, war die Brücke durch eine riesengroße, schlafende Schlange versperrt. Hidesato stieg ohne Furcht darüber und setzte seinen Weg fort.
Da verwandelte sich die Riesenschlange plötzlich in einen prächtig gekleideten Mann. „Ich bin der König dieses Sees", erklärte er, „und habe mich nur verwandelt, weil ich einen sehr mutigen Mann brauche. Er soll es mit dem schrecklichen Drachen aufnehmen, der in meinem Königreich wütet."
„Ich will gegen ihn kämpfen", sagte der mutige Hidesato und ging mit dem König zu dessen Palast. Das Wasser des Sees teilte sich, und sie gelangten hinab, ohne naß zu werden. Als es dunkel war, kam der Drache zum See. Seine Augen leuchteten feurig, und er spie helles Feuer. Aber Hidesato erwartete ihn ohne Furcht, den Dolch und das Schwert gezückt. Und ehe das Ungeheuer sich versah, hatte ihm der Samurai die Zungen abgeschnitten. Da brüllte der Drache vor Schmerz und ergriff die Flucht.
Der Seekönig beschenkte Hidesato mit so viel Gold, daß er für sein ganzes Leben genug hatte. Der böse Drache aber kam nie wieder.

April

Inhaltsverzeichnis

Märchen des Monats: Peter und der Wolf
nach einem russischen Märchen

1. April, April!   *nach einem russischen Märchen*
2. Der Hahn und das Wiesel   *nach einem norwegischen Märchen*
3. Die frechen Kobolde   *nach den Brüdern Grimm*
4. Der goldene Zauberschuh   *nach L. Capuana*
5. Die große, weiße Katze   *nach einem norwegischen Märchen*
6. Die Nachtigall und die Eule   *nach Äsop*
7. Treue Freunde   *nach einem russischen Märchen*
8. Der Schneehase   *nach einem Indianermärchen*
9. Der Hut des Samurai   *nach einem japanischen Märchen*
10. Der Streit um die Bienenwabe   *nach Phädrus*
11. Vom Riesen, der sich Zeit ließ   *nach den Brüdern Grimm*
12. Die Schäferin und der Schornsteinfeger   *nach H. Ch. Andersen*
13. Reineke Fuchs und der Fischer   *nach einem französischen Märchen*
14. Wie das Feuer zu den Indianern kam   *nach einer Indianersage*
15. Die Viper und die Frösche   *nach Äsop*
16. Der Fuchs und die Schildkröte   *nach Äsop*
17. Der Froschkönig   *nach den Brüdern Grimm*
18. Das geheimnisvolle Kästchen   *nach einem norwegischen Märchen*
19. Der Delphin des Sängers   *nach einer griechischen Sage*
20. Das Kamel und der Schakal   *nach einem indischen Märchen*
21. Die Lerche und der Bauer   *nach La Fontaine*
22. Die Gänsehirtin   *nach den Brüdern Grimm*
23. Die zwei Krähen   *nach einem indischen Märchen*
24. König Salomon und die Königin von Saba   *nach einem arabischen Märchen*
25. Der Bogenschütze und die Prinzessin   *nach einem russischen Märchen*
26. Der Kalif und der Hofnarr   *nach einem arabischen Märchen*
27. Die Seifenblase   *nach L. Capuana*
28. Der Wolf und der Kranich   *nach Äsop*
29. Ole, der kleine Sandmann   *nach H. Ch. Andersen*
30. Der Drache am See   *nach einem japanischen Märchen*

Mai

Märchen des Monats

Dornröschen

Mai

Es waren einmal ein König und eine Königin. Die beiden wünschten sich sehnlichst ein Kind. Und als ihnen endlich ein Töchterchen geboren wurde, gaben sie zur Taufe ein großes Fest. Auch die weisen Frauen wurden eingeladen. Es waren ihrer dreizehn im Königreich. Weil aber nur zwölf goldene Teller da waren, mußte eine von ihnen daheim bleiben.

Das Fest wurde mit aller Pracht gefeiert, und als es dem Ende zu ging, traten die weisen Frauen vor das Kind und verteilten ihre Wundergaben: Schönheit, Tugend, Anmut, Weisheit und vieles mehr. Als elf ihre Sprüche getan hatten, trat plötzlich die dreizehnte herein und rief mit lauter Stimme: „Die Königstochter soll sich in ihrem fünfzehnten Jahr an einer Spindel stechen und tot umfallen!" So rächte sie sich, weil sie nicht eingeladen worden war. Alle im Saal standen wie erstarrt. Da trat die zwölfte weise Frau hervor. Sie konnte den bösen Spruch nicht aufheben, nur mildern. „Es soll aber kein Tod sein, sondern ein hundertjähriger Schlaf."

Der König wollte sein Kind vor dem Unglück bewahren und befahl, alle Spindeln im Königreich zu verbrennen. Die Jahre vergingen, und an dem Mädchen waren alle Gaben der weisen Frauen zu erkennen. An seinem fünfzehnten Geburtstag streifte es allein durch das Schloß und gelangte schließlich bis auf den Turm hinauf. In einer Dachkammer traf es eine alte Frau, die fleißig Flachs spann. „Guten Tag, altes Mütterchen", sprach die Königstochter, „was macht Ihr denn da?" — „Ich spinne", sagte die Alte. „Wie geht das? Laßt es mich auch einmal versuchen!" sagte die Königstochter und griff schon nach der Spindel. Kaum hatte sie aber die Spindel angerührt, so ging der Zauberspruch in Erfüllung: Sie stach sich in den Finger und fiel wie leblos zu Boden. Die alte Frau schrie erschrokken auf. Da eilten die Hofdamen herbei. Die Königstochter wurde ins goldene Gemach des Schlosses gebracht und auf ein Bett gelegt.

Der todähnliche Zustand hatte ihre frische Gesichtsfarbe nicht verändert. Sie war noch immer sehr schön. In kurzer Zeit verbreitete sich der Schlaf über das ganze Schloß. Der König und die Königin, die sich gerade im Thronsaal aufhielten, schliefen ein und mit ihnen der ganze Hofstaat. In kurzer Zeit schliefen auch die Pferde im Stall, die Hunde im Hof, die Tauben auf dem Dach, die Fliegen an der Wand, ja sogar das Feuer im Herd. Der Koch, der den Küchenjungen an den Haaren ziehen wollte, ließ los und schlief ein.

Rings um das Schloß aber begann eine Dornenhecke zu wachsen, die jedes Jahr höher wurde, so daß bald gar nichts mehr vom Schloß zu sehen war. Die Königstochter hatte in ihrem

Mai

langen Schlaf von Neugierigen nichts zu fürchten, denn weder Mensch noch Tier konnten dieses Dickicht durchdringen.

Im Land verbreitete sich die Sage von dem schönen schlafenden Dornröschen, denn so wurde die Königstochter nun genannt. Von Zeit zu Zeit versuchten Königssöhne, durch die dichte Hecke ins Schloß vorzudringen. Aber sie blieben in den Dornen hängen und kamen jämmerlich um. Nach langen, langen Jahren ritt wieder einmal ein Königssohn durch das Land und hörte, wie ein alter Mann von der Dornenhecke erzählte, hinter der ein Königsschloß stehen sollte. Und weiterhin erfuhr er von dem wunderschönen Dornröschen, das seit hundert Jahren darin schlafe. „Mein Großvater hat erzählt", sagte der alte Mann, „daß schon viele Königssöhne versucht haben, durch die Dornenhecke zu dringen. Aber alle sind darin hängengeblieben und umgekommen. Das Schloß ist verwunschen!"

„Ich fürchte mich nicht", sprach der Königssohn. „Ich will zum Schloß reiten und das schöne Dornröschen sehen!"

Der gute Alte konnte ihn nicht davon abbringen, und so ritt der Königssohn auf die Dornenhecke zu.

Nun waren aber gerade die hundert Jahre vorbei, und der Tag war gekommen, an dem Dornröschen wieder erwachen sollte. Als sich der Königssohn der Dornenhecke näherte, waren es lauter schöne, große Blumen, die vor ihm zurückwichen und ihm den Weg freigaben. Aber hinter ihm schloß sich das Dickicht sofort wieder, und das Gefolge des Königssohns mußte zurückbleiben.

Als er endlich das Schloß erreichte, umfing ihn unheimliche Stille. Überall lagen Menschen und Tiere herum. „Ein furchtbarer Fluch muß auf diesem Schloß liegen!" dachte der Königssohn voller Grauen.

Entschlossen durchquerte er alle Räume des Schlosses. Im Thronsaal fand er den König und die Königin. In der Küche saß die Magd vor dem Huhn, das gerupft werden sollte. Und endlich kam er ins goldene Gemach. Auf dem Himmelbett lag Dornröschen — die schönste Königstochter der Welt.

Der Königssohn betrachtete sie lange. Dann beugte er sich über sie und küßte sie sanft. Da öffnete Dornröschen die Augen und schaute den jungen Mann liebevoll an. Und während sie sich miteinander unterhielten, wachten auch die anderen ringsumher auf. Der Koch zog den Jungen an den Haaren, daß er schrie, die Küchenmagd rupfte das Huhn fertig.

Und bald wurde die Hochzeit des Königssohns mit Dornröschen in aller Pracht gefeiert, und sie lebten vergnügt bis an ihr Ende.

Mai

1 Der listige Musiker

Eines Tages ging ein Musiker durch den Wald und spielte dabei auf seiner Geige. Das lockte einen grimmigen Bären an. „Wie schön du spielst!" begann er mit dem Menschen ein Gespräch. „Könnte ich das wohl auch lernen?" — „Selbstverständlich", antwortete der Geiger, der die böse Absicht des Bären erkannt hatte, „du mußt nur tun, was ich verlange. Steck mal deine Pranke als erstes in diesen Baumspalt..."
Der Bär tat es. Da klemmte ihm der listige Geiger die Pranke mit einem Stein so fest ein, daß er sie nicht mehr herausziehen konnte. Bald darauf näherte sich ein Löwe, und dem erging es auch nicht viel besser: Er wurde in eine Falle gelockt und dann mit dem eigenen Schwanz an einen Ast gehängt.
Durch eine ähnliche List hielt sich der Geiger auch einen Tiger vom Hals. Als die drei wilden Tiere wieder frei waren, schworen sie Rache.
Sie schlichen an den Geiger heran, doch nun war er in Gesellschaft eines sehr kräftigen Holzfällers. Dieser ging mit seiner Axt gleich auf sie los und vertrieb sie.
So durchquerte der kluge und listige Musiker den Wald, ohne daß ihm etwas geschah.

2 Das Gefäß der Pandora

Eine griechische Sage erzählt folgendes:
Vor Tausenden von Jahren gingen die Götter wie Menschen über die Erde. Auch sie feierten Feste, konnten neidisch, geizig, ja selbst rachsüchtig sein. Aber sie waren unsterblich!
Zeus, der oberste der Götter, war auf Prometheus böse, weil er den Menschen das Feuer gebracht hatte, das bis dahin nur die Götter kannten. Das Feuer konnte Zeus den Menschen nicht mehr nehmen, so heckte er einen Plan aus, um sie zu bestrafen.
Eine sehr schöne junge Frau sollte zu den Menschen geschickt werden und ihnen Unheil bringen.
Alle Götter waren aufgerufen, sie mit Schönheit, Weisheit und anderen Gaben auszustatten. Zeus selbst aber gab ihr ein großes, verschlossenes Gefäß, das sie den Menschen schenken sollte. Diese waren über den Besuch und das wunderbare Geschenk sehr erfreut. Aber als sie den Deckel des Gefäßes entfernten, stieg das Unheil daraus wie eine schwarze Wolke auf und verbreitete sich in Windeseile über die Erde: Alter, Krankheit, Neid, Geiz und anderes. Zum Glück war ganz unten auch die Hoffnung, und die hilft den Menschen seitdem, das Elend zu ertragen.

3 Die beiden Esel

Zwei Esel hatten den gleichen Weg. Der eine stand im Dienst eines Müllers und trug Säcke mit Hafer, der andere gehörte einem reichen Kaufmann und war mit viel Gold beladen. Deshalb meinte dieser, etwas Besseres zu sein.
Als Räuber das Klimpern hörten, dachten sie gleich, dies müßten Goldstücke sein.
Darum überfielen sie den Esel, entrissen ihm die Säcke und schlugen ihn. „Siehst du", sagte daraufhin der andere Esel, „Reichtum hat auch seine Nachteile!"

Mai

4 Hans macht sich einen schönen Tag

Hans sagte eines Tages zu seiner Frau: „Hast du ein Glück! Du kannst den ganzen Tag zu Hause sitzen und mit dem Baby spielen!"
„Was?" empörte sich Gertrud. „Ich mache die Butter und hüte die Kuh und das Schwein. Ich koche und putze..." Hans unterbrach sie: „Und das nennst du Arbeit? Säen ist Arbeit, und Heumachen und Ackern!" Er murrte so lange weiter, bis Gertrud ihm vorschlug: „Tauschen wir doch einmal für einen Tag!" Damit war Hans gleich einverstanden.
Am nächsten Morgen sagte er dann schmunzelnd: „Heute werde ich mir einen schönen Tag machen!" Zuerst fing er an zu buttern. Doch davon wurde er durstig und ging in den Keller, Wein holen.
Als Hans aber hörte, daß sich das Schwein in der Wohnung zu schaffen machte, lief er hinauf. Da hatte es schon das Butterfaß umgestoßen! Und während er die Schweinerei im Zimmer aufwischte, lief im Keller der Wein über. Hans brauchte den ganzen Morgen dazu, um aufzuräumen. Zu Mittag fiel ihm ein, daß er die Kuh noch nicht auf die Weide gebracht hatte. Kurzentschlossen führte er sie auf das grasbewachsene Dach. Doch sicherheitshalber band er ihr einen Strick um den Bauch, ließ das andere Ende durch den Schornstein hinab und band es sich um den eigenen Leib. Der Kessel mit Haferbrei war schon vorbereitet, so daß er ihn nur aufs Feuer stellen mußte. Hans setzte sich davor und schlief ein. Plötzlich wurde er mit einem Ruck in die Luft gerissen. Was war geschehen? Die Kuh war vom Dach gefallen, doch das Seil rettete ihr das Leben. Hilflos hing sie in der Luft, bis Gertrud das Seil durchschnitt. Platsch! machte es drinnen, als Hans in den Haferbreitopf fiel. Zum Glück war das Feuer längst ausgegangen! Doch von diesem Tag an ging Hans ohne Murren zur Feldarbeit.

5 Der blühende Apfelzweig

Es war im Monat Mai, als der Apfelbaum seine lieblichen rosa Blüten trieb. Begeistert von seiner Schönheit brach die junge Gräfin einen blühenden Zweig ab und stellte ihn in eine Vase ans Fenster. Von hier konnte der Apfelzweig in den Garten und auf das Feld hinabblicken, wo es grünte und blühte. Er sah mit einem gewissen Mitleid auf die vielen unscheinbaren Wiesenblumen, besonders auf den Löwenzahn. „Armes verachtetes Gewächs", dachte er, „du kannst ja nichts dafür, daß du so gewöhnlich bist und mit Füßen getreten wirst. Die Kinder pflücken deine gefiederte Samenkrone und pusten sie mit einem Hauch gänzlich weg. Ich bin wirklich dankbar, daß ich nicht eine jener Blumen geworden bin, sondern ein schöner Apfelzweig!"
Dabei wollte es der eingebildete Apfelzweig nicht wahrhaben, daß die Sonne sowohl ihn als auch den Löwenzahn küßte, ohne einen Unterschied zu machen.
Eines Tages brachte die junge Gräfin einen Löwenzahn mit feiner, flockiger Samenkrone und stellte ihn neben den Apfelzweig in die Vase, um beides zu malen.
Wie schämte sich der Apfelzweig, daß er so überheblich gewesen war!

Mai

6 Die Prinzessin auf der Erbse

Während eines Gewitters kam ein fremdes Mädchen ins Schloß und behauptete, eine Prinzessin zu sein. Die Königin dachte: „Ich will mich selbst davon überzeugen." Darum legte sie ganz unten ins Bett eine Erbse und stapelte einen Berg von Matratzen und Federbetten darauf.
Am Morgen klagte das Mädchen: „Ich habe die ganze Nacht kein Auge zugetan, weil etwas Hartes in meinem Bett war!"
Als die Königin das hörte, dachte sie: „So feinfühlig kann nur eine richtige Prinzessin sein!"

7 Dädalus und Ikarus

Dädalus, einer der größten Erfinder im alten Griechenland, bekam vom König von Kreta den Auftrag, einen Irrgarten zu bauen. Darin wollte er den Minotaurus verstecken — ein abscheuliches Ungeheuer, halb Stier, halb Mensch. Als aber Dädalus später dem Helden Theseus half, den Minotaurus zu töten, wurde er selbst mit seinem noch jungen Sohn Ikarus in den Irrgarten verbannt.
„Fürchte dich nicht", machte der Vater seinem Sohn Mut, „ich weiß jetzt schon, wie wir dieses Gefängnis verlassen können!"
Dädalus sammelte Vogelfedern und klebte sie mit Wachs zu kunstvollen, riesigen Flügeln zusammen. Als er zwei Paar angefertigt hatte, paßte er sie sich und seinem Sohn an den Leib. Leicht wie Vögel schwebten sie empor und verließen den Irrgarten. Der Vater flog voraus. Bald war Ikarus vom Fliegen so begeistert, daß er übermütig wurde. Er wollte auf die Sonne zufliegen! Doch da wurde das Wachs, das die Flügel zusammenhielt, ganz weich. Die Federn fielen ab, und die Flügel lösten sich von den Schultern. Ikarus stürzte ins Meer und ertrank. Dädalus aber setzte seinen Weg traurig fort, bis er die Küste Italiens erreichte.

8 Der Wolf und das Lamm

Ein Wolf begegnete am Bach einem Lamm und suchte nach einem Vorwand, um es aufzufressen.
„Du trübst mir das Wasser!" rief er.
„Wie sollte ich?" sagte das Lamm. „Ich stehe weit unter dir, und das Wasser fließt abwärts, nicht bergauf."
Da rief der Wolf: „Du hast voriges Jahr meinen Vater beleidigt!"
„Aber da war ich doch noch nicht auf der Welt!" verteidigte sich das Lamm verzweifelt.
„Deine Ausreden sind gut!" brummte der Wolf. „Aber das ist noch lange kein Grund, dich nicht aufzufressen."

Mai

9 Die drei Schweinchen

Drei kleine Schweinchen wollten sich Häuser bauen.
Das erste war faul und baute sich in aller Eile ein Haus aus Stroh. Als nun der böse Wolf kam, blies er es einfach um, und das Schweinchen flüchtete zu seinem zweiten Bruder, der sich ein Haus aus Ästen und Brettern gebaut hatte.
Aber dem bösen Wolf gelang es, auch das Holzhaus umzublasen. Mit Müh und Not konnten sich die zwei zu ihrem dritten Bruder retten. Dieser bewohnte ein Haus aus Ziegelsteinen. Er hatte keine Arbeit gescheut, um sich ein festes, sicheres Haus zu bauen. Bald kam der böse, hungrige Wolf auch zum Haus aus Ziegelsteinen und begann zu blasen. Aber sosehr er sich auch anstrengte, das Haus blieb stehen. „Den Braten werde ich mir doch nicht entgehen lassen!" brummte der böse Wolf und kletterte auf das Dach des Hauses.
„Der Wolf will im Kamin nach unten rutschen!" riefen die Schweinchen und handelten schnell: Sie füllten den größten Kochtopf mit Wasser und hängten ihn im Kamin über das Feuer. Kaum begann das Wasser zu kochen, machte es — platsch! Der Wolf war im Topf mit siedendem Wasser gelandet. Und das war sein Ende! Nun konnten die drei Schweinchen in Ruhe leben!

10 Des Kaisers neue Kleider

Zwei Weber behaupteten, daß sie Stoffe mit einer wunderbaren Eigenschaft weben könnten: Sie wären für jeden Menschen unsichtbar, der dumm sei oder für sein Amt nicht tauge. Da dachte der Kaiser: „Das wäre etwas für mich!" und beauftragte die Männer, ihm einen solchen Stoff zu weben. Die falschen Weber aber taten nur so, als ob sie arbeiten würden, in Wirklichkeit war der Webstuhl leer. Alle, die der Kaiser ausgeschickt hatte, um nachzusehen, wie die Arbeit voranging, getrauten sich nicht zu sagen, daß sie nichts gesehen hatten. „Der Stoff ist wunderbar!" lobten sie ihn. „Diese Muster, diese Farben!" Endlich wollte der Kaiser selbst den Stoff begutachten.
Wie erschrak er, als er nichts sah! Doch ließ er sich nichts anmerken und sagte: „Beim nächsten Festzug will ich neue Kleider aus diesem Stoff tragen."
Der Festtag kam. Als der Kaiser angekleidet wurde, hatte er ein ungutes Gefühl. Erst die begeisterten Rufe aus der Menge beruhigten ihn. Aber da ertönte plötzlich die Stimme eines Kindes: „Der Kaiser hat ja gar nichts an!", und das ganze Volk lachte ihn aus. Mit hochrotem Kopf kehrte der Kaiser in den Palast zurück.

Mai

11 Feder und Tintenfaß

Auf dem Schreibtisch eines bekannten Dichters stand ein Tintenfaß. Eines Nachts, als alle Gegenstände lebendig wurden, sagte es überheblich: „Unglaublich, wieviel Schönes ich hervorbringe! Einige Tropfen von meiner Tinte genügen, um ein ganzes Blatt mit schönen, erhebenden Gedanken vollzuschreiben."
Die Schreibfeder ärgerte sich, als sie das hörte. „Ja, verstehst du denn nicht", sagte sie, „daß du nur dazu da bist, mir die Tinte zur Verfügung zu stellen? Ich bringe dann das zu Papier, was in mir steckt!" Bald darauf kam der Dichter von einem Konzert nach Hause und setzte sich an den Schreibtisch.
Er griff nach seiner Feder, tauchte sie in die Tinte, dachte ein wenig nach und schrieb dann auf ein Blatt Papier:
„Wie dumm sind doch eigentlich Geige und Bogen, wenn sie meinen, selbst Musik zu machen! Oft sind wir Menschen aber genauso dumm und überheblich, wenn uns etwas gelingt. Wir vergessen, daß wir nur Instrumente in der Hand Gottes sind."
Tintenfaß und Feder, die dem Dichter behilflich waren, das niederzuschreiben, haben leider nichts daraus gelernt!

12 Die drei Scheichs und die Königin

Maura, die schöne und mächtige Königin von Arabien, war immer von vielen Freiern umgeben. Nach und nach wurde die Zahl der Scheichs, aus deren Mitte sie sich einen Mann wählen wollte, immer kleiner. Zuletzt blieben nur noch drei übrig, die gleich jung, schön und reich waren. Welcher von diesen war der Mann, der Maura beim Regieren am besten zur Seite stehen könnte? Wie sollte sie das bloß herausfinden?
Maura verkleidete sich und ging zum Zelt der drei Scheichs, als diese gerade zu Abend aßen, und bat sie um eine Kleinigkeit.
Der erste schob ihr Reste hin, der zweite gab ihr einen Kamelschwanz zum Abnagen. Nur der dritte, der Hatim hieß, behandelte sie, wie man das bei einem Gast tut, und reichte ihr vom Feinsten. Nach dem Essen verabschiedete sich Maura und verließ das Zelt. Am nächsten Mittag waren die Scheichs bei der Königin zum Essen eingeladen. Da ließ sie jedem genau das gleiche auftragen, was sie ihr am Abend gegeben hatten. Hatim bekam lauter Leckerbissen, wollte aber nur davon essen, wenn er es mit den beiden anderen teilen durfte. Nun war Maura sicher, daß er der richtige Mann für sie sei. „Hatim ist großzügig und gerecht!" sagte sie.

Mai

13 Der verliebte Löwe

Ein grimmiger Löwe hatte sich in die schöne Tochter eines Bauern verliebt und es sich in den Kopf gesetzt, sie zu heiraten. Er ging zum Bauern und hielt um ihre Hand an. Der Mann erschrak heftig, denn er machte sich Sorgen um seine Tochter. Aber er hatte nicht den Mut, den Löwen offen abzuweisen.
Darum griff er zu einer List. „Meine Tochter verträgt keine Zähne und Krallen", sagte er, „beseitige diese zuerst!" Der verliebte Löwe tat es. Doch nun war er nicht mehr gefährlich, und der Bauer jagte ihn fort.

14 Die Schlangenprinzessin

Ein mutiger russischer Reiter kam zu einem brennenden Wald, aber er konnte gegen die Flammen nichts ausrichten. Entsetzt entdeckte er obendrein ein Mädchen im Feuer, das in höchster Gefahr war und um Hilfe rief. Vergebens versuchte der Kosak, zu ihm zu gelangen. Da rief das Mädchen: „Halte deinen Speer in die Flammen!" und verwandelte sich auf einmal in eine Schlange. Diese wand sich um den Speer, und der Kosak konnte sie retten.
Dann forderte sie ihn auf, sie in ein Schloß zu bringen. Dort wurde sie wieder zu dem schönen Mädchen. „Warte hier sieben Jahre lang auf mich!" sagte es und verschwand. Das Schloß war unbewohnt. Trotzdem fehlte es dem Kosaken an nichts. Jeder Wunsch wurde ihm erfüllt, noch bevor er ihn ausgesprochen hatte. So vergingen die sieben Jahre wie im Flug. Da stand plötzlich wieder die Schlangenprinzessin vor ihm und sagte: „Auf mir lag ein böser Zauber, den nur ein mutiger und treuer Mann brechen konnte. Du hast mich nun erlöst!" Dann nahm sie den Kosaken zu ihrem Vater aufs Königsschloß mit. Da herrschte großer Jubel über die Erlösung der Prinzessin, und bald darauf wurde die Hochzeit gefeiert.

15 Der Adler und der Rabe

Ein Rabe beobachtete, wie ein Adler herabstürzte, ein Lamm ergriff und damit zu seinem Nest flog. Das wollte er ihm unbedingt nachtun! Also stieß er seine Krallen in die Wolle des Lammes, konnte aber nicht damit hochfliegen, weil es ihm zu schwer war. Außerdem gelang es dem Raben nicht mehr, seine Krallen wieder frei zu bekommen.
So konnte ihn der Hirte leicht fangen und in einen Käfig sperren. Nun lachten alle den Raben aus und riefen: „Seht euch mal diesen Raben an! Er wollte einen Adler nachahmen!"

Mai

16 Die Geschichte vom Flachs

Der Flachs stand in voller Blüte im Sonnenschein. „Die Leute sagen, daß ich schön gewachsen sei und ein prächtiges Stück Leinwand aus mir würde", dachte der Flachs und war glücklich dabei. Als er reif war, wurde er ausgerissen, gebrochen, gehechelt und schließlich auf dem Spinnrad gesponnen. Das war alles sehr schmerzhaft für den Flachs, doch er tröstete sich: „Es kann mir nicht immer gut gehen. Ich will froh sein über das Glück, das ich bisher kennengelernt habe."

Dann kam das Garn auf den Webstuhl und wurde zu Leinwand gewebt. „Wie fein und weich diese Leinwand ist! Daraus wird wunderschöne Wäsche", lobten die Leute. Der Flachs war glücklich, das zu hören.

Dann bearbeiteten die Näherinnen die Leinwand mit Schere und Nadel. Das war wirklich kein Vergnügen! Als die Wäsche nach Jahren schon alt und abgetragen war, kam sie in den Reißwolf und wurde zu Papier verarbeitet. „Nun bin ich feiner als zuvor und werde beschrieben!" freute sich der Flachs, der darin steckte.

Nach vielen Jahren wurde das Papier im Ofen verbrannt, und nun stieg der Flachs als Rauch sogar in den Himmel.

17 Die drei Federn

Ein König hatte drei Söhne und wußte nicht, welchem er nach seinem Tod das Reich überlassen sollte. Der eine war wortkarg und hieß Dummling, die beiden anderen wurden von allen für klug gehalten. Damit es keinen Streit unter ihnen gab, führte sie der König vors Schloß, blies drei Federn in die Luft und sagte: „Wie die Federn fliegen, so sollt ihr ziehen. Wer mir den schönsten Teppich bringt, wird einmal König."

Die eine Feder flog nach Osten, die andere nach Westen, die dritte flog nicht weit und fiel dann zu Boden. Nun zogen zwei Brüder in die Welt, der Dummling aber setzte sich traurig neben seine Feder. Wo sollte er da einen Teppich finden? Doch bald entdeckte er eine Falltür, öffnete sie, stieg hinunter und stand plötzlich vor der Königin des Krötenreiches. Der Dummling faßte Vertrauen zu ihr und bat sie um einen Teppich. Da schenkte sie ihm einen so herrlichen, daß er damit die Probe gewann. Seine Brüder waren so sicher zu gewinnen, daß sie sich mit dem Suchen gar keine Mühe gaben. Nun aber baten sie den Vater um eine neue Probe. „Wer den schönsten Ring bringt, bekommt den Thron!" sagte er endlich. Bald kamen die beiden Brüder mit den erstbesten Ringen an, die sie finden konnten. Der Dummling aber brachte von der Kröte einen sehr schönen mit und siegte wieder. Noch eine dritte Probe sollte folgen. „Wer die schönste Braut mitbringt, wird König."

Vertrauensvoll wandte sich der Dummling wieder an die Krötenkönigin und wurde reichlich belohnt. Die ausgehöhlte Möhre wurde zu einer Kutsche, die Mäuse wurden zu Pferden, und die kleine Kröte, die er hineingesetzt hatte, verwandelte sich in ein schönes Fräulein.

Der Dummling gewann auch diese Probe und hat dann lange in Weisheit geherrscht.

Mai

18 Wie Sonne und Mond in den Himmel kamen

Vor langer Zeit waren Sonne und Mond ein Ehepaar, das in einem Haus auf der Erde lebte. Eines Tages luden sie das befreundete Meer zum Essen ein. „Aber ihr habt doch keinen Platz für mich!" sagte es. Sie versicherten jedoch, in ihrem Haus genügend Raum für den Gast zu haben. Da kam das Meer mit all seinen Fischen und sonstigen Bewohnern. Als das Wasser im Haus bedrohlich zu steigen begann, flohen Sonne und Mond aufs Dach und später sogar in den Himmel. Und dort sind sie für immer geblieben.

19 Die durstige Ameise

Die Ameise lief verzweifelt durch den Raum und suchte etwas zu trinken, aber sie konnte nichts finden. „Ich werde verdursten!" jammerte sie. Da fiel ein Wassertropfen vor ihr nieder und rettete ihr das Leben. Der Tropfen war aber eine Träne, und bitteres Leid hatten ihr Zauberkräfte verliehen. Plötzlich konnte die Ameise nämlich die Menschensprache verstehen und selber sprechen.
Sie befand sich auf einem Getreidespeicher. Auf dem Boden kauerte ein Mädchen und weinte bittere Tränen. „Was macht dich denn so traurig?" fragte die Ameise voller Mitleid. Da erzählte das Mädchen: „Ein Menschenfresser hat mich hier eingesperrt. Er will mich erst dann wieder freilassen, wenn ich ihm die Weizen-, Roggen- und Gerstenkörner aus all diesen Säcken fein säuberlich in drei Haufen getrennt habe." — „Dazu braucht man einen Monat!" rief die Ameise. „Oh, oh!" weinte das Mädchen, „wenn ich mit der Arbeit bis morgen nicht fertig bin, will er mich auffressen!" — „Weine nicht, jetzt helfe ich dir!" sagte die Ameise und holte Hilfe. Unzählige Ameisen schafften die Arbeit in einer Nacht, und das Mädchen war wieder frei. So hatte ihm eine Träne das Leben gerettet.

20 Das Sternbild des Stiers

Ein junger Araber war mit seinen Kamelen auf dem Weg zur Stadt, wo er ein junges, schönes Mädchen freien wollte. Die Nacht war klar, und er erkannte das Sternbild des Stiers: den hellen Aldebaran mit seinen Kamelen, den roten Alcyon und die blauschimmernde Elektra.
„Hoffentlich habe ich mehr Glück als du, Aldebaran!" murmelte der Mann. Denn die Sage erzählt, daß Aldebaran mit seinen Kamelen zu Elektra ging, um sie zu freien. Aber Alcyon wollte das auch. Und seither laufen beide hinter Elektra her.

Mai

21 Jagdhund und Wachhund

Ein Mann hielt zwei Hunde: einen für die Jagd und einen als Wachhund. Wenn der Jagdhund etwas Gutes erbeutet hatte, bekam nicht er, sondern der Wachhund immer die besten Stücke. Und das ärgerte ihn sehr. „Es ist nicht gerecht", beklagte er sich beim Wachhund, „daß du nichts tust und trotzdem die besten Stücke bekommst. Ich bin es, der sich dafür abhetzt." — „Unser Herr will es so!" antwortete der Wachhund. „Offenbar ist es für ihn wichtiger, den zu belohnen, der sein Haus behütet, als den, der ausgeht, um zu jagen."

22 Die Eiche und die Quelle

Poseidon, von den alten Griechen als Gott des Meeres verehrt, wollte sein riesiges Reich vergrößern und auf das Festland ausdehnen.
Darum beschloß er, in Athen, der bedeutendsten und größten Stadt jener Zeit, ein Zeichen für seine Herrschaft zu setzen. Er wählte einen Hügel aus, auf dem der Tempel der Göttin Athene stand, und durchbohrte ihn von einem Ende zum anderen mit seinem gewaltigen Dreizack. Dann ließ er als Zeichen seiner Macht eine Quelle mit Salzwasser hindurchfließen.
Das konnte Athene nicht ungestraft geschehen lassen, denn die Stadt stand seit jeher unter ihrem Schutz. Als Göttin der Weisheit wollte sie es zu keinem Krieg um die Vorherrschaft kommen lassen.
Aber ein Zeichen für ihre Macht mußte sie setzen, ja es sollte jenes von Poseidon überdauern, sollte ewig dastehen.
Athene überlegte lange und beschloß endlich, eine neue Baumart als Sinnbild für die Ewigkeit zu schaffen. Sie setzte die Pflanze in die Nähe der salzigen Quelle. Es wurde eine mächtige Eiche.
Und die stand noch da, nachdem Poseidons salzige Quelle schon lange, lange versiegt war.

23 Der Kreisel und das Bällchen

Der Kreisel und das Bällchen lagen in der Kiste zusammen mit anderem Spielzeug. Da sagte der Kreisel eines Tages: „Wollen wir nicht Brautleute sein? Wir passen so gut zueinander. Du springst, und ich tanze." Aber das Bällchen aus feinem, weichem Leder war sehr eingebildet und antwortete: „Das kann ich nicht! Ich bin so gut wie halb verlobt mit einer Schwalbe." Nach einiger Zeit kam das Bällchen vom Spielen nicht wieder zurück, und der Kreisel war überzeugt, es sei nun mit der Schwalbe verheiratet. Er dachte oft an das Bällchen. Es verging eine lange, lange Zeit. Als der Kreisel einmal zu hoch sprang, fiel er in den Abfallkorb. Darin lag allerhand Zeug, das sich in der Dachrinne angesammelt hatte und nun heruntergeholt worden war. „Unter was für Bettelleute bin ich geraten!" dachte der Kreisel.
Ein altes Bällchen, das jahrelang in der Rinne gelegen hatte, wandte sich an den Kreisel: „Endlich kommt einer von meinesgleichen. Ich bin nämlich aus feinstem Leder und war nahe daran, mit einer Schwalbe Hochzeit zu halten. Aber dann bin ich in die Rinne gefallen." Der Kreisel sagte nichts. Er hatte das Bällchen nicht mehr erkannt.

Mai

24 Das Zauberfaß und das Schwert

Der Kosak Iwan hat einer Zauberin das Leben gerettet und zum Dank ein Faß mit Zauberkräften erhalten. „Wenn du es nach rechts drehst, erscheint ein Schloß, drehst du es in die andere Richtung, verschwindet es wieder."

Iwan wußte nicht recht, was er damit anfangen sollte. Er wollte eine gute Gelegenheit abwarten, um es für etwas Nützlicheres einzutauschen. Eines Abends begegnete ihm ein Alter, der um Essen bettelte. Iwan zauberte das Schloß herbei und lud den Alten freundlich ein. Dieser war von dem Schloß begeistert und bot Iwan dafür sein Schwert an. „Was soll ich damit?" rief Iwan. „Ich habe doch meinen Säbel!" — „Aber das hier ist ein Zauberschwert!" ließ der Alte nicht locker. „Du brauchst nur den Arm zu heben, den Rest kannst du ihm überlassen." Und um Iwan zu überzeugen, hob er den Arm. Im Nu hatte das Schwert alles kurz und klein geschlagen. Nun war Iwan bereit zu tauschen. Als er sich seiner Heimatstadt näherte, sah er, daß sie von Feinden umringt war. Im Handumdrehen vernichtete das Schwert das gesamte Heer. Iwan wurde als Retter gefeiert. Der Zar ernannte ihn gleich zu seinem General und gab ihm auch seine Tochter zur Frau. Das war der Dank der Zauberin für Iwans gute Tat!

25 Die beiden Künstler

Ein reicher und mächtiger Fürst beauftragte einen Maler, mehrere große Gemälde zu schaffen. Die Staffelei wurde im Palast aufgestellt, und der Maler machte sich mit viel Schwung und Begeisterung an die Arbeit.

Am nächsten Morgen gab es aber eine böse Überraschung: Jemand hatte in der Nacht die begonnene Arbeit mit vielen Farbstrichen verschmiert! Der Maler tobte vor Wut: „Das muß ein anderer Maler gewesen sein, der mir Böses will!"

Nächste Nacht ließ der Fürst den Raum bewachen, um den Übeltäter zu fangen. Kaum war alles ruhig, kam jemand mit Pinsel und Farbe angeschlichen. Jemand? Niemand anders als der Lieblingsaffe des Fürsten! Er wollte den Künstler nachahmen!

Solange die Malarbeiten im Palast dauerten, mußte der Affe im Käfig bleiben. Als er wieder frei herumlaufen konnte, blieb er mit seinem Herrn vor den Gemälden stehen und schnitt Grimassen, als wollte er sagen: „Das hätte ich viel besser gemacht!"

„Genau wie ein wirklicher Künstler!" rief der Fürst lachend. „Auch die sind überzeugt davon, daß nur sie Meisterwerke schaffen können. Alles andere sei wertlos!"

Mai

26 Der tapfere Iwan und das Wasser des Lebens

Dem alten Zaren von Rußland wurde eines Tages von einer Prinzessin berichtet, aus deren Fingern das Wasser des Lebens tropfte. Das hat die Kraft, einem die Jugend zurückzugeben.
Sofort forderte der Zar seinen älteren Sohn auf, ihm das Wasser zu bringen. Der Sohn zog ans Ende der Welt. Hier hieß es aber, noch drei besondere Brücken zu überqueren: An der ersten sollte er einen Arm, an der zweiten ein Bein und an der dritten gar seinen Kopf lassen! Entsetzt kehrte er ohne das Wasser um.
Als der jüngere Sohn Iwan das E[nde] de der Welt erreicht hatte, zog e[r] mutig weiter. An der ersten Brück[e] gebrauchte er seinen Arm, um de[n] Wächter in die Flucht zu schlage[n,] bei der zweiten Brücke seine Bein[e,] um davonzulaufen, und bei de[r] dritten seinen Kopf, um zu überlege[n,] wie er am besten weiterkomme[n] könnte. Dann stand Iwan endlich i[m] Schloß vor der schlafenden Prinzessin, aus deren Fingern das Wasser de[s] Lebens tropfte. Er hatte sein Krügle[in] schon fast gefüllt, da erwachte sie. E[i]ne Berührung — und Iwan fiel i[n] Ohnmacht. Aber er gefiel ihr, un[d] deshalb erweckte sie ihn wieder un[d] zog mit ihm an den Zarenhof.

27 Die zwölf Jäger

Ein Königssohn hatte eine Braut, die er bald heiraten wollte. Aber da mußte er seinem Vater auf dem Sterbebett versprechen, daß er die Tochter des Nachbarkönigs heiraten werde.
Als er zum König ausgerufen wurde, wollte er sein Versprechen einlösen und warb um sie.
Darüber war seine erste Braut sehr traurig. Um wenigstens in der Nähe ihres Bräutigams zu sein, zog sie mit elf anderen Mädchen als Jäger verkleidet an den Königshof. Der König fand Gefallen an ihnen und nahm sie alle zusammen in seinen Dienst. Seitdem folgten die zwölf Jäger dem König beständig zur Jagd, aber er kam nie darauf, daß es keine Männer waren. Nicht einmal seine erste Braut hatte er erkannt.
Als sie wieder einmal auf der Jagd waren, kam die Nachricht, daß die Braut des Königs mit großem Gefolge komme. Die erste Braut hörte das, und es tat ihr so weh ums Herz, daß sie ohnmächtig auf die Erde fiel. Der König lief hinzu, um zu helfen. Da sah er den Verlobungsring an ihrem Finger und erkannte jetzt seine liebe Braut. Er schickte sogleich einen Boten an die andere Braut und bat sie, in ihr Reich zurückzukehren, denn er habe schon eine Gemahlin.

28 Feigen-Heini und die Geldbörse

Alle Leute nannten ihn Feigen-Heini, weil er Feigen für sein Leben gern aß. Seinen richtigen Namen kannte eigentlich keiner. Und außerdem wußte niemand, woher er kam. Aber alle mochten ihn, denn er war immer guter Laune. Feigen-Heini war mit seinem Leben zufrieden.
Eines Tages fand er eine alte Geldbörse mit dem Spruch: „Verlange, und du bekommst es!"
Feigen-Heini wollte nun herausfinden, was es mit dem Spruch auf sich habe. Zuerst verlangte er ein paar Groschen, dann sogar Goldstücke...
und erhielt sie sofort. Es war also ei[ne] Zauberbörse! Aber Feigen-Hein[i] wußte mit dem Reichtum nichts an[zu]zufangen und verschenkte fast alles[.] Das machte die Leute mißtrauisch[.] Sie meinten, er müsse ein Dieb sein[,] und vertrieben ihn aus der Stadt. Lange Zeit streifte Feigen-Heini allei[n] durch die Welt, bis er einen alten Bettler traf. Bald wurden sie Freunde. Als ihm Feigen-Heini die Zauberbörs[e] zeigte, erkannte der Bettler in ihm sei[nen] Sohn, den eine Hexe vor lange[r] Zeit entführt hatte. Der Bettler abe[r] war niemand anders als der König[,] der in die Welt gezogen war, um seinen Sohn zu suchen. Nun kehrte[n] sie glücklich zum Königshof zurück.

Mai

29 Huraschima und der Drache

Huraschima war ein junger japanischer Fischer. Alle schätzten ihn, weil er mutig und hilfsbereit war. Eines Tages kam er dazu, wie ein paar Jungen eine Schildkröte quälten. Sogleich kaufte er sie ihnen für sein letztes Geld ab und gab ihr die Freiheit wieder.
Als Huraschima einmal am Meeresufer fischte, hörte er seinen Namen rufen. Die Schildkröte forderte ihn freundlich auf: „Steig auf meinen Rücken! Ich bringe dich zum Herrscher der Meere, dem mächtigen Drachen. Er will dich kennenlernen."
Furchtlos folgte Huraschima der Schildkröte auf den Meeresgrund in ein herrliches Schloß.
Zum Dank für seine gute Tat sollte er als Gast des Drachen im Schloß wohnen. Huraschima nahm freudig an und ließ es sich eine Zeitlang gut gehen. Doch als ihn das Heimweh packte, bedankte er sich für alles und kehrte nach Hause zurück. — Wie fand er alles auf der Erde so verändert! Erst nach einiger Zeit wurde es Huraschima klar, daß er sehr lange fort gewesen war. Aber seltsam: Er war noch immer jung! Ganz plötzlich wurde er steinalt und verstand: Er hatte auf das kostbare Geschenk des Drachen verzichtet — die ewige Jugend!

30 Das kranke Dromedar

Ein Dromedar wohnte allein am Rande einer Oase. Als es krank wurde, kamen viele Freunde und Verwandte zu Besuch. Bevor sie sich aber auf den langen Rückweg machten, fraßen sie von dem Gras, das hier reichlich wuchs. Das Dromedar freute sich sehr, daß so viele Besucher gekommen waren. Als es ihm wieder besser ging, stand es auf, um etwas Gras zu fressen. Aber es konnte nichts finden! Die Freunde und Verwandten hatten alles aufgefressen. Was blieb ihm da anderes übrig, als... eine andere Oase aufzusuchen?

31 Der einfältige Jakob

Jakob war gutmütig und hilfsbereit, aber nicht sehr gescheit.
Eines Tages ist er von einem Freund zum Essen eingeladen worden. Als er nach Hause kam, hörte er Vater, Mutter und die beiden Brüder jammern. Sie hatten alle Pilze gegessen und krümmten sich nun vor Bauchschmerzen. Wahrscheinlich waren giftige darunter gewesen.
„Lauf schnell in die Apotheke", rief der Vater dem eintretenden Jakob zu, „und laß dir ein kräftiges Mittel gegen Bauchschmerzen geben, und zwar die vierfache Dosis. Hast du verstanden?" Jakob nickte. „Ich soll die vierfache Dosis von einem starken Mittel gegen Bauchschmerzen nehmen, stimmt's, Vater?" — „Bravo, mein Sohn! Und jetzt beeil dich!"
Aber sie warteten und warteten... und Jakob kam nicht. Der Vater machte sich schon Sorgen. Dem Jakob war nämlich alles zuzutrauen! Und weil es dem Vater inzwischen wieder besser ging, wollte er seinen Jungen suchen. Bald fand er ihn vor der Apotheke: Jakob hielt seinen Bauch und jammerte laut. „Was hast du gemacht?" fragte der Vater. „Nur, was du gesagt hast", weinte Jakob. „Ein starkes Mittel gegen Bauchschmerzen genommen, vierfache Dosis!"

Mai

Inhaltsverzeichnis

Märchen des Monats: Dornröschen
nach den Brüdern Grimm

1 Der listige Musiker *nach den Brüdern Grimm*
2 Das Gefäß der Pandora *nach einer griechischen Sage*
3 Die beiden Esel *nach Phädrus*
4 Hans macht sich einen schönen Tag *nach einem norwegischen Märchen*
5 Der blühende Apfelzweig *nach H. Ch. Andersen*
6 Die Prinzessin auf der Erbse *nach H. Ch. Andersen*
7 Dädalus und Ikarus *nach einer griechischen Sage*
8 Der Wolf und das Lamm *nach Äsop*
9 Die drei Schweinchen *nach einem englischen Märchen*
10 Des Kaisers neue Kleider *nach H. Ch. Andersen*
11 Feder und Tintenfaß *nach H. Ch. Andersen*
12 Die drei Scheichs und die Königin *nach einem arabischen Märchen*
13 Der verliebte Löwe *nach Äsop*
14 Die Schlangenprinzessin *nach einem russischen Märchen*
15 Der Adler und der Rabe *nach Äsop*
16 Die Geschichte vom Flachs *nach H. Ch. Andersen*
17 Die drei Federn *nach den Brüdern Grimm*
18 Wie Sonne und Mond in den Himmel kamen *nach einem afrikanischen Märchen*
19 Die durstige Ameise *nach einem russischen Märchen*
20 Das Sternbild des Stiers *nach einem arabischen Märchen*
21 Jagdhund und Wachhund *nach Äsop*
22 Die Eiche und die Quelle *nach einer griechischen Sage*
23 Der Kreisel und das Bällchen *nach H. Ch. Andersen*
24 Das Zauberfaß und das Schwert *nach einem russischen Märchen*
25 Die beiden Künstler *nach einem italienischen Märchen*
26 Der tapfere Iwan und das Wasser des Lebens *nach einem russischen Märchen*
27 Die zwölf Jäger *nach den Brüdern Grimm*
28 Feigen-Heini und die Geldbörse *nach L. Capuana*
29 Huraschima und der Drache *nach einem japanischen Märchen*
30 Das kranke Dromedar *nach einem arabischen Märchen*
31 Der einfältige Jakob *nach J. K. Jerome*

Juni

Märchen des Monats

Der gestiefelte Kater

Juni

Ein Müller hatte drei Söhne. Als er starb, hinterließ er dem ältesten Sohn die Mühle und dem zweiten den Esel. Dem jüngsten blieb nur noch der Kater übrig. „Was soll ich mit dir anfangen?" fragte er niedergeschlagen. Da sagte der Kater mit menschlicher Stimme: „Herr, gebt mir nur ein Paar Stiefel und einen Sack, dann werdet Ihr sehen, daß ich gar nicht so nutzlos bin!"

Das hörte sich so ungewöhnlich an, daß ihm der Müllerssohn Stiefel anfertigen ließ. Da nahm der gestiefelte Kater, wie ihn der Müllerssohn nun nannte, einen Sack, warf ein paar Körner hinein und ging damit in den Wald.

Damals regierte in dem Land ein König, der für sein Leben gern Rebhühner aß. Der Kater wußte das, und da sie schwer zu schießen waren, hatte er sich eine List ausgedacht. Er legte den Sack mit den Körnern offen hin. Die Schnur führte er durchs Gras bis zu einer Hecke. Dort versteckte er sich und lauerte. Alsbald kamen die Rebhühner und hüpften zu den Körnern in den Sack. Rasch zog der Kater die Schnur zu, schulterte dann den Sack und ging geradewegs zum König. Er verbeugte sich tief und sprach: „Ein Geschenk von meinem Herrn, dem Grafen Carabas!"

Der König freute sich sehr über die schönen Rebhühner und ließ dem Kater so viel Gold in den Sack füllen, wie er tragen konnte. „Das bring deinem Herrn und dank ihm vielmals für sein Geschenk."

Der arme Müllerssohn saß zu Hause am Fenster, hatte den Kopf in die Hände gestützt und dachte: „Jetzt habe ich auch noch mein letztes Geld für die Stiefel des Katers ausgegeben. Was wird der mir schon Großes bringen können!" Da trat der Kater ein, nahm den Sack vom Rücken und schüttete das Gold vor dem Müllerssohn aus. „Hier habt Ihr etwas für die Stiefel! Der König läßt Euch grüßen und Euch vielmals danken."

Wie freute sich sein Herr über soviel Reichtum! Während der Kater seine Stiefel auszog, erzählte er ihm alles. Von nun an brachte der Kater dem König jeden Tag Rebhühner und bekam jedesmal Gold dafür. Er wa[r] beim König so beliebt, daß er in[s] Schloß aus- und eingehen konnte[,] wie es ihm gefiel. Als er sich einmal in der Küche aufwärmte, hörte er, da[ß] der Kutscher den König und die Prinzessin am Fluß spazierenfahren sollte[.] Schnell lief er heim und sagte zum Müllerssohn: „Euer Glück ist ge[macht], wenn Ihr im Fluß badet. Alle[s] andere überlaßt nur mir!"

Der Müllerssohn wußte nicht, wa[s] das bedeuten sollte, aber er gehorchte dem Kater.

Er zog sich aus und stieg in den Fluß[.] Inzwischen versteckte der Kater seine Kleider.

Juni

Als bald darauf die Königskutsche gefahren kam, klagte der Kater: „Allergnädigster König! Mein Herr, der Graf, hat hier im Fluß gebadet. Da kam ein Dieb und stahl ihm seine Kleider. Nun ist der Herr Graf im Wasser und kann nicht heraus!"
Sofort ließ der König prächtige Kleider holen. Der Müllerssohn zog sie an und durfte sich dann zu dem König in die Kutsche setzen. Darüber freute sich die Prinzessin, denn der junge Graf gefiel ihr.
Der gestiefelte Kater war inzwischen vorausgeeilt. Er kam zu einer großen Wiese, auf der viele Leute Heu machten. Sie erzählten dem Kater, die Wiese gehöre dem mächtigen Zauberer. Da befahl er: „Wenn der König gleich in seiner Kutsche vorbeifährt und euch fragt, wem die Wiese gehört, so antwortet, dem Grafen von Carabas! Tut ihr das nicht, so wird es euch schlecht ergehen!"
Dann eilte der Kater weiter zu einem großen Kornfeld und einem prächtigen Wald. Den Leuten, die dort arbeiteten, befahl er das gleiche. Und weil er so wunderlich aussah, fürchteten sich die Leute vor ihm.
Schließlich kam der Kater zu dem Schloß des großen Zauberers. Er verbeugte sich vor dem Zauberer und sprach: „Ich habe gehört, daß du dich in jedes Tier verwandeln kannst. Kannst du dich aber auch in ein so gewaltiges Tier wie einen Elefanten verzaubern?" — „Das will ich meinen", sagte der Zauberer, und schon stand er als Elefant vor dem Kater. „Unerhört!" rief dieser. „Du bist bestimmt der größte Zauberer der Welt. Aber ich wette, in ein so kleines Tier wie eine Maus kannst du dich nicht verwandeln!"
„Auch das kann ich!" prahlte der Zauberer, und schon sprang er als Maus herum. Wupp! fing der Kater die Maus und fraß sie auf.
Die Königskutsche war inzwischen bei der großen Wiese angekommen. „Wem gehört das Heu?" fragte der König die Leute. „Dem Grafen", antworteten sie, wie es der Kater befohlen hatte. Und als die Kutsche an dem Kornfeld und an dem Wald vorbeikam, sagten die Leute jedesmal das gleiche. Da staunte der König über den Reichtum des Grafen.
Schließlich gelangten sie zum Schloß des Zauberers. Der Kater trat ihnen entgegen und sagte: „Willkommen, Herr König, im Schloß meines Herrn, des Grafen Carabas! Euer Besuch macht ihn sehr glücklich!"
Der König stieg aus und staunte über das prächtige Schloß, das fast größer und schöner war als sein eigenes. Ja, er war so beeindruckt, daß er dem Grafen die Prinzessin zur Frau gab! Als der König viele Jahre später starb, wurde der Müllerssohn König. Da ernannte er den gestiefelten Kater zu seinem ersten Minister.

Juni

1 Der Schleier der Nymphe

Ein junger Bauer lebte mitten im Wald in einer Hütte. Er war sehr arm, doch er beklagte sich nicht. Denn die Schönheit der Natur war ihm kostbarer als alles Gold der Welt.
Eines Tages folgte der Bauer einem süßen Duft und entdeckte einen wunderschönen Schleier, der sich in den Zweigen einer Kiefer verfangen hatte.
Er war aus Sonnen- und Mondstrahlen gewebt und mit Sternen besetzt. Kaum hatte ihn der Bauer von den Zweigen gelöst, stand ein junges Mädchen vor ihm. „Es ist mein Schleier. Bitte gib ihn mir wieder. Ich bin eine Nymphe und kann ohne Schleier nicht zu meinen Schwestern zurück!"
„Beweise mir, daß du eine Nymphe bist! Tanze, wie nur Nymphen es können!" forderte der junge Bauer. Da nahm das Mädchen den Schleier und fing an, in der Luft zu tanzen. Es wirbelte um den Bauern herum und ließ Blumen auf ihn herabregnen.
Später wußte der Bauer nicht, ob er diese Geschichte nur geträumt oder wirklich erlebt hatte. Aber das war auch nicht wichtig! Seit dem Tag fand er die Natur noch wundervoller und hörte nie auf, sich daran zu erfreuen.

2 König Vorsicht

Es war einmal ein König, der so vorsichtig war, daß er nicht einmal den Pferden traute und lieber zu Fuß ging. Deshalb nannte man ihn König Vorsicht.
Der Leibwächter des Königs hatte das viele Laufen schließlich satt. Er ging zu einem Zauberer und bat ihn um Hilfe. „Erfinde etwas mit einem kleinen Sitz, das sich allein fortbewegt!" Zwei Tage später war die Erfindung fertig. „Es heißt Fahrrad", erklärte der Zauberer, und der Leibwächter mußte es dem König vorführen. Doch weil er zum ersten Mal auf dem Fahrrad saß, fiel er hin und brach sich den Arm.
Sobald er wieder gesund war, bat er den Zauberer: „Erfinde etwas, was sicherer ist! Eine Kutsche, die sich allein fortbewegt!" Nach einer Woche war dem Zauberer die neue Erfindung geglückt: ein Auto. Als der Leibwächter dem König das Auto vorführte, prallte er gegen einen Baum und brach sich den Schädel. Also ging König Vorsicht auch weiterhin zu Fuß... bis er eines Tages stolperte und sich ein Bein brach. Da merkte er endlich: Nicht das Fahrrad oder das Auto war schuld an den Unfällen gewesen, sondern die eigene Unerfahrenheit und Unvorsichtigkeit.

3 Der Fuchs und die Krähe

Ein Fuchs sah eine Krähe, die einen Käse gestohlen hatte, und überlegte, wie er ihr diesen abnehmen könnte. „Du bist so stark und schön", schmeichelte er. „Wenn du jetzt auch noch eine schöne Stimme hättest, wärest du die Königin der Vögel!" Da öffnete die eitle Krähe den Schnabel, um zu krächzen... und ließ dabei natürlich den Käse fallen.
„Einen einzigen Fehler hast du allerdings", rief nun der Fuchs spöttisch. „Du besitzt kein Fünkchen Verstand, sonst hättest du dich nicht so leicht überlisten lassen."

Juni

4 Der tanzende Teekessel

In Japan fand ein Lumpensammler eines Tages einen Dachs, der in eine Falle geraten war, und befreite ihn. Zum Dank verwandelte sich das Tier in einen goldenen Teekessel und schlüpfte heimlich in den Lumpensack.

Wie staunte der Lumpensammler, als er ihn fand! Er beschloß, den Kessel einem Priester zu schenken, der den Lumpensammler dafür in seine täglichen Gebete einschließen sollte.

Doch als der Priester den Kessel aufs Feuer setzte, um Wasser heiß zu machen, begann dieser laut zu schreien. „Er ist verzaubert!" rief der Priester entsetzt. Andere Priester kamen herbeigelaufen. Aber weil der Teekessel ganz normal aussah und stumm war, glaubten sie die Geschichte nicht. Der Priester gab den Kessel noch am selben Tag wieder zurück. In der Nacht darauf wachte der Lumpensammler auf. Sprach da nicht ein feines Stimmchen? Ja, der Teekessel war es. Er hatte plötzlich den Kopf, die Pfoten und den Schwanz eines Dachses. „Nimm mich mit zum Marktplatz", sagte er. „Ich will dort für dich tanzen. Dann wirst du bald reich sein." Der Lumpensammler tat, was der Kessel ihm geraten hatte, und das Schauspiel wurde ein großer Erfolg.

Jeder wollte den Dachs-Teekessel tanzen sehen. Darum nahm der Lumpensammler in kurzer Zeit so viel Geld ein, daß er für den Rest seines Lebens genug hatte. „Jetzt darfst du dich ausruhen", sagte er eines Tages. Damit aber niemand den tanzenden Teekessel ausnutzen konnte, nur um reich zu werden, brachte er ihn wieder zu den Priestern. Sie stellten ihn in ein Regal und pflegten ihn sorgfältig. Seitdem sind tausend Jahre vergangen. Der Teekessel steht immer noch in dem Regal. Von den Sonnenstrahlen, die durchs Fenster hereinfallen, läßt er sich wärmen. Und jeder, der seine Geschichte hört, betrachtet ihn mit großer Verwunderung.

5 Das Zeichen für Weisheit

In Afrika lebte einst ein sehr kluger Hase. Er wollte unbedingt weise werden und fragte deshalb einen Zauberer um Rat. „Bring mir eine lebende Python", sagte dieser, „dann werden wir weitersehen." Der Hase suchte einen langen Ast und schleppte ihn zu dem Schlupfwinkel der Riesenschlange. Zusammengerollt schlief sie dort. Er weckte sie und sagte: „Du gibst damit an, wie lang du wärst. Dieser Ast hier ist aber sicher länger als du!" — „Erzähl kein dummes Zeug!" meinte die Schlange. „Dann beweise es! Laß dich messen!" sagte der Hase. Die Python streckte sich der Länge nach neben den Ast aus — und schon hatte sie der Hase daran festgebunden. „Bravo, gut gemacht!" lobte der Zauberer. „Nun bring mir einen Bienenschwarm!"

Der Hase höhlte einen Kürbis aus, tat Honig hinein und legte ihn dann neben einen Bienenstock. Sobald alle Bienen in dem Kürbis waren, verschloß ihn der Hase und brachte ihn zum Zauberer. „Sehr gut!" lobte dieser und tupfte dem Hasen eine Zaubercreme zwischen die Ohren. Sofort entstand dort ein weißer Fleck. Diesen Fleck haben die Hasen in Afrika auch heute noch, und es heißt, er sei das Zeichen für Weisheit.

Juni

6 Die Eiche und das Schilfrohr

Eine Eiche, die sehr stolz auf ihre Stärke war, sagte mitleidig zum Schilfrohr: „Du führst ein armseliges Leben! Schon beim leisesten Windhauch beugst du den Kopf. Ich jedoch trotze auch dem stärksten Sturmwind!" Darauf erwiderte das Schilfrohr: „Mich kann der Wind zwar biegen, aber er kann mich nicht zerbrechen." Im selben Augenblick setzte ein heftiger Sturm ein.
Als er vorbei war, lag die Eiche entwurzelt auf der Erde, das Schilfrohr aber richtete sich wieder auf und war genauso stark wie zuvor.

7 Reineke Fuchs und der Hahn

Eines Tages hatte Reineke Fuchs großes Glück: Er entdeckte ein Loch im Zaun des Hühnergeheges. Schnell schlüpfte er durch und schnappte sich den kräftigen Hahn. Die Hennen gackerten erschreckt und lockten damit die Bäuerin herbei. Die schlug Lärm, und sofort nahm der Bauer mit ein paar Nachbarn und Jagdhunden die Verfolgung auf.
Die Männer schrien dem Fuchs die übelsten Schimpfwörter hinterher, aber er scherte sich nicht darum. Er hatte nur Angst vor den Jagdhunden, die laut bellten und immer näher kamen. Plötzlich sagte der Hahn listig: „Was bist du nur für ein Fuchs! Läßt dich von Menschen dermaßen beschimpfen und entgegnest nichts darauf!"
Der Fuchs war so verdutzt, daß er sich umdrehte und rief: „Ihr Dummköpfe! Ihr Nichtsnutze!"
Genau das hatte der Hahn erreichen wollen! Schnell entwischte er Reineke Fuchs und flog auf einen Baum. Von dort krähte er spöttisch: „Du selbst bist der Dummkopf! Versuch doch, mich zu fangen!" Aber Reineke beachtete ihn gar nicht. Er mußte zusehen, daß er selbst nicht gefangen wurde, und rannte, so schnell er nur konnte, zu seinem sicheren Bau.

8 Die Schwarzfuß-Indianer

Vor langer, langer Zeit hatte ein Indianer einen Traum. Er ging darin bis zum Rand der großen Wälder im Norden. Dort fand er so viel Wild vor, daß viele Generationen von Jägern nicht alle Tiere hätten erlegen können. Wie alle Indianer glaubte er, Gott erteile im Traum seine Befehle. Darum zog er mit seiner ganzen Familie nach Norden und fand dort auch wirklich ungeheuer große Bisonherden vor. Doch die Tiere waren so schnell, daß er nicht dicht genug an sie herankommen konnte, um sie mit dem Speer zu töten. Enttäuscht betete er zu Gott und hatte danach wieder einen Traum: Er mußte nach einer Zauberwurzel suchen und damit die Füße seines ältesten Sohnes einreiben. Auch diesmal gehorchte er. Durch das Einreiben wurden die Füße ganz dunkel, ja, sie wurden richtig schwarz. Darum nannte der Vater das Kind Siksika, was in der Indianersprache Schwarzfuß heißt. Aber die Zauberpflanze bewirkte noch mehr: Siksika konnte so schnell laufen, daß es ihm möglich war, einen Bison einzuholen und zu fangen.
Siksikas Nachkommen sind die berühmten Schwarzfuß-Indianer, ausgezeichnete Jäger, die bis heute ihre Mokassins schwarz färben.

Juni

9 Die Rübe

Es waren einmal zwei Brüder. Der eine war reich und mächtig, der andere sehr arm. Um leben zu können, baute dieser darum auf einem Stück Land Gemüse an.
Er säte auch Rüben, und eine wurde so groß, daß er nicht wußte, was er damit anfangen sollte.
Essen konnte er sie nicht, denn dazu müßte er etwa hundert Leute einladen. Und die würden zu der Rübe noch etwas anderes essen wollen.
Auf dem Markt verkaufen konnte er sie auch nicht. Es wäre viel zu mühsam und umständlich, sie überhaupt dorthin zu bringen.
Nach langem Nachdenken beschloß er, die Riesen-Rübe dem König zu schenken. Dieser war über das ungewöhnliche Geschenk hocherfreut. Er gab dem armen Bauern zum Dank so viel Gold, daß ein reicher Mann aus ihm wurde.
Als das der Bruder erfuhr, dachte er: „Wenn der König meinen Bruder für eine einfache Rübe so großzügig belohnt, was wird er mir dann wohl erst für ein sehr wertvolles Geschenk geben?"
Er packte seine kostbarsten Edelsteine in ein Kästchen und brachte sie dem König.
Dieser freute sich und schenkte ihm das Kostbarste, was er besaß: die riesengroße Rübe!

10 Der große Kotei und der Adler

Kotei war der größte Kaiser im alten Japan. Er besiegte all seine Feinde und eroberte große Gebiete.
Die Sage erzählt sogar, daß er den Kompaß und das Segelschiff erfunden hat, um seine großen Eroberungen durchführen zu können.
Kotei war ein gerechter und weiser Kaiser, und es heißt, daß das japanische Volk nie in solchem Wohlstand lebte wie unter seiner Herrschaft. Als der Kaiser schon sehr alt war, ging er eines Tages in seinem Park auf den Stock gestützt spazieren. Da sah er plötzlich, wie ein Adler auf ihn zukam. Der Vogel glänzte in der Sonne, als wäre sein Gefieder aus Gold. Langsam kreisend flog er tiefer und tiefer, bis er schließlich genau vor Koteis Füßen landete.
„Bote des Himmels", sprach ihn der Kaiser an, „bist du gekommen, um mir zu sagen, daß mein Leben zu Ende ist?" Der Adler nickte zustimmend. Daraufhin rief Kotei seine Familie und die Freunde zu sich und verabschiedete sich von ihnen. Anschließend stieg er auf den Rücken des Adlers. Der große Vogel breitete die Flügel aus und stieg zum Himmel auf — so schnell, daß er schon bald nur noch ein winziger Punkt in den hellen Sonnenstrahlen war.

Juni

11 Das alte Pferd und der Fuchs

Ein Araber besaß ein Pferd, das ihm lange Jahre treu gedient hatte. Doch nun war es alt, und sein Herr sagte eines Tages: „Verschwinde! Erst wenn du stärker bist als ein Löwe, steht dir die Stalltür wieder offen."
Betrübt ging das Pferd davon. Es traf schon bald einen Fuchs und erzählte ihm die traurige Geschichte. „Nur Mut!" sagte der Fuchs. „Leg dich hier auf den Weg und stell dich tot. Den Rest überlaß mir!"
Danach suchte der Fuchs den Löwen auf. „Auf dem Weg liegt ein totes Pferd. Willst du es dir nicht holen?"
„Schon", meinte der Löwe, „aber es ist schwer. Wie soll ich es hierher bringen?"
„Da mach dir keine Sorgen", beruhigte ihn der Fuchs, „Ich werde es an deinen Schwanz binden!"
Die Idee gefiel dem Löwen. Der Fuchs band das Pferd also an den Schwanz des Löwen und rief dann: „Hopp! Lauf heim!" Da sprang das Pferd auf und galoppierte nach Hause. Den wütend brüllenden Löwen zog es hinter sich her.
Als der Araber die beiden Tiere erblickte, rief er: „Bravo, gut gemacht, mein Freund! Du bist wirklich stärker als ein Löwe! Jetzt darfst du für immer bei mir bleiben!"

12 Das Märchen von Rumpelstilzchen

Ein Müller prahlte einmal vor dem König: „Ich habe eine Tochter, die kann Stroh zu Gold spinnen!".
„Wenn du die Wahrheit gesagt hast, wird sie meine Frau. Hast du aber gelogen, so muß sie sterben!" sagte der König und ließ die Müllerstochter sogleich auf sein Schloß bringen. Er sperrte sie in eine Kammer voll Stroh und befahl ihr: „Spinn dieses Stroh zu Gold!" Da saß die Müllerstochter und weinte. Plötzlich stand ein Männlein vor ihr und fragte: „Was gibst du mir, wenn ich dir das Stroh zu Gold spinne?"
„Meine Halskette", antwortete die Müllerstochter. Da tat das Männlein, was es versprochen hatte. Aber der König wollte mehr Gold und gab der Müllerstochter noch mehr Stroh.
Diesmal spann es ihr das Männlein für einen Ring. Beim dritten Mal aber hatte sie nichts mehr, was sie ihm für das Spinnen geben konnte. Da sagte das Männlein: „Schenk mir dein erstes Kind!" Und in der Not versprach sie es.
Jetzt hielt der König sein Versprechen und heiratete die Müllerstochter. Als dann ihr erstes Kind geboren war, kam das Männlein und forderte es. „Nimm meine Schätze, aber laß mir mein Kind!" jammerte die Königin.
Da sagte das Männlein: „Wenn du in drei Tagen meinen Namen weißt, darfst du dein Kind behalten."
Zwei Tage später erzählte ein Jäger der Königin: „Ich habe im Wald ein Männlein gesehen. Es sang: ‚Heute back' ich, morgen brau' ich, übermorgen hol' ich der Königin ihr Kind. Ach, wie gut, daß niemand weiß, daß ich Rumpelstilzchen heiß'!' Und dabei tanzte dieses Männlein um ein Feuer herum."
Endlich wußte die Königin den Namen! Als das Männlein am dritten Tag zu ihr kam, fragte sie: „Heißt du vielleicht Rumpelstilzchen?" Da schrie es: „Das hat dir der Teufel gesagt!" und verschwand für immer.

Juni

13 Der Vater und seine Töchter

Ein Mann hatte zwei Töchter. Die eine war mit einem Bauern verheiratet, die andere mit einem Töpfer. Eines Tages besuchte der Vater seine Töchter. „Na, wie geht es?" fragte er die Frau des Bauern. „Gut", antwortete sie. „Aber die Felder könnten Wasser brauchen. Hoffentlich läßt es Gott bald regnen!"
„Gut", antwortete auch die Frau des Töpfers. „Aber hoffentlich läßt Gott weiterhin die Sonne scheinen, damit die Töpfe gut trocknen!"
Der Vater war ratlos. Sollte er nun für Regen oder für Sonnenschein beten?

14 Der Jungbrunnen

In Japan lebten einmal ein Mann und eine Frau. Sie hießen Yoschida und Fumi und waren sehr alt. Mit ihrem langen Leben waren sie zufrieden. Aber es stimmte sie traurig, wenn sie daran dachten, daß der Tod sie bald trennen würde.
Eines Tages entdeckte Yoschida beim Spazierengehen eine ihm unbekannte Quelle. Er trank einen Schluck von ihrem Wasser und merkte, daß er plötzlich wieder zwanzig Jahre alt war. Yoschida hatte den berühmten Jungbrunnen gefunden! Schnell lief er nach Hause, um es Fumi zu erzählen. Diese hätte ihren Mann beinahe nicht wiedererkannt! Sie ließ sich genau beschreiben, wo die Quelle war, und eilte dann auch dorthin. Die Stunden vergingen, und Fumi kam und kam nicht zurück. Besorgt ging Yoschida schließlich zum Jungbrunnen. Und dort fand er – stellt euch vor! – ein kleines Mädchen! So klein, daß es noch nicht einmal laufen konnte! Es war Fumi, die zuviel von dem Jungbrunnen getrunken hatte. Yoschida regte sich nicht auf, sondern nahm das kleine Mädchen auf den Arm und trug es nach Hause. Und die große Liebe, die er für seine Frau Fumi empfunden hatte, verwandelte sich nun in väterliche Liebe.

15 Der Wagen des Eisverkäufers

Ein kleines Mädchen und seine Mutter waren so arm, daß sie oft nicht genug zu essen hatten. Wenn der Eisverkäufer durch die Straßen zog, beobachtete das Mädchen, wie die anderen Kinder an großen, bunten Kugeln leckten. Wie gern hätte es auch so ein Eis gehabt!
Eines Tages bemerkte der Eisverkäufer die sehnsüchtigen Augen des Mädchens und schenkte ihm seinen Wagen. „Es ist ein Zauberwagen", erklärte er. „Wenn du Eis möchtest, mußt du ihm nur die gewünschte Sorte nennen. Und schon stellt er es her. Sind die Behälter voll, sagst du ‚danke'. Dann hört der Zauber auf."
Von da an konnten das kleine Mädchen und seine Mutter soviel Eis essen, wie sie wollten.
Als das Mädchen einmal nicht daheim war, hatte die Mutter Lust auf Eis. „Schokolade und Pistazie!" befahl sie dem Wagen. Sofort begann er, Eis herzustellen. Aber die arme Frau wußte nicht, wie sie ihn anhalten konnte, und so ergoß sich bald aus dem einen Behälter ein Strom Pistazieneis und aus dem anderen ein Strom Schokoladeneis. Das Mädchen mußte sich durch das Eis zum Haus lecken. Dann erst konnte es endlich zum Wagen „danke" sagen.

89

Juni

16 Der Löwe und seine Verbündeten

Eine Ziege, ein Lamm und eine Kuh verbündeten sich mit einem Löwen. Sie vereinbarten, daß alle Ausgaben und Einnahmen gleichmäßig unter ihnen aufgeteilt würden.
Am nächsten Tag fingen sie einen Hirsch und kamen zusammen, um ihn zu teilen. Der Löwe machte auch wirklich vier gleiche Teile. Dann sagte er: „Ich nehme den ersten, weil er mir zusteht. Ich nehme den zweiten, weil ich der König bin; ich nehme den dritten, weil ich der Stärkste bin. Und wenn einer von euch den vierten nimmt, fresse ich ihn auf!"

17 Der Krieg der Zauberer

Wütend rannte der Zauberer Ih hinter seinem Feind, dem Zauberer Oh, her. Doch Oh verwandelte sich in ein Pferd und galoppierte davon. Im Nu war Ih ein Windhund. Fast hatte er Oh eingeholt, da wurde aus dem Pferd ein Wolf, und dieser stürzte sich auf den Hund. Aber noch ehe er ihn in Stücke reißen konnte, war ein Bär daraus geworden. Daraufhin verzauberte sich Oh in einen Löwen. Schnell nahm Ih die Gestalt eines Schwanes an und flog davon. Als er bemerkte, daß er von einem Falken verfolgt wurde, stürzte er sich ins Meer und wurde ein Fisch. Doch sofort verwandelte sich Oh in einen Hai, um Ih zu verschlingen. Dieser konnte gerade noch das Ufer erreichen, wo eine Prinzessin Wäsche wusch. Rasch verzauberte sich Ih in ein Stück Seife, aber als die Prinzessin danach greifen wollte, schlüpfte Oh als Ring an ihren Finger. Im selben Augenblick kam ein Händler und bat die Prinzessin um den Ring. Aber aus dem Ring waren bereits mehrere Körner geworden. Da wurde aus dem Händler Ih ein Huhn. Geschwind pickte es die Körner auf und flatterte dann gackernd davon. Ein Korn hatte sich jedoch versteckt. Es kam nun hervor, wurde Prinz Oh und heiratete die Prinzessin.

18 Die Fehlersäckchen

Als der große griechische Gott Zeus die Menschen erschaffen hatte, gab er jedem zwei Säckchen. In dem einen waren jeweils die eigenen Fehler, in dem zweiten die der anderen Menschen. Doch als er ihnen den Stock mit den Fehlersäckchen über die Schulter hängte, irrte er sich: Das Säckchen mit den Fehlern der anderen kam vor die Brust, das mit den eigenen auf den Rücken.
Dies erklärt, warum es den Menschen so leicht fällt, die Fehler der anderen zu sehen, und so schwer, die eigenen zu erkennen.

Juni

19 Der Rattenfänger von Hameln

Die Stadt Hameln wurde einst von Ratten geplagt. Mit Katzen und auch mit Gift versuchten die Bewohner, sie loszuwerden, aber alle Mühe war vergebens.

Da tauchte eines Tages ein sonderbarer Mann in Hameln auf. „Für ein Säckel Golddukaten vertreibe ich die Ratten!" versprach er.

„Alles, alles könnt Ihr haben!" beteuerte der Bürgermeister. „Wenn Ihr uns nur von der Plage befreit!"

Da zog der sonderbare Mann eine Flöte aus der Tasche und begann zu spielen. Und sofort kamen die Ratten aus allen Ritzen und Löchern hervor, um seinem Spiel zu lauschen. Als sie sich rund um ihn versammelt hatten, setzte sich der Mann in Bewegung. Er ging zum Fluß hinunter und dann langsam ins Wasser. Die Ratten folgten ihm alle und ertranken.

Nun ging der Rattenfänger zum Bürgermeister, um den versprochenen Lohn in Empfang zu nehmen. „Belohnung?" heuchelte dieser. „Ich glaube, Ihr seid verrückt!"

Darauf erwiderte der Rattenfänger kein Wort. Doch während er durch die Straßen zur Stadt hinausging, spielte er wieder auf seiner Flöte. Und diesmal liefen alle Kinder hinter ihm her. Er führte sie an einen Ort, wo sie glücklich lebten und lernten, daß man ein Versprechen halten muß.

20 Die Köchin und das Huhn

Gretel war eine ausgezeichnete Köchin. Eines Tages befahl ihr der Herr, ein Brathuhn zuzubereiten, denn er erwartete Besuch. Die gute Frau tat ihr Bestes, und das Huhn gelang so gut, daß ihr das Wasser im Mund zusammenlief, wenn sie es nur ansah. Und je länger sie es ansah, desto größere Lust bekam sie darauf.

„Ich muß mich davon überzeugen, daß es genug gesalzen ist", sagte sie und schnitt einen Flügel ab. „Einmalig!" lobte sie. „Doch wenn ich es so serviere, merkt mein Herr, daß ein Flügel fehlt. Ich esse besser auch noch den zweiten." Und so aß Gretel nach und nach das ganze Huhn auf. Als ihr Herr nach Hause kam, sagte Gretel: „Das Huhn ist soweit! Wetzt nur schon mal das Messer, daß Ihr es zerlegen könnt!"

Kurz danach kam der Gast. „Rettet Euch, bevor es zu spät ist!" flüsterte ihm Gretel zu. „Mein Herr will Euch die Ohren abschneiden! Hört Ihr, wie er schon das Messer wetzt?"

Der Gast machte auf dem Absatz kehrt. Gretel aber lief zu ihrem Herrn und beklagte sich: „Da habt Ihr einen schönen Gast eingeladen! Er ist einfach in meine Küche gekommen, hat das Brathuhn genommen und ist damit auf und davon!"

Juni

21 Der Kosak und die Zauberin

Ein Kosak wurde von den herrlichen Früchten eines Apfelbaumes angelockt. Er kletterte hinauf und pflückte einen Apfel. Im selben Augenblick erschien eine Zauberin und lachte. Sie hatte den Baum nämlich verzaubert und lockte mit den Äpfeln Männer an, um diese dann zu ihren Sklaven zu machen.
Glücklicherweise war die Zauberin an diesem Tag zum Spaßen aufgelegt. Deshalb sagte sie zu dem Kosaken: „Versteck dich! Und wenn es dir gelingt, dich zehn Stunden lang vor mir verborgen zu halten, will ich dich heiraten. Gelingt dir das nicht, wirst du mein Sklave."
Der Kosak war mit einem Geist befreundet, und dieser kam ihm in Gestalt eines Adlers zu Hilfe. „Klettere auf meinen Rücken, und dann fliegen wir so hoch, daß dich die Zauberin nicht mehr sehen kann." Doch diese besaß ein Zauberbuch, das ihr alles verriet. Bevor sie es aber aufschlagen konnte, hatte der Geist den Kosaken in eine Nadel verwandelt und die Seiten des Buches zusammengenäht. So konnte die Zauberin nicht herausfinden, wo der Kosak war, und verlor die Wette. Sie hielt ihr Versprechen und heiratete ihn. Von da an lebten sie glücklich zusammen.

22 Tölpel-Hans

Ein König ließ im ganzen Land bekanntgeben: „Die Prinzessin wird den heiraten, der seine Worte am besten zu setzen weiß!" Sogleich machten sich die gelehrtesten und sprachgewandtesten Männer auf den Weg. Einige kamen zu Pferd, andere mit der Kutsche, denn sie wollten möglichst ausgeruht und gut in Form sein. Einer aber saß rittlings auf einem Ziegenbock und galoppierte singend dem Schloß zu: Tölpel-Hans. Plötzlich fiel ihm ein: „Oh, ich habe ja gar kein Geschenk für die Prinzessin!" Und so sammelte er auf, was ihm am besten gefiel: erst eine tote Krähe, dann einen alten Holzschuh und schließlich Schlamm aus dem Straßengraben.
Als die gelehrten und sprachgewandten Freier der Prinzessin gegenüberstanden, waren sie so eingeschüchtert, daß sie kein Wort oder aber nur dummes Zeug hervorbrachten. Da rief die Prinzessin jedesmal: „Taugt nichts! Fort, hinaus mit ihm!" Und einer nach dem anderen mußte wieder seiner Wege ziehen.
Doch dann kam Tölpel-Hans! „Puh, ist das eine Hitze in Eurem Palast!" rief er als erstes.
„Jawohl, ich lasse gerade Hähnchen für das Hochzeitsmahl braten", erklärte die Prinzessin.
„Ei, das ist schön!" sagte Tölpel-Hans. „Dann kann ich wohl meine Krähe gleich mitbraten!"
„Mit dem größten Vergnügen!" meinte die Prinzessin. „Aber hast du etwas, worin du sie braten kannst? Wir haben nämlich keinen leeren Bräter mehr!"
„Ja, hier ist ein vortrefflicher Topf!" rief Tölpel-Hans und zeigte den alten Holzschuh. „Aber wo nehmen wir die Soße her?" fragte die Prinzessin lachend. „Die habe ich auch dabei", erwiderte Tölpel-Hans und holte den Schlamm aus der Tasche. „Du gefällst mir!" rief nun die Prinzessin. „Du kannst antworten und reden. Dich nehme ich zum Mann!"

Juni

23 Der Hirsch und der Löwe

Ein Hirsch war sehr stolz auf sein prächtiges Geweih und dachte: „Nur schade, daß meine Beine nicht richtig dazu passen! Sie sind zu dünn und schwach!"
Eines Tages wurde der Hirsch von einem Löwen verfolgt, konnte aber bald einen sicheren Vorsprung gewinnen. Er rannte gerade an einem Baum vorbei. Da verfing sich sein Geweih in einem herabhängenden Ast und hielt ihn fest. Er erkannte jetzt, daß die dünnen Beine ihm zuerst das Leben gerettet hatten und er es nun durch sein prächtiges Geweih verlor.

24 Der junge Riese und der geizige Bauer

Hans, der junge Riese, hatte bei einem Bauern fleißig gearbeitet. Doch als es ans Bezahlen ging, wollte sich der Bauer drücken. Seine Frau riet ihm: „Laß Hans doch in den Brunnen hinabsteigen und wirf ihm dann den großen Mühlstein auf den Kopf! So sind wir ihn gleich los!"
Der erste Teil war schnell getan, denn Hans stieg in den Brunnen, ohne Böses zu ahnen. Viel schwieriger war es, den großen Mühlstein fortzubewegen! Ja, dreizehn Männer mußten dem geizigen Bauern und seiner Frau dabei helfen!
Endlich aber fiel der Mühlstein in den Brunnen. Es war ein furchtbarer Lärm, als er aufschlug, und noch Minuten später bebte die Erde. Der Bauer und seine Frau waren sicher, daß der Riese tot war. Da hörten sie ihn plötzlich rufen: „He, ihr da, jagt mal die Hühner vom Brunnen! Sie scharren mir lauter Staubkörner in die Augen!"
Gleich darauf tauchte der Kopf von Hans aus dem Brunnen auf — den Mühlstein hatte er wie einen breiten Kragen einfach um den Hals!
Der Bauer wurde kreidebleich vor Schreck. Ganz schnell zahlte er dem jungen Riesen nun seinen Lohn, um ihn endlich los zu sein.

25 Hans heiratet

Ein armer, junger Bauer — Hans hieß er — liebte ein Mädchen aus dem nächsten Dorf. Doch der Vater dieses Mädchens war so geizig, daß er der Hochzeit mit einem Habenichts niemals zustimmen würde.
Eines Tages hatte der Vetter von Hans eine Idee: „Setz dich vor den Kamin, nimm in die eine Hand zwei Dukaten, in die andere einen Blechnapf und warte auf mich!" Dann suchte er selbst den Vater des Mädchens auf. „Wollt Ihr Eure Tochter meinem Vetter Hans zur Frau geben?" fragte er.
„Das kommt darauf an", meinte der Geizhals. „Wie steht es denn bei ihm mit dem Geld?"
„Oh, es rinnt ihm nur so zwischen den Fingern hindurch", versicherte der Vetter. „Und auf den Kopf regnet es ihm auch nicht!" — „Dann ist er also reich und besitzt ein Haus!" stellte der Geizige fest. Der Vetter sagte weder ja noch nein. „Und was die Aussteuer betrifft", fügte er hinzu und strich sich dabei über die geflickte Hose, „so besitzt er noch mehr Stücke als ich." Nun war der geizige Vater überzeugt, daß Hans sehr wohlhabend war. Er unterschrieb den Heiratsvertrag, und schon bald wurde die Hochzeit gefeiert.

Juni

26 Merkwürdige Besucher!

Hahn, Henne, Katze und Ente wollten den Schwarzen Mann besuchen. Das ist der, mit dem man früher unartigen Kindern Angst gemacht hat. Ein Ei, eine Blumenvase, eine Stecknadel und eine Nähnadel gesellten sich zu den vieren. Aber der Schwarze Mann war ausgegangen. Um auf ihn zu warten, machten es sich die Besucher gemütlich: Der Hahn und die Henne setzten sich auf einen Balken, die Ente unter die Wasserpumpe, die Katze rollte sich im Kamin zusammen, das Ei wickelte sich in ein Handtuch, die Nähnadel steckte sich ins Sitzkissen, die Stecknadel ins Kopfkissen, und di[e] Blumenvase stellte sich auf das Sim[s] über der Tür.
Endlich kam der Schwarze Man[n] und wollte gleich Feuer machen. D[a] sprang ihm die Katze ins Gesicht. A[ls] er Wasser pumpte, zwickte ihn di[e] Ente. Beim Abtrocknen schmierte e[r] sich voll Ei, und dann setzte er sic[h] auf den Stuhl, genau in die Nähnadel[.] Endlich legte er sich ins Bett — un[d] wurde von der Stecknadel gestoche[n.] Da machte er, daß er fortkam! Doc[h] als er zur Tür hinausging, fiel ihm di[e] Vase auf den Kopf.
Nun rief der Hahn: „Wieviel Böse[s] muß dieser Mann getan haben, daß e[r] so bestraft wird!"

27 Der Müller und der Zauberesel

Ein junger Müller besaß einen Zauberesel, zu dem er nur „Bricklebrit!" sagen mußte, und schon spuckte dieser lauter Silbermünzen aus. Wenn also der Müller kein Geld mehr hatte, schloß er sich einfach mit dem Esel im Stall ein und füllte seinen Geldbeutel wieder.
Eines Tages kehrte der Müller in einem Gasthaus ein und leistete sich ein teures, fürstliches Mahl. Als der Wirt merkte, wie reich sein Gast war, setzte er einfach den doppelten Preis auf die Rechnung. Der Müller sagte nichts dazu. Doch er hatte nicht genug Geld bei sich und mußte in den Stall zu seinem Esel gehen, um sich wieder Silbermünzen zu holen. Neugierig spähte der Wirt durchs Schlüsselloch. Und kaum hatte der Müller den Stall verlassen, tauschte der Gastwirt seinen eigenen Esel gegen den Zauberesel aus.
Der junge Müller merkte nichts und zog mit dem falschen Esel weiter. Als er wieder Geld brauchte, sagte er wie gewohnt „Bricklebrit!" Doch was für eine Überraschung! Jetzt spuckte der Esel Goldstücke! Dieser Esel war also noch wertvoller als sein eigener! Nur war der Wirt nie auf die Idee gekommen, zu diesem „Bricklebrit!" zu sagen!

28 Der Löwe und der Fuchs

Der Löwe war alt geworden und erkannte: „Wenn ich weiterhin sat[t] werden will, muß ich mit List vorgehen!" Er stellte sich krank, und ein Tier nach dem anderen kam, um ihn zu besuchen. Kaum aber war es nahe genug bei dem Löwen, schlug er mit der Pranke zu und fraß es. Eines Tages besuchte ihn auch der Fuchs, blieb jedoch in einiger Entfernung stehen. „Tritt doch näher", bat ihn der Löwe. „Nein, danke", antwortete der Fuchs. „Ich sehe nämlich zu viele Spuren, die zu Euch führen, aber keine einzige, die von Euch wegführt!"

94

Juni

29 Der fliegende Koffer

Ein junger Mann besaß einst einen merkwürdigen Koffer: Er brauchte sich nur hineinzusetzen, das Schloß zu drücken, und schon flog der Koffer los. Auf diese Weise kam der Mann ins Land der Türken. Er ging dort in die nächste Stadt und fragte: „Was ist das für ein Schloß, bei dem die Fenster so hoch sitzen?" — „Dort oben ist die Tochter des Sultans eingesperrt", war die Antwort. „Es ist prophezeit, daß sie über einen Geliebten sehr unglücklich wird. Deshalb darf niemand zu ihr." Wenig später flog der junge Mann mit seinem Koffer zur Prinzessin. Und weil sie so schön war, verliebte er sich in sie. Er erzählte ihr märchenhafte Geschichten. Und als er um ihre Hand anhielt, hatten der Sultan und seine Frau nichts dagegen, denn sie glaubten, er wäre der Türkengott. Wer sonst hätte durch die Luft zur Prinzessin kommen können?

Am Abend vor der Hochzeit brannte er von seinem Koffer aus ein Feuerwerk ab. Dann versteckte er den Koffer und fragte die Leute, wie es ihnen gefallen habe. Als er aber zu seiner Braut fliegen wollte, war der Zauberkoffer durch einen zurückgebliebenen Funken des Feuerwerks verbrannt. So ging die Prophezeiung in Erfüllung, und die unglückliche Braut wartet vielleicht heute noch auf ihn.

30 Die Patin des Wichtelkindes

Ein armes Dienstmädchen fand eines Morgens an seinem Besen einen Brief. Und da es nicht lesen konnte, brachte es ihn seiner Herrschaft. „Es ist eine Einladung von den Wichtelmännern", sagte die Herrin. „Sie möchten, daß du bei einem Wichtelkind Taufpatin wirst."

Das Dienstmädchen zögerte. Doch so eine Einladung kann man schlecht abschlagen, und darum sagte es schließlich ja.

Nun kamen drei Wichtelmänner und führten das Mädchen in einen hohlen Berg. Dort war alles winzig klein, aber ungeheuer wertvoll. Die Teppiche waren mit Goldfäden durchwoben, die Bettdecken mit Perlen bestickt... Als das Tauffest vorbei war, wollte das Dienstmädchen wieder nach Hause. Doch die Wichtelmänner baten es, noch ein wenig bei ihnen zu bleiben. Und das Dienstmädchen tat es gern, denn es wurde von ihnen verwöhnt wie eine Königin.

Als es nach drei Tagen nach Hause ging, füllten ihm die Wichtelmänner die Taschen mit Gold und führten es aus dem Berg hinaus. Wie aber staunte das Mädchen, als es zu seiner Herrschaft kam! Bei den Menschen waren nämlich inzwischen nicht drei Tage, sondern ein ganzes Jahr vergangen.

Juni

Inhaltsverzeichnis

Märchen des Monats: Der gestiefelte Kater
nach den Brüdern Grimm

1 Der Schleier der Nymphe *nach einem japanischen Märchen*
2 König Vorsicht *nach L. Capuana*
3 Der Fuchs und die Krähe *nach Äsop*
4 Der tanzende Teekessel *nach einem japanischen Märchen*
5 Das Zeichen der Weisheit *nach einem afrikanischen Märchen*
6 Die Eiche und das Schilfrohr *nach La Fontaine*
7 Reineke Fuchs und der Hahn *nach einer französischen Fabel*
8 Die Schwarzfuß-Indianer *nach einer Indianersage*
9 Die Rübe *nach den Brüdern Grimm*
10 Der große Kotei und der Adler *nach einem japanischen Märchen*
11 Das alte Pferd und der Fuchs *nach einem arabischen Märchen*
12 Das Märchen vom Rumpelstilzchen *nach den Brüdern Grimm*
13 Der Vater und seine Töchter *nach Äsop*
14 Der Jungbrunnen *nach einem japanischen Märchen*
15 Der Wagen des Eisverkäufers *nach einem italienischen Märchen*
16 Der Löwe und seine Verbündeten *nach Äsop*
17 Der Krieg der Zauberer *nach einem russischen Märchen*
18 Die Fehlersäckchen *nach Äsop*
19 Der Rattenfänger von Hameln *nach einer deutschen Sage*
20 Die Köchin und das Huhn *nach den Brüdern Grimm*
21 Der Kosak und die Zauberin *nach einem russischen Märchen*
22 Tölpel-Hans *nach H. Ch. Andersen*
23 Der Hirsch und der Löwe *nach Äsop*
24 Der junge Riese und der geizige Bauer *nach den Brüdern Grimm*
25 Hans heiratet *nach den Brüdern Grimm*
26 Merkwürdige Besucher! *nach den Brüdern Grimm*
27 Der Müller und der Zauberesel *nach den Brüdern Grimm*
28 Der Löwe und der Fuchs *nach Äsop*
29 Der fliegende Koffer *nach H. Ch. Andersen*
30 Die Patin des Wichtelkindes *nach den Brüdern Grimm*

Juli

Märchen des Monats
Das häßliche junge Entlein

Juli

Eine Ente saß auf ihrem Nest, um ihre Entlein auszubrüten. Aber das war herzlich langweilig, weil es so lange dauerte und sie so selten Besuch bekam. Endlich platzte ein Ei nach dem anderen. „Piep! Piep!" rief es. „Rap! Rap! Heraus mit euch", sagte die Ente und erhob sich vom Nest. Doch nein, das größte Ei lag noch da! „Nun habe ich es aber wirklich schon satt!" sagte die Ente und setzte sich wieder zum Brüten nieder. Als eine alte Ente zu Besuch kam, beklagte sich die Ente sogleich: „Da ist noch ein großes Ei, das will nicht platzen!"

„Laß es mich mal sehen!" sagte die alte Ente. „Ach, das ist ja ein Truthennenei! Laß es liegen und kümmere dich lieber um die Entlein!"

„Eine Weile will ich noch durchhalten!" sagte die brütende Ente. „Wie du meinst!" sagte die alte Ente und ging. Endlich platzte das große Ei, und das Junge kroch heraus. Es war groß und häßlich. „Es sieht keinem von den anderen ähnlich. Sollte es ein Truthennenküchlein sein? Das wird sich am Wasser herausstellen!" dachte die Ente. Am nächsten Tag ging sie mit ihrer Jungenschar ans Wasser und sprang platsch! — hinein. „Rap! Rap!" lockte sie, und ein Entlein nach dem anderen folgte ihr. Alle konnten sie gleich schwimmen, selbst das häßliche, graue Junge.

„Also ist es doch kein Truthennenküchlein!" dachte die Ente.

Nach dem Bad führte sie ihre Jungen auf den Entenhof, um sie dort vorzustellen.

„Wie das eine Entlein nur aussieht, pfui!" rief gleich eine Ente und biß es in den Nacken.

„Laß es in Ruhe", rief die Mutter, „es tut ja niemandem etwas!"

„Aber es ist so groß und häßlich, man sollte es verjagen!" mischte sich auch noch eine andere Ente ein.

„Hübsch ist es freilich nicht, aber es hat ein gutes Gemüt. Es hat nur zu lange im Ei gelegen und keine rechte Figur bekommen!" verteidigte die Ente ihr Junges. Viel half das nicht, denn das arme Entlein wurde gepufft, gebissen und gefoppt — nicht nur von den Enten, sondern auch von den Hühnern. So ging es den ganzen ersten Tag, und schließlich wußte das häßliche Entlein gar nicht mehr, wie es gehen und stehen sollte.

Und mit jedem Tag wurde es schlimmer. Selbst die Geschwister waren böse zu ihm, und die Futtermagd stieß es mit dem Fuß.

Da flatterte das Entlein eines Tages über den Zaun und lief fort.

Vielleicht würde es draußen in der Welt Freunde finden, denen es nicht ausmachte, daß es so häßlich war.

Aber in der weiten Welt erging es dem Entlein nicht besser als auf dem Bauernhof. Auch die Wildgänse hackten mit dem Schnabel nach ihm

Juli

machten sich über sein Aussehen lustig und verspotteten es.
An einem kalten Herbstmorgen schwamm das Entlein allein und todunglücklich in einem kleinen Teich herum. Da hörte es plötzlich gleichmäßige Flügelschläge über sich. Sehnsüchtig schaute es hinauf und sah Schwäne in ihrem strahlend weißen Gefieder am Himmel dahinziehen. Sie waren auf dem Weg in wärmere Länder. Dem häßlichen Entlein wurde ganz sonderbar zumute, während es ihnen nachsah. Es drehte sich im Wasser wie ein Kreisel herum, streckte den Hals hoch in die Luft nach ihnen und stieß einen so lauten und sonderbaren Schrei aus, daß es vor sich selbst erschrak. Oh, wie es sich zu den glücklichen Vögeln hingezogen fühlte! Und es liebte sie, wie es noch nie in seinem Leben jemanden geliebt hatte!
Als das häßliche Entlein die Schwäne nicht mehr sehen konnte, fühlte es sich noch einsamer als vorher.
Der Winter kam, und es wurde grimmig kalt. Bald fror der Teich zu. Das Entlein was schon so matt, daß es im Eis festfror. Zum Glück entdeckte ein Bauer das arme, frierende Geschöpf gerade noch rechtzeitig, befreite es und nahm es mit nach Hause.
Als der Frühling kam, kehrten die Vögel wieder aus den wärmeren Ländern zurück, und der kleine Teich war nun dicht bevölkert. Aber niemand kümmerte sich um das häßliche Entlein. Da entfaltete es mit einemmal seine Flügel — sie waren inzwischen sehr kräftig geworden — und flog über Wiesen und Felder, über Dörfer und Gärten. Und schließlich landete es in einem schönen Garten mit einem Teich. Wie überrascht war es, drei prächtige weiße Schwäne darauf zu sehen! Das Entlein hatte den Wunsch, zu ihnen zu schwimmen — komme, was da wolle! „Ich will mich lieber von den königlichen Vögeln töten lassen, als daß mich Enten und Gänse weiterhin stoßen und kneifen", dachte es und schwamm direkt auf sie zu. Die Schwäne aber schossen mit brausenden Federn auf das Entlein zu, als sie es sahen. „Tötet mich nur!" sagte das arme Tier und neigte seinen Kopf. Aber was erblickte es in dem klaren Wasser? Es sah sein eigenes Bild, und das zeigte ihm nicht mehr einen plumpen, häßlichen, schwarzgrauen Vogel, sondern einen weißen Schwan! „Oh, ich bin ein Schwan!" flüsterte er überglücklich. Die großen Schwäne umschwammen ihn als Freunde. Dann kamen Kinder in den Garten und warfen Brot ins Wasser. Das kleinste rief: „Seht, da ist ein neuer Schwan!" Und jetzt begann die glücklichste Zeit seines Lebens. So viel Glück hatte er sich nicht träumen lassen, als er noch das häßliche Entlein war!

Juli

1 Tischchen, deck dich!

Ein armer junger Mann hatte seine Lehre bei einem Tischler abgeschlossen und zum Abschied ein ganz besonderes Tischchen bekommen. Wenn man „Tischchen, deck dich!" zu ihm sagte, so standen auf einmal die besten Speisen und Getränke darauf. Nun hatte der junge Mann keine Sorgen mehr und zog fröhlich durch die Welt. Endlich beschloß er, zu seinem Vater zurückzukehren.
Auf dem Heimweg kam er abends in ein überfülltes Wirtshaus. „Das Essen ist knapp geworden", sagte der Wirt. „Ich kann Euch nicht mehr als Brot anbieten." — „Macht nichts, für den Rest sorge ich", antwortete der Geselle. Er stellte sein hölzernes Tischchen mitten in die Stube, sagte den Spruch und schon war das Tischchen gedeckt. Der Wirt hatte verwundert zugesehen und dachte: „Einen solchen Koch könntest du in deiner Wirtschaft auch brauchen!"
In der Nacht, als der junge Mann tief schlief, vertauschte der habgierige Wirt das Wünschtischchen mit einem anderen. Der junge Mann hat davon nie etwas erfahren, weil sein Tischchen weiterhin Speisen herzauberte. Als der Wirt jedoch „Tischchen, deck dich!" sagte, bekam er eine Tracht Prügel.

2 Die kluge Else und der Käse

Else war so einfältig, daß sie mit den einfachsten Dingen nicht zurechtkam. Und wenn man sie kluge Else nannte, so war das spöttisch gemeint. Eines Tages sollte Else einen Korb voll Käse zum Markt bringen. Unterwegs fiel ein Käse aus dem Korb und rollte den Hügel hinunter. „Ich werde ihm doch nicht nachlaufen!" dachte sie. „Lieber schicke ich einen anderen Käse nach, um ihn zurückzuholen." Gesagt, getan!
Else wartete lange, aber kein Käse kam zurück. „Vielleicht brauchen sie Gesellschaft!" Und Else rollte noch einen dritten Laib Käse den Hügel hinunter. Als noch immer keiner zurückkam, sagte Else:
„Der letzte könnte sich verlaufen haben. Dieser hier soll ihm den rechten Weg zeigen."
Schließlich dauerte es der klugen Else doch zu lange, und sie rollte auch die restlichen Käselaibe den Abhang hinunter.
Mit leerem Korb kam sie auf dem Markt an. Und als sie ihrem Mann die Geschichte mit dem Käse erzählte, wurde er recht wütend und schrie: „Du dreimal kluge Else!"
„Reg dich doch nicht auf wegen ein paar Minuten. Der Käse kommt bestimmt gleich nach!"

3 Die Katze und die Hennen

Eine Katze erfuhr, daß die Hühner erkrankt sind.
„Das ist die Gelegenheit, auf die ich schon lange gewartet habe", dachte die Katze. „Endlich werden sie mir die Tür zum Hühnerhaus öffnen!" Nun verkleidete sich die Katze als Arzt, steckte Instrumente und Pillen in eine Tasche, ging zum Hühnerhaus und klopfte an. „Guten Tag, ihr Hühner!" rief sie. „Macht mir die Tür auf, ich will euch helfen!"
„Nein, danke!" antworteten die Hühner. „Geh lieber, dann fühlen wir uns gleich besser!"

Juli

4 Die Schöne und das Tier

Ein Kaufmann geriet in ein Unwetter und verirrte sich. Er übernachtete in einem verlassenen Schloß. Merkwürdig war, daß er einen gedeckten Tisch vorfand, aber keinen Menschen zu sehen bekam. Am nächsten Morgen pflückte er im Schloßgarten eine Rose für die Schöne, seine jüngste Tochter. Im selben Augenblick stand ein Wesen vor ihm, das die Gestalt eines Menschen und den Kopf eines Tieres hatte.
„So dankst du mir für meine Gastfreundschaft!" brüllte das Tier. „Dafür sollst du büßen! Schicke mir das erste Lebewesen, das dir daheim begegnet, oder du mußt sterben!"
Der Kaufmann versprach es, weil ihn immer sein Hund als erster begrüßte, und kehrte nach Hause zurück. Aber diesmal kam ihm die Schöne entgegen. „Ich muß dir gleich Lebewohl sagen", rief der Kaufmann, denn er brachte es nicht übers Herz, die Schöne zu dem Tier zu schicken. Sie bestand aber darauf zu gehen, um das Leben ihres Vaters zu retten.
Als die Schöne das Tier sah, schüttelte sie sich vor Abscheu, aber mit der Zeit gewöhnte sie sich an seinen Anblick. Das Tier war freundlich und tat alles, damit das Mädchen ein schönes Leben hatte. Besonders seine Klugheit, Höflichkeit und Güte beeindruckten die Schöne.
Das Ungeheuer hatte sich von Anfang an in das Mädchen verliebt. Weil es aber wußte, daß es nie auf Gegenliebe hoffen konnte, wurde es immer trauriger. Ja, schließlich wurde es sterbenskrank.
Als die Schöne es so leiden sah, weinte sie aus Mitleid bittere Tränen und beugte sich über das Tier. Ihre Tränen rannen ihm über das Gesicht — und da geschah das Wunder: Das Ungeheuer verwandelte sich plötzlich in einen jungen Mann.
Bald erwiderte die Schöne seine Gefühle, und die beiden wurden ein glückliches Paar.

5 Das gläserne Schloß

Ein Prinz und eine Prinzessin liebten sich und wollten bald heiraten. Doch da wurde die Braut von einem bösen Zauberer entführt. Viele Jahre zog der junge Mann verzweifelt durch die Welt, bis er endlich herausfand, daß der Zauberer sie in einem gläsernen Schloß gefangenhielt. Fenster und Türen waren nur angemalt, und die Wände so glatt, daß nicht einmal eine Fliege daran emporklettern konnte. Nach einigen Versuchen gab es der Prinz auf, ins Schloß einzudringen, und versteckte sich im nahen Wald. Plötzlich hörte er ein fürchterliches Gekreische. Er ging näher und sah drei alte Hexen. Sie stritten sich um Erbstücke ihres Vaters, des Zauberers aus dem gläsernen Schloß: um einen Zauberstab, der alle Türen öffnete, um ein fliegendes Pferd und um einen unsichtbar machenden Mantel. Das war gerade das, was der Prinz brauchen konnte! Damit würde er ins Schloß gelangen und seine Braut befreien. „Ich werde euch die Sachen für gutes Geld abkaufen", bot er den Hexen an. „Aber zuerst muß ich wenigstens eines ausprobieren."
Doch kaum war der Prinz unsichtbar, bestieg er das Pferd und flog ins Schloß. Endlich hatte er seine geliebte Prinzessin wieder!

Juli

6 Der Frosch und der Ochse

„Ich will so groß werden wie ein Ochse!" nahm sich ein Frosch vor und blies seine Backen und seinen Bauch auf. Er fühlte sich sehr groß, aber er nahm noch mehr Luft und fragte dann seine Brüder:
„Nun, bin ich schon so groß wie ein Ochse?"
„Ach, noch lange nicht!" lachten sie. Da blies sich der Frosch weiter auf. Immer dicker, immer runder wurde er. Nun war er so dick wie ein Kürbis, wie ein großer Kürbis sogar. „Jetzt...", begann er, aber dann machte es laut peng! — und er war geplatzt.

7 Das freigebige Kamel

In grauer Vorzeit begann in der großen arabischen Stadt Tamud die Erde zu beben, dann spaltete sie sich, und ein Riesenkamel kam zum Vorschein. Es war viele Fuß lang und so hoch wie die Berge der Umgebung. Die Araber kamen aus dem Staunen nicht mehr heraus, als das Kamel ein Junges gebar und mit ihm den Bergen zutrabte. Von nun an erschien das Riesenkamel täglich in der Stadt. Es verteilte seine Milch an alle, die sie haben wollten, so daß keiner mehr Hunger leiden mußte. Das Kamel brauchte aber viel Wasser zum Trinken. Weil in Tamud das Wasser knapp war, beschlossen die Bewohner, selbst weniger Wasser zu verbrauchen. Auf diese Weise gab es für jeden genug zu essen und zu trinken.
Doch vielen Ziegenhütern war das nicht recht. Jetzt kaufte niemand mehr Ziegenmilch. Auch die Gartenbesitzer waren verärgert, weil sie nun nicht genug Wasser für ihre Blumen- und Gemüsebeete hatten. Darum schlossen sie sich mit den Ziegenhütern zusammen und vertrieben das riesige Kamel.
Von da an hatten wieder nur wenige in Tamud genug zu essen und zu trinken, während die meisten Bewohner Hunger und Durst litten.

8 Der Geist im Glas

Als ein Student durch den Wald wanderte, hörte er plötzlich eine dumpfe Stimme. Er folgte ihr und fand unter einer uralten Eiche eine Flasche. Darin hüpfte etwas von der Gestalt eines Frosches herum und schrie: „Laß mich heraus!"
Nichts Böses ahnend zog der Student den Pfropfen von der Flasche. Sogleich wand sich ein Geist heraus, wurde immer größer und nahm in wenigen Augenblicken die Gestalt eines riesigen Kerles an. „He, du!" rief er mit fürchterlicher Stimme, „als Lohn für meine Befreiung werde ich dich umbringen!" — „Nur langsam!" antwortete der Student ohne Angst. „Zuerst mußt du mir beweisen, daß du wirklich der Geist aus der Flasche bist. Kriech also wieder hinein!"
„Nichts leichter als das!" rief der Kerl und tat es. Jetzt aber war er in der Hand des Studenten!
Schließlich einigten sie sich auf folgendes:
Der Student ließ den Geist frei und erhielt dafür einen Zauberlappen, so groß wie ein Pflaster. „Damit kann man jede Wunde heilen und Metall in Gold verwandeln!" erklärte der Geist aus dem Glas. So wurde der Student mit Hilfe des Lappens ein berühmter und reicher Arzt.

Juli

9 Die Geschichte eines Bildes und einer Distel

Bei so vielen herrlichen Blumen im Garten schenkte man der Distel keinerlei Beachtung. Eines Tages wurde im Herrenhaus ein Fest gegeben, und alle Mädchen waren aufgefordert, den jungen Männern ihrer Wahl eine Blume zu schenken. Auch ein Fräulein aus Schottland war dabei, in dessen Landeswappen Disteln sind. So kam es, daß es eine lila Distelblüte brach und sie dem Hausherrn ins Knopfloch steckte. Darüber war die Distel im Garten sehr stolz.

Die Zeit verging, und die jungen Leute heirateten. Und wieder verging eine Zeit, und die Distel trug nur noch eine einzige Blüte. Als die junge Frau sie sah, erinnerte sie sie an jene Distelblüte, die am Anfang ihrer Liebe stand. Sie brach sie und schenkte sie ihrem Mann. Er nahm sie lächelnd, ging damit zu ihrem Hochzeitsbild und steckte sie ins Knopfloch des Anzugs.

Die Distel im Garten hatte das gesehen und sagte: „Nun habe ich meine Aufgabe als Mutter erfüllt. Mir bringt das Leben nichts mehr."

„Übertreib doch nicht!" lachte ein Sonnenstrahl. „Auch dir wird noch ein angemessener Platz zugewiesen!"

„Wo denn?" fragte die Distel. „In einer Vase? In einem Bild?"

„Nein, in einer Geschichte", lautete die Antwort.

10 Strohhalm, Kohle und Bohne

Eine Frau war gerade dabei, Suppe zu kochen, als ihr eine Bohne vom Tisch fiel und ausgerechnet neben einen Strohhalm zu liegen kam. Bald sprang auch noch eine glühende Kohle vom Herd hinzu. „Ich bin im letzten Augenblick dem Feuer entkommen, sonst wäre ich zu Asche verbrannt", seufzte die Kohle. „Auch ich wäre zusammen mit meinen Brüdern im Feuer ums Leben gekommen, wenn ich der Frau nicht zwischen den Fingern durchgeschlüpft wäre", erzählte der Strohhalm. Und die Bohne berichtete: „Mich hätte man im Suppentopf zu Tode gekocht, wenn ich nicht vom Tisch gefallen wäre."

Nun beschlossen die drei, in die Welt zu ziehen. Als sie an einen Bach kamen, schlug der Strohhalm vor: „Ich lege mich quer darüber, und ihr könnt mich als Brücke benützen!" Die hitzige Kohle trippelte als erste bis in die Mitte, blieb erschrocken stehen... und sogleich fing der Strohhalm Feuer und fiel ins Wasser. Die Kohle stürzte zischend nach. Die Bohne hatte alles vom Ufer aus mit angesehen und mußte so lachen, daß sie platzte. Fast wäre es um sie geschehen! Doch ein mitleidiger Schneider nähte sie zusammen. Und so haben seit der Zeit alle Bohnen eine dunkle Naht!

Juli

11 Die Gänse als Wächter

Im antiken Rom sprach es sich herum, daß die barbarischen Gallier das halbe Römerreich erobert hätten und nun auf Rom zumarschierten. Aber niemand glaubte es! Deshalb war es für das feindliche Heer ein leichtes, Rom zu besetzen. Er gelang aber einigen tapferen Soldaten, das Kapitol zu halten, weil es auf einer sicheren Anhöhe stand. Sie waren bereit, es bis zur Ankunft von Konsul Camillo zu verteidigen, besonders weil sich hier alle Schätze der Stadt befanden. Die Gallier hatten versucht, die steilen Felswände zu ersteigen, aber sie wurden zurückgeschlagen. Darum belagerten sie das Kapitol und suchten nach einer Möglichkeit, die kleine, wichtige Festung einzunehmen. Endlich fanden sie einen gangbaren Pfad und beschlossen für die Nacht einen Überraschungsangriff. Es war so dunkel, daß die Wachen auf dem Kapitol die Herannahenden nicht bemerkten. Doch plötzlich machten die Gänse, die hier waren, um den Göttern geopfert zu werden, ein solches Geschrei, daß die Wachen zu ihren Waffen griffen und den Angriff zurückschlugen. Bald danach befreite Konsul Camillo die Stadt. Die Gänse aber wurden als Retter Roms gefeiert und nie wieder den Göttern geopfert.

12 Der Zwerg und die kleine Schildkröte

Der Zwerg war der schnellste Läufer weit und breit und hieß zu Recht Pfeil. Jeder im Zwergenreich wollte nur durch ihn seine Post befördern lassen. Er war beliebt, aber nicht glücklich. Denn sein größter Wunsch — einen Sohn zu haben — ging nicht in Erfüllung! Eines Tages gab ein Zwerg Pfeil ein Kistchen, das er zu einer Hexe bringen sollte. Kaum war er losgerannt, hörte er ein feines Stimmchen: „Laß mich heraus, ich bin ein verzauberter Prinz!" Aber Pfeil konnte ihn nicht befreien: Er kannte das Zauberwort nicht.

Und so brachte er das Kistchen zur Hexe. Mit einer Quittung kehrte er dann zum Zwerg zurück. Der war aber sehr böse, weil Pfeil es gewagt hatte, mit dem kleinen Prinzen zu sprechen. Trotzdem tat er so, als ob nichts geschehen wäre, und schenkte Pfeil ein Taubenei. „Laß es ausbrüten, dann hast du endlich den langersehnten Sohn!" sagte er.
Pfeil bedankte sich vielmals und überredete eine Taube, das Ei auszubrüten. „Endlich werde ich einen Sohn haben!" freute er sich. Doch welche Enttäuschung, als es eine kleine Schildkröte wurde! Dennoch behandelte Pfeil sie wie sein eigenes Kind und liebte sie.

Die Schildkröte war entgegen jeder Erwartung ein so schneller Läufer, daß sie jede Entfernung in ein paar Minuten zurücklegte. Leute aus aller Welt stellten sich ein, um die Wunderschildkröte zu bestaunen.
Und dann kam eines Tages ein reich gekleideter Herr und schlug gleich, zu Pfeils größtem Entsetzen, mit dem Hammer auf die Schildkröte los. Der Panzer zersprang, und ein Zwergenkind stand vor Pfeil.
Der Reiche war aber niemand anders als der verzauberte Prinz! Da er nun vom Zauber erlöst war, wollte er Pfeils größten Wunsch erfüllen. Endlich hatte der Zwerg einen Sohn! So waren alle glücklich und froh.

Juli

13 Der Fleischer und die Diebe

Zwei Diebe betraten einen Fleischerladen. Während einer bedient wurde, stahl der andere Wurst und schob sie dann seinem Kumpel zu. Der Fleischer bemerkte es sofort und schrie: „Ihr habt Wurst gestohlen!" Der eine, der die Wurst gerade bei sich hatte, schwor lautstark, sie nicht gestohlen zu haben. Der andere schwor, keine Wurst zu haben. Beide sagten die Wahrheit. Aber der Fleischer durchschaute sie und ging mit dem Stock auf beide los. „Jetzt treffe ich bestimmt die Richtigen!" rief er. „Den Dieb und den, der die Wurst jetzt hat!"

14 Die Hochzeit der Frau Füchsin

Als der alte Herr Fuchs gestorben war, kam der Wolf als Freier ins Haus der Frau Füchsin. Die Katze, die hier als Magd diente, öffnete ihm die Tür. „Ist die Frau Füchsin nicht zu Haus?" fragte er. „Doch, sie ist oben in ihrer Kammer." — „Sag ihr, ich möchte sie heiraten." Die Katze ging zur Füchsin, und die fragte gleich: „Hat der Herr rote Hosen an, und hat er ein spitzes Mäulchen?"
„Nein", antwortete die Katze.
„So will ich ihn nicht sehen!"
Nach dem Wolf stellten sich noch viele andere Tiere ein, unter anderen ein Hund, ein Hase, ein Hirsch, ein Bär und sogar ein Löwe.
Aber keiner davon war so, wie ihn die Füchsin haben wollte. Deshalb wurden sie nacheinander weggeschickt. Endlich kam ein junger Fuchs. „Hat der Herr rote Hosen an, und hat er ein spitzes Mäulchen?" fragte die Füchsin wieder. Und diesmal antwortete die Katze: „Ja, Herrin!"
„Dann kann er heraufkommen", sagte die Füchsin, „und du bereite das Hochzeitsessen vor!"
Keines der Tiere aus dem Wald war zur Hochzeit der Füchsin mit dem jungen Fuchs eingeladen worden, aber es wurde bis zum Morgengrauen bei Wein und Kuchen gefeiert.

15 Der eingebildete Sportler

Es war einmal ein Sportler. Er war nur mittelmäßig, aber großmäulig und eingebildet. Darum wurde er von seinen Landsleuten oft ausgelacht und verspottet. Eines Tages zog er in die Welt, um sein Glück zu versuchen. Als er wieder zurückkehrte, wurde er nicht müde, über seine großen Erfolge zu erzählen. „In London", sagte er, „bin ich zehn Meter weit gesprungen. Und wenn ihr es nicht glaubt, so fragt doch solche, die dabeiwaren!"
„Nicht nötig", sagte jemand, „stell dir vor, du wärst in London. Spring auch vor uns so weit!"

Juli

16 Der Hund, der Hahn und der Fuchs

Ein Hund und ein Hahn trafen sich auf der Wanderschaft und beschlossen, zusammen weiterzuziehen. Als es Abend wurde, flog der Hahn auf einen Baum, und der Hund legte sich darunter schlafen. Im Morgengrauen krähte der Hahn, wie er es zu tun pflegte. Das hörte ein Fuchs und rief ihm zu: „Was für eine Stimme! Steig herunter, daß ich dich beglückwünsche!" — „Das kann ich leider nicht!" sagte der Hahn. „Der Pförtner schläft noch!" — „Den will ich gleich wecken!" Doch da sprang der Hund bellend auf, und der Fuchs floh.

17 Der Schneider im Himmel

Bevor der Herr mit allen Engeln und Heiligen in den Garten ging, sagte er dem Heiligen Petrus: „Laß inzwischen niemanden in den Himmel!" Kaum stand Petrus am Himmelstor, rief jemand und bat um Einlaß. „Ich darf niemanden hereinlassen", antwortete Petrus, „und dich schon gar nicht!" Denn er wußte, daß der Schneider seine Kunden nach Strich und Faden betrogen hatte! Aber dieser bat und bettelte so lange, bis ihn Petrus aus Mitleid hineinließ. „Setz dich da hinter die Tür und verhalte dich still!" ermahnte er ihn.
Doch bald schon machte sich der Schneider auf, um alle Winkel im Himmel zu durchstöbern. Er kam an einen Ort mit vielen schönen Stühlen. Der goldene Sessel auf dem erhöhten Platz gefiel ihm besonders, und er setzte sich darauf. Es war aber der Sessel des Herrn! Von diesem aus konnte man alles sehen, was auf der Erde geschah. Als erstes fiel dem Schneider auf, daß eine Frau Wäsche stahl. Zornig ergriff er einen Fußschemel und warf damit nach ihr.
Da kam der Herr dazu und sagte: „Hätte ich jedesmal einen Stuhl nach dir geworfen, wenn du unehrlich gewesen bist, so müßten wir stehen. Verlaß sofort den Himmel!"

18 Die kluge Gretel und die Goldstücke

Gretels Dummheit war schon sprichwörtlich, und alle nannten sie spöttisch „die kluge Gretel".
Einmal sollte ihr Mann für ein paar Tage verreisen und überlegte sich, wie er die ersparten Goldstücke vor Gretel in Sicherheit bringen könnte, damit sie nichts anstellte. Schließlich vergrub er sie in einem Holzkistchen im Garten. Als ihn Gretel danach fragte, sagte er: „Ich habe Sonnenblumensamen vergraben."
Am nächsten Tag kamen Händler mit Töpferwaren ins Dorf. Gretel hätte auch gerne Töpfe gekauft, aber sie besaß kein Geld, um sie zu bezahlen. „Würden Sie vielleicht Töpfe für Sonnenblumensamen eintauschen?" fragte sie. „Warum nicht?" entgegnete ein Händler, der gleich gesehen hatte, daß es mit Gretels Klugheit nicht weit her war. „Zeig ihn uns!"
Gretel hatte keine Lust, selbst zu graben, und überließ die Arbeit deshalb den Händlern. Diese staunten nicht schlecht, als sie den „Samen" fanden. Dann rückten sie einige Töpfe heraus und machten sich schleunigst aus dem Staub. Als Gretels Mann nach Hause kam, rief sie: „Schau mal, was ich alles für deine paar Samenkörner eingetauscht habe!" und zeigte ihm stolz die Töpfe.

Juli

19 Die Schwestern und die Fee

Es war einmal eine Witwe, die zwei Töchter hatte. Die ältere war unfreundlich und hochmütig und wurde von der Mutter bevorzugt. Die jüngste war sanft und freundlich. Sie mußte alle Arbeiten im Haus verrichten und zweimal am Tag Wasser vom Brunnen herbeischleppen. Als sie eines Tages die Eimer am Brunnen füllte, trat eine arme, alte Frau zu ihr und bat sie um einen Trunk. „Gerne, Mütterchen", sagte das Mädchen freundlich und bot ihr Wasser an. Nachdem sie getrunken hatte, sagte die Alte: „Weil du so lieb zu mir warst, sollen bei jedem Wort, das du sprichst, Blumen, Perlen und Edelsteine aus deinem Mund kommen!" Es war eine Fee, und sie wollte sich davon überzeugen, ob das Mädchen freundlich war. Zu Hause rissen Mutter und Schwester die Augen auf. Nun mußte auch die Ältere gleich zum Brunnen gehen. Eine Edeldame bat sie um einen Schluck Wasser, doch sie sagte: „Ich bin doch nicht da, um Euch zu bedienen!" Sie konnte ja nicht wissen, daß es dieselbe Fee war, die sehen wollte, wie weit ihr Hochmut ging. „Bei jedem Wort, das du sprichst, soll eine Schlange oder eine Kröte aus deinem Mund kommen, als Strafe für deine lieblose, hochmütige Redeweise!" sagte die Fee und verschwand.

20 Der Sandmann und das Bild

Sobald Peter im Bett war, berührte der Sandmann Ole mit seinem Zauberstab das große Gemälde an der Wand. Da begannen die Vögel darauf zu singen, und die Baumzweige bewegten sich im Wind. Nun hob der Sandmann den kleinen Peter zu dem Rahmen empor und stellte seine Füße in das Gemälde. Da stand er im Gras unter den Tannenbäumen! Bald lief er zum Wasser und setzte sich in ein kleines Boot, das dort lag. Es war rot und weiß angestrichen, und die Segel glänzten wie Silber. Sechs Schwäne mit Goldkronen um den Hals und blauen Sternen auf dem Kopf zogen das Boot mit Peter.
Die herrlichsten Fische mit Schuppen wie Silber und Gold schwammen ihnen nach. Viele Vögel flogen hinterher, Mücken und Schmetterlinge tanzten mit, und alle hatten Peter eine Geschichte zu erzählen.
Die Fahrt führte an Schlössern von Glas und Marmor vorbei. Auf den Balkonen standen Prinzessinnen, und diese waren alle kleine Mädchen, die Peter gut kannte, weil er früher mit ihnen gespielt hatte. Sie warfen ihm Zuckerherzen und Bonbons zu.
Da erwachte Peter. Der Sandmann hatte ihn diese Nacht eine sonderbare Reise machen lassen!

Juli

21 Der Geizhals und der Dieb

Ein Mann war von der Angst besessen, daß ihn jemand bestehlen wollte. Kein Safe und keine Bank waren ihm sicher genug. So kam er eines Tages auf den Gedanken, es wie in früheren Zeiten zu machen: Sein Hab und Gut zu vergraben.
Der geizige Mann ging zu einem Goldschmied und tauschte sein ganzes Geld für einen großen Barren Gold ein.
Dann wählte er eine sichere Stelle, hob ein tiefes Loch aus, legte das Gold hinein und bedeckte alles mit Erde und Gras.
Tag für Tag ging der Geizige zu seinem Goldgrab. Es war, als hätte er hier sein Herz vergraben, so sehr hing er an seinem Gold! Er konnte an nichts anderes mehr denken.
Eines Tages mußte er dann zu seinem Entsetzen feststellen, daß die Grube geöffnet und sein Gold gestohlen worden war. Er weinte und trauerte, wie wenn er wirklich sein Herz verloren hätte.
„Wieso bist du so verzweifelt?" fragte ein Bekannter. „Nimm doch einfach einen Stein, vergrab ihn und rede dir ein, es wäre Gold. Was würde sich da durch ändern? Einfach nichts! Du hattest ja vorher auch keinerlei Nutzen von deinem Reichtum!"

22 Das hölzerne Pferd

Lange Jahre hatte das griechische Heer die Festung Troja belagert, aber es konnte die Tore und festen Mauern nicht stürmen.
Eines Morgens stellte die trojanische Wache überrascht fest, daß die Griechen über Nacht ihre Schiffe bestiegen hatten und nun schon weit draußen auf dem Meer waren.
Aus welchem Grund suchten sie fluchtartig das Weite? Und was hatte es mit dem riesigen hölzernen Pferd auf sich, das einsam auf dem Strand zurückgelassen worden war?
Einige Trojaner, besonders ihr Priester Laokoon, warnten davor, den Griechen zu trauen. Doch niemand wollte auf sie hören, ja, es wurde sogar beschlossen, das riesige Pferd auf Rädern in die Festung zu ziehen, um es den Göttern zu opfern. Als es über die erhöhte Torschwelle fuhr, kam ein metallischer Klang aus dem Pferdebauch, aber keiner der Anwesenden achtete darauf.
In der Nacht stiegen dann viele Krieger aus dem Pferd und öffneten den zurückgekehrten Griechen die Tore der Stadt.
So hatten sie mit einer List das erreicht, was ihnen im offenen Kampf jahrelang nicht geglückt war: die Festung Troja einzunehmen!

23 Henne Rotfeder

Die Henne hatte ein schönes rotes Federkleid, und der Name Rotfeder paßte zu ihr.
Einmal sah der Fuchs sie gutgelaunt über die Wiese spazieren. Das Wasser lief ihm im Mund zusammen, so daß er schnell nach Hause eilte und rief: „Frau, stell genügend Wasser auf, um ein Huhn zu kochen!"
Dann schlich er sich an Rotfeder an, packte sie blitzschnell, und bevor sie noch um Hilfe rufen konnte, steckte sie schon in einem Sack.
Eine Taube, die mit Rotfeder befreundet war, handelte auch schnell. Sie flatterte vor dem Fuchs auf dem Weg und tat so, als ob sie einen gebrochenen Flügel hätte. Sofort stellte der Fuchs den Sack ab und versuchte, sie zu fangen.
Als er weit genug entfernt war, schlüpfte Rotfeder aus dem Sack, steckte einen Stein hinein und lief davon. Die Taube sah, daß ihre Freundin gerettet war, und flog auf einen Baum. Zuerst schaute der Fuchs dumm drein, dann lief er eiligst zu seinem Sack zurück.
Zu Hause angekommen, leerte er ihn sogleich in den Topf mit siedendem Wasser. Das spritzte nach allen Seiten, als der schwere Stein hineinfiel, und verbrühte den Fuchs.

Juli

24 Die Grille und die Ameisen

An einem kalten Wintertag klopfte die Grille bei den Ameisen an und sagte: „Gebt mir bitte etwas zu essen! Ich habe schrecklichen Hunger!"
Da fragte eine Ameise: „Was hast du denn im letzten Sommer gemacht? Hast du keine Vorräte angelegt?"
„Im Sommer habe ich nur gesungen", antwortete die Grille, „und mich über das schöne Wetter gefreut."
„Wenn du den ganzen Sommer über gesungen hast, so solltest du vielleicht im Winter tanzen", antworteten die Ameisen und ließen dann die Grille hungrig weiterziehen.

25 Der unwissende Prinz

Der Sohn eines indischen Großfürsten war kein sehr heller Kopf. Darum ließ ihn sein Vater von den besten Lehrern unterrichten. Es vergingen Jahre, bis der Prinz auf alle Fragen antworten konnte. Der Großfürst rief einen weisen Mann, damit er ihn prüfe.
„Alles, was Euer Sohn weiß, bezieht sich auf die Vergangenheit", stellte dieser fest. „Ein gelehrter Mann muß aber auch die Zukunft kennen."
Nun wurde jemand an den Hof gerufen, der weissagen konnte. Auch er vermittelte dem Prinzen sein Wissen. Nach Abschluß des Unterrichts prüfte der gleiche weise Mann den Prinzen wieder.
Er nahm etwas in die Hand, zeigte es dem Großfürsten und dem Hof und forderte dann den Prinzen auf, den Gegenstand zu erraten.
„Es ist fest und weiß", sagte der Prinz. Dann konzentrierte er sich weiter und fügte hinzu: „Es hat ein Loch in der Mitte... ein Mühlstein!"
Alle lachten laut los, denn das Ding war wirklich fest, weiß und durchlöchert, aber es war eine Perle, kein Mühlstein!
„Echte Weisheit", sagte der weise Mann, „besteht nicht darin, alles zu wissen, sondern das, was man weiß, auch richtig anzuwenden."

26 Der zerstreute Sterngucker

Ein Mann beobachtete jede Nacht den Sternenhimmel. Eines Nachts vergaß er dabei, auf seinen Weg zu achten, und stürzte in einen Abgrund. Zum Glück hatte er sich keine schweren Verletzungen zugezogen.
Auf seine Hilferufe kam jemand herbei und sagte: „Wie willst du so weit oben etwas entdecken, wenn du nicht einmal imstande bist, den Weg unter deinen Füßen zu sehen?"
Vielen müßte man sagen: Beachte erst, was in nächster Nähe vor sich geht, bevor du nach den Sternen guckst!

Juli

27 Der Fuchs und der Affe

Die Tiere versammelten sich auf de[r] großen Waldlichtung und wählte[n] den Affen zum König, weil alle sein[e] Späße so lustig fanden. Der Fuch[s] war verärgert und wartete auf ein[e] Gelegenheit, um sich zu rächen.
Eines Tages entdeckte er in einer Fall[e] ein Stück Fleisch, das als Köder dien[-]te. Sofort holte er den Affen und bo[t] ihm das Fleisch als Geschenk an. Wi[e] erwartet fiel der Affe in die Falle. Nu[r] spottete der Fuchs: „Du bist s[o] dumm, daß du nicht einmal für dic[h] selbst sorgen kannst. Und dann wills[t] du unser König sein?"

28 Der Student und der Kobold

Eines Abends trat ein armer Student in einen Laden und verlangte Brot und Kerzen. Doch er hatte nicht genug Geld für beides, und so entschied er sich für die Kerzen. Der alte Verkäufer riß aus einem Buch eine Seite heraus und wickelte die Kerzen darin ein. Doch der Student wickelte sie gleich wieder aus und las, was auf dem Blatt stand. Es war ein Gedicht. „Geben Sie mir doch auch das restliche Buch", bat er. Weil der Verkäufer Geld haben wollte, verzichtete der Student jetzt sogar auf die Kerzen und nahm das Buch. „Was ist das für ein Mensch, der dafür auf Brot und Kerzen verzichtete?" dachte der Kobold, der im Laden wohnte. „Ich will ihm folgen und sehen, was er mit dem Buch macht." Kaum war der Student in seinem ärmlichen Zimmer angekommen, drang ein wunderliches Licht durch den Türspalt. Der Kobold spähte neugierig ins Zimmer. Der Student saß da und las in dem mitgebrachten Buch. Daraus war ein herrlicher Baum emporgewachsen. Anstelle von Früchten hingen Sterne und liebliche Mädchenköpfe daran. Und diese verbreiteten das Licht! „Hier will ich bleiben", beschloß der Kobold, „auch wenn ich hungern und frieren werde!"

29 Die weiße und die schwarze Schlange

Während der Jagd traf König Salomon einmal zwei kämpfende Schlangen an. Die größere war weiß und glänzend, die andere schwarz und äußerst giftig.
Als die schwarze gerade zum Todesbiß ansetzen wollte, erschlug sie Salomon mit einem Stein.
Die gerettete Schlange verschwand sogleich im Gebüsch.
Und bald darauf stand – wie aus dem Boden gestampft – ein Riese vor König Salomon. Erschrocken blieb er stehen.
„Fürchte dich nicht! Ich bin die weiße Schlange, der du das Leben gerettet hast", erklärte der Riese. „Ich bin gekommen, um dich für deine Hilfe zu belohnen. Was wäre dir lieber: Viel Gold oder aber die Kraft, Kranke zu heilen?"
„Ich bin reich genug", antwortete König Salomon, „und die andere Gabe wäre etwas für einen Arzt."
„So, und was wünschst du dann?" fragte der Riese.
„Weisheit, nichts als Weisheit", war die Antwort.
„Die sollst du nun in Überfluß haben", versprach der Riese und verschwand sogleich. So kam es, daß König Salomon der weiseste Mann der Welt wurde.

Juli

30 Die drei Schweinchen und der böse Wolf

Drei Schweinchen wohnten in einem festen Ziegelhaus, in dem sie vor dem bösen Wolf sicher waren. Das wußte er und überlegte, wie er sie aus dem Haus herauslocken könnte.
Eines Tages ging er an ihre Tür und rief laut: „Schweinchen, die Rüben müssen geerntet werden. Kommt morgen früh aufs Feld, ich will euch dabei helfen!" Die Schweinchen waren viel schlauer als der Wolf und merkten gleich, was er vorhatte. Darum gingen sie schon in der Nacht aufs Feld. Als der Wolf am Morgen kam, war alles abgeerntet.
Jetzt machte er einen neuen Versuch und erzählte den Schweinchen von reifen Äpfeln. „Ich werde morgen früh um sieben auf euch warten."
Diesmal wollte der Wolf sich nicht hereinlegen lassen und war lange vor sieben da. Doch die Schweinchen saßen schon im Baum und hatten ihren Korb fast voll Äpfel.
Der Wolf dachte: „Ha, heute werden sie mir nicht entkommen!" Aber er freute sich zu früh.
„Die Äpfel hier sind wirklich sehr schmackhaft!" rief ein Schweinchen herunter. „Koste auch mal davon!"
Und schon flog dem Wolf ein Apfel an den Kopf, bald folgte ein zweiter, dann ein dritter... Die Schweinchen bombardierten den Wolf mit Äpfeln, bis er floh.

31 Alte und neue Freunde

Ein Schäfer brachte seine Schafe am Abend in den Stall zurück und stellte überrascht fest, daß die Herde ohne sein Zutun größer geworden war. Ein paar wilde Ziegen hatten sich den Schafen angeschlossen.
Es folgte ein Regentag, und die Schafe und Ziegen blieben im Stall. Als der Schäfer die Tiere fütterte, überlegte er, was zu tun sei.
„Ich werde den Ziegen mehr Futter geben als den Schafen. Vielleicht gefällt es ihnen dann so gut bei mir, daß sie die Herde nicht mehr verlassen möchten."
Wie ärgerlich war der Schäfer daher, als die Ziegen am nächsten Tag sofort das Weite suchten.
„Undankbares Vieh!" schrie er ihnen nach. „So dankt ihr mir, daß ich euch besser behandelt habe als meine eigenen Schafe!"
„Das ist es ja eben, darum gehen wir!" erklärte eine Ziege. „Du hast uns deinen alten Freunden, den Schafen, vorgezogen, obwohl du uns nicht kanntest. Wir fürchten, daß es uns auch so gehen wird, wenn neue Tiere hinzukommen."
Es ist besser, wenn man Menschen aus dem Weg geht, die ihre alten Freunde vergessen, sobald sie jemand anderen kennenlernen.

Juli

Inhaltsverzeichnis

Märchen des Monats: Das häßliche junge Entlein nach H. Ch. Andersen

1. Tischchen, deck dich!   nach den Brüdern Grimm
2. Die kluge Else und der Käse   nach den Brüdern Grimm
3. Die Katze und die Hennen   nach Äsop
4. Die Schöne und das Tier   nach M. P. Beaumont
5. Das gläserne Schloß   nach den Brüdern Grimm
6. Der Frosch und der Ochse   nach La Fontaine
7. Das freigebige Kamel   nach einem arabischen Märchen
8. Der Geist im Glas   nach den Brüdern Grimm
9. Die Geschichte eines Bildes und einer Distel   nach H. Ch. Andersen
10. Strohhalm, Kohle und Bohne   nach den Brüdern Grimm
11. Die Gänse als Wächter   nach einer römischen Sage
12. Der Zwerg und die kleine Schildkröte   nach L. Capuana
13. Der Fleischer und die Diebe   nach Äsop
14. Die Hochzeit der Frau Füchsin   nach den Brüdern Grimm
15. Der eingebildete Sportler   nach Äsop
16. Der Hund, der Hahn und der Fuchs   nach Äsop
17. Der Schneider im Himmel   nach den Brüdern Grimm
18. Die kluge Gretel und die Goldstücke   nach den Brüdern Grimm
19. Die Schwestern und die Fee   nach Ch. Perrault
20. Der Sandmann und das Bild   nach H. Ch. Andersen
21. Der Geizhals und der Dieb   nach Äsop
22. Das hölzerne Pferd   nach einer griechischen Sage
23. Henne Rotfeder   nach einem russischen Märchen
24. Die Grille und die Ameisen   nach Äsop
25. Der unwissende Prinz   nach einem Märchen aus Pakistan
26. Der zerstreute Sterngucker   nach Äsop
27. Der Fuchs und der Affe   nach Äsop
28. Der Student und der Kobold   nach H. Ch. Andersen
29. Die weiße und die schwarze Schlange   nach einem arabischen Märchen
30. Die drei Schweinchen und der böse Wolf   nach einem englischen Märchen
31. Alte und neue Freunde   nach Äsop

August

Märchen des Monats

Hans und die Zauberbohne

August

Eine Frau lebte mit ihrem Sohn Hans in großer Armut. Sie besaßen nichts weiter als eine Kuh, deren Milch sie auf dem Markt verkauften.

Eines Tages aber wurde die Kuh krank und gab keine Milch mehr. Da beschloß die arme Frau, sie auf dem Markt zu verkaufen, und schickte Hans damit fort. Aber natürlich wurde Hans die Kuh nicht los! Wer kauft schon eine kranke Kuh, die keine Milch mehr gibt!

Traurig machte sich Hans wieder auf den Heimweg. Unterwegs begegnete er einem alten Mann, und der fragte ihn: „Verkaufst du mir die Kuh? Ich gebe dir dafür eine Handvoll Bohnen. Es sind Zauberbohnen, die über Nacht bis in den Himmel hinauf wachsen!" Der Junge wußte nicht recht, was er davon halten sollte. Doch schließlich gab er dem Alten die Kuh und ging mit den Bohnen nach Hause. Wie schimpfte seine Mutter, als sie von dem Tauschgeschäft erfuhr! Wütend nahm sie ihm die Bohnen ab und warf sie zum Fenster hinaus. Da ging Hans traurig zu Bett. Am nächsten Morgen weckten ihn die Sonnenstrahlen. Aber merkwürdig, sie waren viel schwächer als sonst! Erstaunt schaute Hans aus dem Fenster. Davor wuchsen Bohnenpflanzen! So dick und so hoch, wie es noch keine gegeben hatte. Es waren also doch Zauberbohnen! In wenigen Stunden hatten sie gekeimt und waren zu riesigen Pflanzen gewachsen, deren Blätter und Stengel eine Art Leiter bildeten. „Ich werde hinaufklettern und nachsehen, ob sie bis in den Himmel reicht", meinte Hans.

Als er schon die Wolken hinter sich gelassen hatte, endete die Pflanze in einer Allee, die zu einem Schloß führte. Hans ging mutig darauf zu, denn er hatte Hunger und hoffte, dort etwas zu essen zu bekommen.

Eine Riesenfrau öffnete ihm die Tür. „Haben Sie etwas zu essen für mich?" fragte Hans. „Wenn du nicht machst, daß du fortkommst, wirst du selbst gegessen werden!" antwortete sie. „Gleich kehrt mein Mann zurück, und der ißt für sein Leben gern Menschenfleisch!"

Doch dann hatte die Riesenfrau Mitleid mit dem hungrigen Hans und lud ihn zum Essen ein. Plötzlich näherten sich schwere Schritte. „Schnell, versteck dich im Ofen! Denn wehe dir wenn er dich findet!" flüsterte sie. Der Riese kam herein und rief sofort „Hu, huuu! Ich rieche Menschenfleisch!" Um ihn abzulenken, sagte seine Frau schnell: „Du wirst die Suppe riechen, die ich für dich gekocht habe. Komm, setz dich her und iß!" Der Riese war beruhigt und ließ es sich schmecken. Danach holte er ein paar kleine Säckchen und zählte die darin enthaltenen Goldstücke, solange... bis er einschlief.

Rasch schlüpfte Hans aus dem Ofen

August

heraus, nahm ein Säckchen und kehrte nach Hause zurück. Von den Goldstücken konnte er mit der Mutter lange gut leben, doch eines Tages war das Säckchen leer. Da beschloß Hans, noch einmal zu den Riesen hinaufzuklettern.

Zum Glück erinnerte sich die Riesenfrau nicht an ihn, und alles spielte sich genauso ab wie beim ersten Mal. Als der Riese kam, versteckte sich Hans wieder im Ofen. Diesmal beobachtete er, wie der Riese eine Henne vor sich hinstellte, und hörte ihn befehlen: „Leg mir ein Ei, Henne!" Sofort legte die Henne ein Ei, aber ein goldenes!

„Die muß ich haben!" dachte Hans.

Und als der Riese und seine Frau schliefen, kam er aus seinem Versteck hervor, nahm die Henne und machte sich eiligst aus dem Staube.

Weil Hans und seine Mutter nun die Henne mit den goldenen Eiern hatten, fehlte es ihnen an nichts mehr. Dennoch sagte Hans eines Tages: „Ich will noch einmal ins Land der Riesen hinauf!" — „Tu's nicht!" warnte die Mutter, „sonst geschieht noch ein Unglück!" Aber Hans wollte nicht hören. Er kletterte wieder an der Riesenpflanze hoch. Diesmal zeigte er sich der Riesenfrau nicht, sondern versteckte sich sofort in einem Kessel, der über dem offenen Feuer hing.

Als der Riese nach Hause kam, fiel ihm gleich ein eigenartiger Geruch auf. „Hu, huuu! Ich rieche Menschenfleisch!" rief er und suchte überall, aber er fand Hans nicht. Dann aß er zu Abend und holte anschließend eine goldene Harfe hervor.

„Spiel!" befahl er dem Instrument. Da spielte die Harfe eine so süße Melodie, daß der Riese auf der Stelle einschlief.

Leise wie ein Mäuschen schlüpfte Hans aus dem Kessel, nahm die Harfe und rannte, so schnell er konnte, davon. Aber plötzlich fing die Harfe an zu schreien: „Hilfe, Hilfe, mein Herr! Man stiehlt mich!"

Der Riese wachte auf und folgte Hans mit mächtigen Schritten. Doch Hans hatte schon die Bohnenpflanze erreicht und kletterte flink daran hinunter. Der Riese folgte ihm immer noch. Hans rief: „Mutter, die Axt!" Und als er den Boden erreicht hatte, hieb er mit aller Kraft auf die Bohnenpflanze ein.

Der Riese fand gerade noch Zeit, sich an den Alleebäumen des Riesenlandes festzuhalten, sonst wäre er mitsamt der abgehackten Pflanze auf dem Boden aufgeschlagen und ums Leben gekommen.

Zunächst war Hans durch die Henne mit den goldenen Eiern reich geworden. Nun machte ihn die Zauberharfe durch ihre wunderschöne Melodie noch berühmter. Und so hielt er eines Tages um die Hand der Prinzessin an, heiratete sie und wurde glücklich.

August

1 Der Gärtner und der König

Einst lebte ein Mann, der seinen Garten über alles liebte. Er sah die Kohlköpfe und Tulpen zärtlich an, streichelte die Rosen und Artischocken, verwöhnte den Jasmin und die Tomaten. Die Blumen dankten es ihm durch einzigartige Schönheit und das Gemüse durch so großen Wohlgeschmack, daß er dafür im ganzen Königreich bekannt war.
Doch leider zog eines Tages ein Hase in den Garten ein und knabberte die Pflanzen an. Der Gärtner versuchte mit vielerlei Fallen, ihn zu fangen — vergebens. Schließlich wandte er sich verzweifelt an den König. Dieser versicherte: „Nie werde ich es zulassen, daß einem meiner Untertanen durch ein Tier Schaden zugefügt wird!"
Und schon am nächsten Tag kam er, um den Hasen zu jagen. Er brachte auch seine Soldaten und Höflinge mit. Sie ließen sich von dem Gärtner zunächst mit Hähnchen und Pasteten bewirten, danach erst begann die Jagd.
Der Hase war sehr schnell in die Flucht geschlagen. Aber zu welchem Preis! Nicht hundert Hasen hätten in tausend Jahren so großen Schaden in dem Garten anrichten können wie die Soldaten des Königs mit ihren Pferden!

2 Dummling und das Männchen

Ein Holzfäller und seine Frau hatten zwei Söhne. Den älteren hielten sie für klug und hatten ihn lieber als den anderen, den sie Dummling nannten. Eines Tages ging der ältere Sohn in den Wald, um Holz zu schlagen, und die Mutter gab ihm ein gutes Mittagessen mit. Als er sich hinsetzte, um zu essen, stand plötzlich ein altes, graues Männchen vor ihm und sprach: „Gib mir etwas von dem Kuchen und Wein ab!" Aber der Sohn sagte: „Verschwinde! Wenn ich dir etwas gebe, hab' ich ja selber nichts mehr!" und jagte das Männchen davon. Nach dem Essen nahm er die Axt und fing an, einen Baum zu fällen. Es dauerte nicht lange, da fuhr ihm die Axt ins Bein, und er mußte nach Hause gehen und sich verbinden lassen. Das hatte aber das alte, graue Männchen so gefügt.
Am nächsten Tag ging der Dummling in den Wald, um Holz zu schlagen. Ihm hatte die Mutter nur Brot und Wasser mitgegeben. Doch als das Männchen kam, teilte er es gern mit ihm. Da sagte das Männchen: „Man nennt dich zwar Dummling, aber du bist besser und klüger als andere. Weil du dein Essen mit mir geteilt hast, will ich es dir mit Gold danken." Und es hielt Wort.

3 Der Fuchs und die Gänse

Ein Fuchs tauchte inmitten einer Herde Gänse auf und erklärte: „Ich werde euch der Reihe nach fressen." Da nahm sich eine Gans ein Herz: „Laß uns bitte noch ein Gebet sprechen, damit wir in Frieden sterben können." Diese Bitte konnte der Fuchs nicht abschlagen. Und so begann die erste ihr Gebet: „Ga-ga!" Und weil sie gar nicht aufhören wollte, fing die zweite an: „Ga-ga!" Dann die dritte... Und wenn eine aufhörte, begann die andere wieder. Das war so laut, daß der Fuchs Kopfschmerzen bekam und auf die Gänse verzichtete.

August

4 Die vier Brüder und das Kamel

Vier Brüder waren ausgezeichnete Spurenleser. Eines Tages entdeckten sie im Sand die Fußabdrücke eines Kamels. Wenig später trafen sie einen Araber. Er fragte: „Habt ihr mein Kamel gesehen? Ich kann es nicht mehr finden. Jemand muß es mir gestohlen haben!" — „Ist es auf einem Auge blind, und hinkt es mit einem Bein?" fragte der erste Bruder. „Hat es keinen Schwanz mehr?" fragte der zweite. „Trägt es auf einer Seite einen Sack mit Körnern und auf der anderen ein Gefäß mit Honig?" wollte der dritte wissen.

„Ja, das ist es!" rief der Araber. „Wißt ihr, wer es gestohlen hat?"
„Nein", antwortete der vierte. „Wir haben es nicht einmal gesehen!"
Nun war der Araber überzeugt, daß die Brüder selbst sein Kamel gestohlen hatten, und brachte sie vor den Richter. „Sie müssen es gewesen sein", sagte er, „denn sie haben mein Kamel ganz genau beschrieben. Wie sonst hätten sie so viele Einzelheiten wissen können?" — „Das ist einfach zu erklären", begann der erste. „Das Kamel hat nur auf einer Seite des Pfades gegrast, also muß es einäugig sein. Außerdem war ein Fußabdruck tiefer als die drei anderen. Das bedeutet, daß es mit einem Bein hinkt."

„Und ich habe festgestellt", sagte der zweite, „daß sein Kot auf einem Haufen lag und nicht, wie sonst üblich, verstreut war. Daher habe ich angenommen, daß es keinen Schwanz mehr hat." — „Das wäre möglich", gab der Richter zu. „Doch wie konntet ihr erraten, womit es beladen war?" Nun sprach der dritte Bruder: „Auf einer Seite waren Getreidekörner zu Boden gefallen, und Ameisen waren dabei, sie fortzutragen. Auf der anderen Seite saßen Fliegen und saugten an Honigtropfen!" Das überzeugte den Richter. Er sprach die vier Brüder frei und nahm sie in seine Dienste. Denn sie würden ihm helfen können, den Kameldieb zu finden.

5 Eine Münze auf Reisen

Eine kleine Münze war im ganzen Land von Hand zu Hand gewandert. Und eines Tages gelangte sie sogar ins Ausland. Dort traf sie in der Geldbörse lauter interessante Gefährten: erst einen Franzosen, dann einen Spanier, danach einen, der sich Mark nannte, und schließlich einen englischen Schilling.
Der Münze gefiel ihr abwechslungsreiches Leben. Doch kaum war sie im Ausland, da sprach man plötzlich schlecht von ihr. „Die Münze ist falsch", sagte jemand. „Die ist nichts wert!" Das kränkte die Münze. Wie ungerecht die Leute waren! Sie sagten das ja nur, weil sie die Münze nicht kannten! Von diesem Augenblick an änderte sich ihr Leben: Niemand wollte sie mehr haben. Und wenn es jemandem gelang, sie einem anderen „anzudrehen", schämte sie sich, als hätte sie etwas Unrechtes getan.
Doch dann kam ein Tag, da wurde sie mit einem Freudenschrei begrüßt: „Oh, wie schön! Eine Münze aus meinem Geburtsland!"
Es war ein Auswanderer. Er behandelte sie liebevoll, denn für ihn bedeutete sie ein Stück Heimat. Sorgfältig bewahrte er sie auf, ja, er wickelte sie sogar in ein Stück Stoff, um sie nur nicht versehentlich auszugeben!

August

6 Die Mücke und der Stier

Eine Mücke setzte sich auf das Horn eines Stieres und blieb dort lange sitzen, ohne um Erlaubnis zu fragen. Erst als sie wegfliegen wollte, dachte sie an den geduldigen Gastgeber. „Sicher freut es dich zu hören, daß ich nicht länger störe. Ich fliege jetzt nämlich weiter."
„Ehrlich gesagt, ist mir das gleichgültig. Ich habe nicht gemerkt, wie du gekommen bist, und werde nicht merken, wenn du wegfliegst."
Ja, so ist es im Leben: Wir kommen uns selbst oft wichtiger vor als den anderen.

7 Carlo und Marco

Eines Tages traf Marco auf dem Fischmarkt seinen Freund Carlo. Dieser kaufte gerade Forellen und erklärte: „Sie sind für Bruno. Er erwartet heute abend Gäste und hat mich gebeten, Forellen fürs Essen zu besorgen. Hättest du nicht Lust, auch zu kommen?" Das ließ sich Marco nicht zweimal sagen. Doch als er am Abend kam, stand auf dem Tisch nur Reis. Da wußte er, daß Carlo ihn hereingelegt hatte. „Na warte", dachte er wütend.
Am nächsten Morgen schickte er einen Jungen zu dem Weinhändler Filippo. Dieser war bekannt dafür, daß er leicht in Wut geriet. „Richte ihm aus, daß Carlo die Flasche mit Wein gefüllt haben möchte und nicht mit dem üblichen Sauerampfer!" sagte Marco zu dem Jungen.
Als der Weinhändler das hörte, war er außer sich vor Zorn. Er rannte sofort zu Carlo und verprügelte diesen so lange, bis ihm die Hände weh taten. Der arme Carlo verstand die Welt nicht mehr!
Doch als er noch am selben Tag mit schmerzenden Gliedern und leicht humpelnd durch die Stadt ging, traf er Marco. Und dieser fragte spöttisch: „Na, Carlo, was war nun besser, Brunos Forellen oder Filippos Wein?"

8 Das Pferd und der Wolf

Ein Pferd weidete auf der Wiese. Plötzlich sah es den Wolf kommen und bekam Angst. Es begann zu hinken. Der Wolf aber dachte: „Das Pferd ist stark, ich kann es nur durch List überwältigen!" Dann fragte er: „Wieso hinkst du?" — „Ich habe mir einen Dorn in den Fuß getreten", antwortete das Pferd. „Er schmerzt mich." — „Da hast du Glück", sagte der Wolf. „Ich habe Medizin studiert und kann ihn herausoperieren." Er bückte sich nach dem Huf... da schlug das Pferd kräftig aus, und der Wolf flog im hohen Bogen davon!

August

9 Dummling und die Königstochter

Dummling war durch das Gold eines alten, grauen Männchens reich geworden. Nun hielt er um die Hand der Königstochter an. Der König war empört: Seine Tochter konnte doch nicht den Sohn eines einfachen Holzfällers heiraten! Aber weil Dummling behauptete, mächtige Freunde zu haben, wollte der König die Bitte nicht offen abschlagen. Er stellte deshalb drei Bedingungen, die ihm unerfüllbar schienen: „Ich gebe dir meine Tochter zur Frau, wenn du meinen Weinkeller bis morgen früh austrinken kannst."

Da bat Dummling das alte, graue Männchen um Hilfe, und dieses trank den Wein bis auf den letzten Tropfen. Die zweite Bedingung lautete: „Du bekommst meine Tochter, wenn du einen ganzen Berg Brot über Nacht aufessen kannst."

Dafür ließ der König aus dem Mehl des ganzen Reiches Brot backen... doch am nächsten Morgen war alles aufgegessen. Jetzt stellte der König die dritte Bedingung: „Ich erlaube dir, meine Tochter zu heiraten, wenn du ein Schiff baust, das sowohl an Land als auch auf dem Wasser fährt." Da baute das alte, graue Männchen Räder unter ein Segelschiff, und Dummling brachte es dem König.

Jetzt endlich bekam Dummling die Königstochter zur Frau!

10 Die drei Glückskinder

Ein Vater rief seine drei Söhne zu sich und sprach: „Ich muß bald sterben und hinterlasse euch alles, was ich besitze: den Hahn, die Sense und die Katze. Ich weiß, es ist nicht viel wert. Doch wenn ihr in ein Land geht, wo dergleichen noch unbekannt ist, so habt ihr euer Glück gemacht."

Nach dem Tod des Vaters zog der Älteste mit dem Hahn los. Aber wo er auch hinkam, war dieser schon bekannt. Erst auf einer Insel hatte er Glück! Der Weckruf des Hahnes begeisterte die Leute, und sie kauften ihn für so viel Gold, wie ein Esel tragen kann. Nun ging der zweite mit der Sense in die Welt hinaus und kam schließlich auf eine Insel, wo die Leute das Getreide mit Kanonen heruntershossen. Das machte einen Höllenlärm und war nicht sehr praktisch. Die Sense gefiel ihnen so gut, daß sie sie ihm für so viel Gold abkauften, wie ein Pferd tragen kann.

Der dritte kam mit der Katze in ein Land, das von Mäusen geplagt wurde. Als die Leute sahen, wie die Katze die Mäuse fing, kauften sie das Tier für so viel Gold, wie ein Maultier tragen kann.

So hatten die drei Brüder mit ihrem Erbe ihr Glück gemacht und lebten glücklich bis an ihr Lebensende.

August

11 Die Sonne und die Kinder

Früher war die Sonne eine Frau und lebte auf der Erde. Das Licht kam aus ihren Achselhöhlen, so daß es dunkel und kalt wurde, sobald sie die Arme senkte. Leider wurde die Sonne mit der Zeit zu faul, die Arme zu heben. Ja, sie stand nicht einmal mehr auf! Daher gab es nur rund um ihre Hütte etwas Licht und Wärme. Das Getreide aber, das die Männer anbauten, verfaulte, und die Jäger konnten in der Dunkelheit das Wild nicht sehen und kehrten mit leeren Händen zurück.
So durfte es nicht weitergehen! Darum beschlossen die Frauen eines afrikanischen Stammes, etwas dagegen zu unternehmen. Weil sie selbst aber zu sehr beschäftigt waren, beauftragten sie die Kinder damit.
Diese liefen zur Hütte der Sonne. Und während sie schlief, banden ihr die Kinder Arme und Beine zusammen, holten Schwung und schleuderten sie dann in die Luft. Die Sonne sauste mit solcher Geschwindigkeit in die Höhe, daß sie ihre menschliche Gestalt verlor und rund wurde. Seitdem steht sie am Himmel und gibt Licht und Wärme, mal der einen Seite der Erde, mal der anderen. Aber sie wagt es nicht, wieder auf die Erde herunterzukommen. Sie hat zu große Angst vor den Kindern!

12 Die Nachtigall

Im alten China gab es viel Schönes zu bewundern, aber alle Besucher des Landes waren sich einig: Das Allerschönste war der Gesang der Nachtigall, die im kaiserlichen Garten lebte. Eines Tages erfuhr auch der Kaiser davon und befahl: „Bringt mich zu dieser Nachtigall! Sie soll mir vorsingen!" Der kleine graue Vogel sang so schön, daß dem Kaiser die Tränen kamen. Da war die Nachtigall sehr glücklich, denn es war für sie die größte Belohnung, wenn ihr Gesang das Herz eines Menschen rührte.
Jeden Tag sang sie nun für den Kaiser, bis er dann eine künstliche Nachtigall geschenkt bekam, die mit Edelsteinen besetzt war. Wenn man sie aufzog, konnte sie eines der Liedchen der wirklichen Nachtigall singen. Und außerdem hatte sie den Vorteil, daß sie nicht davonflog. Alle am Kaiserhof liebten den schönen Kunstvogel sehr, und die echte Nachtigall wurde aus dem Garten verbannt. Nach einiger Zeit allerdings machte es in dem Kunstvogel „Schwupp!" und „Schnurr!" — dann schwieg die Musik still. Dem Uhrmacher gelang es, den Vogel wieder einigermaßen instand zu setzen, aber von da an durfte er nur noch einmal im Jahr singen. Jahre später wurde der Kaiser so krank, daß es hieß, er würde sterben. Während die Erben schon um den Thron stritten, lag er bleich in seinem großen Bett beim offenen Fenster. Als es Nacht wurde, begann dicht davor auf einmal die Nachtigall zu singen. Da ging es dem Kaiser sofort besser, und er fragte: „Wie soll ich dir nur danken, kleiner Vogel?"
„Du hast mich schon belohnt", antwortete die Nachtigall. „Als ich das erste Mal vor dir sang, habe ich Tränen in deinen Augen gesehen. Das vergesse ich nie, denn es hat mich sehr glücklich gemacht." Noch lange sang sie in dieser Nacht für den Kaiser, und am nächsten Morgen trat er gesund vor seine Erben.

August

13 Der Hase und der Fuchs

„Warum siehst du mich so an?" fragte der Fuchs den Hasen. „Ich überlege gerade, ob du wirklich so listig bist oder ob du nur die Dummheit der anderen ausnutzt." — „Das ist eine interessante Frage", meinte der Fuchs. „Komm doch morgen zu mir zum Mittagessen. So können wir in Ruhe darüber sprechen." Als der Hase zum Fuchs kam, war der Tisch bereits gedeckt. Aber dem Hasen fiel auf, daß gar nichts zu essen darauf stand. Da machte er, daß er fortkam…
Es ist nicht schwer zu erraten, was der Fuchs zu Mittag essen wollte!

14 Der Jüngling und der Goldberg

Ein Jüngling nahm eine Stelle an und fuhr mit seinem Herrn zu einer fernen Insel. Dort gab es einen hohen Berg, der ganz voll Gold war. „Steig auf den Gipfel, grab nach Gold und wirf es zu mir herunter!" befahl der Herr. „Aber wie soll ich hinaufkommen?" „Trink diesen Zaubertrank", antwortete der Herr. „Davon wirst du federleicht und kannst hinauffliegen."
In Wirklichkeit aber war es ein Schlaftrunk. Sobald der Jüngling eingeschlafen war, wickelte ihn sein Herr in eine Kuhhaut und entfernte sich dann. Schon bald kamen die Möwen, packten die Kuhhaut und flogen damit auf den Gipfel des Goldberges. Als der Jüngling aufwachte, schlüpfte er aus der Haut heraus und verjagte die Möwen. Dann begann er zu graben und warf das Gold zu seinem Herrn hinunter, der es in Körbe sammelte. „Wie soll ich wieder hinunter?" fragte der Jüngling am Abend. Da lachte sein Herr: „Gar nicht! Du bleibst dort und gräbst, bis du tot bist." Aber der Goldberg wollte nicht länger bestohlen werden. Und weil es ein Vulkan war, brach er aus. Erst schleuderte er den Jüngling in seine Heimat zurück. Dann erfaßte die Lavaflut den Herrn und verwandelte ihn in ein goldenes Standbild.

15 Der Hahn, die Katze und die Maus

Eine ganz junge Maus machte einen Ausflug. Unterwegs traf sie einen Hahn und erschrak: welch großer Schnabel, was für Federn und welch roter Kamm! Schnell lief die Maus davon. Bald darauf traf sie eine Katze. „Wie elegant sie ist", dachte die Maus, „wie weich ihr Fell ist, und wie lieb sie schaut!" Zu Hause erzählte sie der Mutter, was sie erlebt hatte. „Dummerchen!" rief die Mutter. „Urteile nie nach dem Äußeren! Das ‚schreckliche' Tier war ein harmloser Hahn. Das andere aber war unser schlimmster Feind, die Katze!"

August

16 Die Eule und die Möwe

Eine Eule und eine Möwe wollten zusammen ein Geschäft eröffnen. Die Eule lieh sich das nötige Geld, die Möwe gab einen Edelstein in die gemeinsame Kasse. Dann schifften sich beide ein, um in einem fernen Land das Geschäft zu beginnen. Doch unterwegs sank das Schiff. Eule und Möwe konnten ihr Leben retten, verloren aber ihren Besitz. Seitdem fliegt die Eule aus Angst vor ihren Gläubigern nur noch nachts aus, und die Möwe hält sich dicht über dem Meer auf, weil sie hofft, daß es ihr eines Tages den Edelstein wieder herausgibt.

17 Die Geschichte von Hima

In Japan lebten einmal zwei alte Eheleute, deren einziger Kummer es war, daß sie keine Kinder hatten. Eines Abends wurden sie von einem Bambusrohr angelockt, das wie eine Lampe leuchtete. Sie schnitten das Rohr ab und fanden darin ein winziges Mädchen. Überglücklich nahmen es die alten Leute mit nach Hause. Sie behielten es und nannten es Hima. Hima wuchs heran und wurde so schön, daß viele Adlige um ihre Hand anhielten. Ja, eines Tages kam sogar der Kaiser und bat sie, seine Frau zu werden. Wie zuvor alle anderen Freier, so wies Hima auch ihn ab. Doch weil sie den Kaiser nicht beleidigen wollte, erzählte sie ihm ihr Geheimnis: „Ich bin die Prinzessin der Mond-Nymphen. In der nächsten Vollmondnacht kommen meine Untertanen und holen mich in mein Reich zurück." Das wollte der Kaiser auf keinen Fall zulassen, und deshalb mußten all seine Soldaten in jener Nacht Himas Haus umstellen. Aber vergebens! Auf einem Pfad aus Mondstrahlen kam ein Zug von Zaubergestalten. Und als die Soldaten sie ansahen, konnten sie sich nicht mehr rühren. Nun stieg Hima wieder zum Himmel hinauf, und die alten Leute, die sie so liebten, nahm sie mit.

18 Der Sohn des Holzfällers

Ein König reiste durch sein Reich und hörte von dem Sohn eines Holzfällers, der ein richtiges Glückskind sein sollte. Was der junge Mann anpackte, gelang ihm, und es war ihm sogar prophezeit worden, daß er die Königstochter heiraten werde.
Das wollte der König auf jeden Fall verhindern und heckte deshalb einen Plan aus. Er ließ den Holzfällersohn zu sich kommen und gab ihm einen eiligen Brief für die Königin. Der junge Mann lief, so schnell er konnte. Und als es Nacht wurde, suchte er eine Herberge auf. Ein alter Mann öffnete ihm die Tür und fragte: „Bist du ganz sicher, daß du hier übernachten willst? Hier wohnen nämlich Räuber!" Aber der junge Mann hatte keine Angst. Kaum war er eingeschlafen, durchsuchte der Räuberhauptmann seine Taschen nach etwas Wertvollem. Aber er fand nur den Brief an die Königin. Er öffnete ihn und las: „Der Überbringer dieses Briefes soll sofort umgebracht werden. Erklärung folgt später." Darüber war der Räuber so entrüstet, daß er die Schrift des Königs nachahmte und schrieb: „Der Überbringer dieses Briefes soll sofort die Königstochter heiraten." So war die Prophezeiung doch in Erfüllung gegangen.

August

19 Der Krieg der Tiere

Eines Tages stritten der Bär und der Buntspecht so heftig miteinander, daß sie sich schließlich den Krieg erklärten. Nun schlossen sich alle vierfüßigen Tiere dem Bären an, alle fliegenden stellten sich auf die Seite des Buntspechts.

Die Fliege wurde als Spion in das feindliche Lager gesandt und hörte, wie der Anführer der vierfüßigen Tiere die Befehle für den nächsten Tag erteilte: „Mein buschiger, roter Schwanz ist von weitem leicht zu erkennen. Also werde ich euch damit Zeichen geben. Halte ich ihn hoch, so heißt das, alles klappt. Dann müßt ihr weiterhin vorrücken. Halte ich ihn aber nach unten, dann sind wir besiegt oder vom Feind umringt, und ihr müßt den Rückzug antreten." Am nächsten Tag griffen die vierfüßigen Tiere an. Die Erde zitterte unter ihren Füßen wie bei einem Erdbeben. Der Anführer der fliegenden Tiere wußte von der Fliege, was die Haltung des Fuchsschwanzes bedeutete, und er sandte eine Hornisse aus. Die stach den Fuchs so arg, daß er den Schwanz nicht lange hoch halten konnte und, ohne es zu wollen, das Zeichen für den Rückzug gab. So verhalfen Fliege und Hornisse den fliegenden Tieren zum Sieg.

20 Die Schweinehirtin

Ein junger Mann kam zum Königshof und hielt um die Hand der hochmütigen Prinzessin an. Lange sprach der König mit dem Fremden, und schließlich willigte er in die Heirat ein. Der Prinzessin gefiel ihr Verlobter, doch als sie erfuhr, daß er weder König noch Prinz war, weigerte sie sich, ihn zu heiraten. Da drohte der König, sie zu enterben, und die Hochzeit fand statt. Danach fuhr die Prinzessin mit ihrem Mann zu seinem Haus. Die Kutsche hielt genau vor einem Schweinestall. „Hier sind wir zu Hause", sagte der Mann. „Verzeih mir, wenn ich dir nicht früher erzählt habe, daß ich ein Schweinehirt bin. Von nun an kannst du mir bei der Arbeit helfen." Da weinte die Prinzessin, aber das half auch nichts.

Und mit der Zeit gewöhnte sie sich sogar an ihre schmutzige, ermüdende Arbeit. Weil sie außerdem ihren Mann mehr und mehr liebte, gefiel ihr das Leben recht gut. Eines Tages ging der Schweinehirt fort. Bald darauf kam ein Bote und holte die Prinzessin. Er brachte sie in ein prächtiges Schloß. Wie staunte die Prinzessin! Der König war niemand anders als ihr Mann. Er bat sie, sich neben ihn auf den Thron zu setzen, denn jetzt war sie von ihrem Hochmut geheilt und es wert, Königin zu sein.

August

21 Der Hase und der Iltis

Im Zauberwald von Narusunumi hätten alle ein glückliches Leben führen können, wenn der Iltis nicht immer wieder böse Streiche gespielt hätte. Eines Tages beschloß der Hase, ihm eine Lehre zu erteilen. Er nahm zwei Tragekörbe, einen großen und einen kleinen, füllte den großen mit Pech und ging zum Iltis.
„Wollen wir zusammen Edelsteine sammeln gehen?" fragte er. „Gern", sagte der Iltis. Und wie es der Hase erwartet hatte, wählte er den großen Korb. Der klebte aber durch das Pech so fest, daß der Iltis sich beim Abnehmen des Korbes ganze Hautfetze herunterriß. „Komm, ich streiche d[ir] eine Salbe auf die Wunden!" bot de[r] Hase an. Es war aber die Salbe, die d[er] Iltis immer bei seinen Scherzen ve[r]wendete. Sie enthielt Zitronensa[ft] und viel Pfeffer. Oh, wie das brannt[e]! Der Iltis wollte so schnell wie mögli[ch] in seinen Bau zurück. Doch erst muß[]te er noch den Fluß überqueren. A[m] Ufer lagen zwei Boote, ein kleine[s] schäbiges und ein großes, mit Ede[l]steinen besetztes. Natürlich wählt[e] der Iltis das wertvolle Boot. Aber de[r] Hase hatte es aus Schlamm gemach[t]. Im Wasser löste es sich sofort auf, un[d] der Iltis wurde pitschnaß. Da nahm e[r] sich vor, andere nicht mehr zu ärger[n].

22 Die Katze und die alte Ratte

Eine schwarze Katze kam einmal in einen Speicher, in dem es von Ratten wimmelte. „Ein traumhafter Platz!" dachte die Katze. „Ich werde mich tot stellen." Sie streckte sich auf dem Boden aus und wurde bald von ein paar jungen Ratten entdeckt. „Oh, eine Katze!" riefen sie. „Aber die tut uns nichts! Die ist ja tot!" Darauf sagte eine alte, erfahrene Ratte: „Wißt ihr nicht, daß eine Katze neun Leben hat?" Sie kletterte auf eine Tonne und kippte einen Sack Mehl auf die Katze. Da bewegte sich der Mehlberg... und hervor kam eine weiße Katze!

23 Die Alte und der Iltis

Im Zauberwald von Narusunumi lebte ein altes Ehepaar. Beide waren so alt, daß sie nicht mehr in die Stadt zum Einkaufen gehen konnten. Doch die Tiere, die in ihrer Nähe wohnten, halfen ihnen und sorgten für sie. Die Biber brachten Holz, die Eichhörnchen Nüsse, die Vögel Blumen. Die Bienen versorgten sie mit Honig, die Hasen mit Obst und die Ziege mit Milch. Zum Dank buk ihnen die alte Frau leckere Kuchen.
Aber dem Iltis gelang es, auch dieses schöne Zusammenleben zu stören. Er ging zu der alten Frau und forderte sie auf, ihm den ganzen Kuchen zu ge[]ben. „Nein!" sagte sie, „jeder be[]kommt ein Stück davon!" Darauf be[]drohte sie der Iltis mit dem Messer[.] Als das die Tiere erfuhren, dachte[n] sie sich etwas aus, um ihm eine Lehr[e] zu erteilen: Sie liefen jammern[d] durch den Wald und erzählten jede[m,] die alte Frau wäre von einem Räube[r] getötet worden. Ganz erschrocke[n] rannte der Iltis zu ihr. Reglos lag sie i[n] ihrem Bett! Da glaubte er, sie wär[e] wirklich tot, und fing an zu weinen[.] Im selben Augenblick setzte sich di[e] Frau auf, und alle Tiere kamen aus ih[]rem Versteck hervor. Sie umarmte[n] den weinenden Iltis, und er versprac[h] keine bösen Streiche mehr zu spielen[.]

August

24 Der Esel im Löwenfell

Ein Esel hatte sich mit einem Löwenfell verkleidet und lief umher, um die anderen Tiere zu erschrecken. Als er dem Fuchs begegnete, versuchte er sogar, wie ein Löwe zu brüllen. Da brach der Fuchs in heftiges Lachen aus und rief: „Wenn du den Mund gehalten hättest, wäre ich genau wie die anderen Tiere auf dich hereingefallen!" So wie es dem Fuchs mit dem Esel erging, geht es uns manchmal mit Menschen: Bloß wegen ihrer Kleidung halten wir sie für wichtig. Sobald sie dann aber den Mund aufmachen, verraten sie sich.

25 Der schlaue Händler

Ein Bauer mußte für ein paar Tage verreisen. Bevor er ging, sagte er zu seinem Sohn: „Wenn der Viehhändler vorbeikommt, verkaufe ihm unsere drei Kühe. Aber gib sie ihm auf keinen Fall für weniger als zweihundert Taler!"
Am nächsten Tag kam auch wirklich der Viehhändler. „Was kosten die Kühe?" fragte er.
„Zweihundert Taler", antwortete der Bauernsohn.
„Die Kühe sind es wert", meinte der Viehhändler. „Ich nehme sie." Er band sie los und zog sie hinter sich her.
„He! Halt!" rief der Junge. „Wenn Ihr die Kühe haben wollt, müßt Ihr sie erst bezahlen!"
„Da hast du natürlich recht. Ich habe aber im Augenblick leider kein Geld bei mir. Kann ich es dir morgen bringen?" — „Woher soll ich wissen, ob ich Euch vertrauen kann?"
„Nun", meinte der Händler, „ich könnte dir ja ein Pfand dalassen."
„Und was?" fragte der Bauernsohn.
„Eine Kuh zum Beispiel. Würde dir das reichen?"
„Selbstverständlich, das genügt mir als Sicherheit." Also ließ der Viehhändler eine von den Kühen zurück und ging mit zweien davon. Natürlich ist er nie zurückgekommen!

26 Die Frau und der Wunderheiler

Eine Frau hatte eine Augenkrankheit und ließ den Wunderheiler kommen. „Ich kann Ihre Augen heilen", sagte er. „Sie müssen sie jedoch während der ganzen Behandlung geschlossen halten." Das tat die Frau, und währenddessen stahl ihr der Mann die Bilder, die Möbel und das Silber. Schließlich waren die Augen der Frau tatsächlich geheilt, aber sie weigerte sich, etwas zu bezahlen. „Nein, meine Augen sind nicht gesund!" sagte sie. „Im Gegenteil: Vorher konnte ich hier noch Bilder, Möbel und Silber sehen, jetzt sehe ich nichts mehr!"

August

27 Die Mäuse und die Wiesel

Die Mäuse und die Wiesel führten Krieg gegeneinander. „Vielleicht verlieren wir, weil wir keine Generäle haben, die uns Befehle erteilen", sagten die Mäuse. Sie ernannten also Generäle und gaben ihnen Helme mit langen Hörnern, damit sie gut von der Soldaten zu unterscheiden wären.
In der nächsten Schlacht waren die Wiesel trotzdem überlegen. Schließlich blieb den Mäusen nichts anderes übrig, als in ihre Schlupflöcher zu flüchten. Die Generäle aber paßten wegen ihrer Helme nicht hinein und wurden alle aufgefressen.

28 Die zwölf Töchter des Meerkönigs

Iwan lag an einem verlassenen Strand und sonnte sich. Plötzlich kamen zwölf Möwen angeflogen. Sobald sie den Boden berührten, verwandelten sie sich in schöne Mädchen. Sie sahen Iwan nicht, zogen sich aus und gingen im Meer schwimmen. Aus Spaß nahm Iwan ein Kleid und versteckte sich. Als die Mädchen aus dem Wasser herauskamen, zogen sie sich an, verwandelten sich wieder in Möwen und flogen davon. Nur eine blieb am Strand zurück und weinte. Das tat Iwan so leid, daß er sich mit dem Kleid zeigte. „Bitte, gib es mir wieder", bat das Mädchen. „Dann komm mit mir zu meinem Vater, dem Meerkönig, er wird dich reichlich belohnen." Iwan ging mit dem Mädchen und kam zu einem Märchenschloß auf dem Meeresgrund. Als der König hörte, was geschehen war, versprach er: „Zur Belohnung sollst du diejenige meiner Töchter zur Frau bekommen, die du dreimal hintereinander erkennst." Das war eine schwierige Aufgabe, denn alle zwölf sahen sich zum Verwechseln ähnlich. Doch die Tochter, deren Kleid Iwan weggenommen hatte, mochte Iwan sehr gern und machte ihm heimlich Zeichen. So konnte Iwan sie dreimal erkennen und bekam sie zur Frau.

29 Die vier Freunde und der Ring

Ein König besaß einen Zauberring, der ihm erlaubte, den Thron so lange zu behalten, wie er den Ring am Finger stecken hatte. Eines Tages verlor er den Ring. Er war darüber so verzweifelt, daß er bekanntgab: „Derjenige, der mir den Ring zurückbringt, bekommt meine Tochter zur Frau!" Viele suchten danach, und schließlich auch ein junger Mann mit drei merkwürdigen Freunden. Der eine hieß Luchsauge und konnte sogar durch einen Berg hindurch schauen. Der zweite hieß Fettwanst und hatte einen ungeheuer dicken Bauch. Wenn er sich hinlegte, hielt man ihn für einen Berg. Der dritte schließlich hieß Spargelstange und war sehr lang. Streckte er sich auf dem Boden aus, so lag sein Kopf in Europa, während die Füße bis nach Asien reichten. Luchsauge entdeckte den Ring sogleich auf einem Felsen im Roten Meer. Spargelstange legte sich hin, damit die Freunde über ihn wie über eine Brücke laufen konnten. Fettwanst trank das Rote Meer aus, und ihr Freund mußte nur noch die Hand nach dem Ring ausstrecken. Er bekam die Prinzessin zur Frau. Und als er später König war, wurde Spargelstange sein Verkehrsminister, Luchsauge der Verteidigungsminister und Fettwanst Finanzminister.

August

30 Der Drache und die Göttin

Es gab eine Zeit, da wurden die Einwohner Japans von einem Drachen in Angst und Schrecken versetzt. Wenn die Kinder am Strand spielten, tauchte er plötzlich aus dem Meer auf und drohte ihnen.
Dies beobachtete vom Himmel aus die Glücksgöttin Belten. Und in ihrer großen Güte empfand sie nicht nur Mitleid für die Kinder und ihre Eltern, sondern auch für den Drachen.
„Vielleicht ist er so böse, weil er einsam unten auf dem Meeresgrund lebt. Wie kann er lieb und gut sein, wenn zu ihm noch niemals jemand lieb war?"
Belten stieg auf eine schwanenförmige Wolke, die sie immer benutzte, um zur Erde hinunterzugelangen. Sie schwebte damit bis dicht über die Oberfläche des Meeres und rief den Drachen. Sofort begann das Meer zu brodeln und zu schäumen. Dann teilte sich das Wasser, und die Insel, auf der der Drache wohnte, tauchte auf. Belten machte eine leichte Bewegung mit der Hand, und schon wuchsen auf der Insel ein Baum, Gras und Blumen. Der Drache staunte: Noch nie hatte er so schöne Pflanzen gesehen! Da näherte sich ihm die Göttin ohne Furcht und lächelte ihm zu. Bald darauf heirateten beide und wurden sehr glücklich. Die Kinder aber hatten seitdem nichts mehr zu befürchten.

31 Die Nichte der Zauberin

Die hübsche Nichte einer Zauberin, die von der Tante ein paar Zauberkünste erlernt hatte, und der Sohn des Zaren hatten sich ineinander verliebt und wollten heiraten. Als sie auf dem Weg zum Zarenpalast waren, sagte der Zarensohn: „Ich will schon vorauseilen und meinem Vater die gute Nachricht bringen."
„Aber umarme nicht deine Schwester", bat die Nichte der Zauberin, „sonst muß ich dich behexen, und dann vergißt du mich!"
Aber der Zarensohn umarmte seine Schwester und vergaß seine Verlobte. Einige Zeit später wollte er die Tochter eines Adligen heiraten. Das Hochzeitsfest wurde vorbereitet, und jeder Untertan brachte dazu, wie es Sitte war, ein Geschenk. Auch die Nichte der Zauberin brachte etwas, eine Torte. Als der Prinz sie anschnitt, flogen zwei Tauben heraus, ein Männchen und ein Weibchen. Schnell pickte das Weibchen ein Stück Torte und flog weg. „Kleine Taube, gib mir etwas ab!" rief der Täuberich. „Nein, ich gebe dir nichts, sonst vergißt du mich, wie der Prinz seine erste Verlobte vergessen hat!" Da erhielt der Zarensohn sein Gedächtnis zurück. Er erkannte seine Verlobte wieder und heiratete sie auf der Stelle.

August

Inhaltsverzeichnis

Märchen des Monats: Hans und die Zauberbohne
nach einem englischen Märchen

1. Der Gärtner und der König *nach La Fontaine*
2. Dummling und das Männchen *nach den Brüdern Grimm*
3. Der Fuchs und die Gänse *nach den Brüdern Grimm*
4. Die vier Brüder und das Kamel *nach einem arabischen Märchen*
5. Eine Münze auf Reisen *nach H. Ch. Andersen*
6. Die Mücke und der Stier *nach Äsop*
7. Carlo und Marco *nach Boccaccio*
8. Das Pferd und der Wolf *nach La Fontaine*
9. Dummling und die Königstochter *nach den Brüdern Grimm*
10. Die drei Glückskinder *nach den Brüdern Grimm*
11. Die Sonne und die Kinder *nach einem afrikanischen Märchen*
12. Die Nachtigall *nach H. Ch. Andersen*
13. Der Hase und der Fuchs *nach Äsop*
14. Der Jüngling und der Goldberg *nach einem russischen Märchen*
15. Der Hahn, die Katze und die Maus *nach La Fontaine*
16. Die Eule und die Möwe *nach Äsop*
17. Die Geschichte von Hima *nach einem japanischen Märchen*
18. Der Sohn des Holzfällers *nach den Brüdern Grimm*
19. Der Krieg der Tiere *nach den Brüdern Grimm*
20. Die Schweinehirtin *nach den Brüdern Grimm*
21. Der Hase und der Iltis *nach einem japanischen Märchen*
22. Die Katze und die alte Ratte *nach La Fontaine*
23. Die Alte und der Iltis *nach einem japanischen Märchen*
24. Der Esel im Löwenfell *nach Äsop*
25. Der schlaue Händler *nach den Brüdern Grimm*
26. Die Frau und der Wunderheiler *nach Äsop*
27. Die Mäuse und die Wiesel *nach Äsop*
28. Die zwölf Töchter des Meerkönigs *nach einem russischen Märchen*
29. Die vier Freunde und der Ring *nach einem russischen Märchen*
30. Der Drache und die Göttin *nach einem japanischen Märchen*
31. Die Nichte der Zauberin *nach einem russischen Märchen*

September

Märchen des Monats

Rotkäppchen

September

Es war einmal ein kleines Mädchen, das hübscheste und lieblichste kleine Mädchen weit und breit. Die Mutter war ganz vernarrt in ihr Töchterchen und die Großmutter noch mehr. Sie ließ dem Kind ein rotes Mäntelchen mit Kapuze machen, und weil ihm das so gut stand und es nichts anderes mehr tragen wollte, hieß es nur das Rotkäppchen.
Eines Tages sagte die Mutter, die gerade Brot gebacken und dabei auch ein paar knusprige Fladenkuchen gemacht hatte: „Rotkäppchen, geh mal zu deiner Großmutter und schau nach, wie es ihr geht. Nachbarn haben mir erzählt, sie sei krank. Bring ihr einen Fladen und ein Töpfchen Marmelade."
Rotkäppchen wollte schon losgehen, da sagte die Mutter noch: „Grüß auch die Großmutter von mir. Und lauf ja nicht vom Weg ab, sonst fällst du und zerbrichst den Topf, dann hat die kranke Großmutter nichts!" Rotkäppchen versprach der Mutter, recht artig zu sein.
Die Großmutter aber wohnte draußen im Wald, eine halbe Stunde vom Dorf. Als nun Rotkäppchen in den Wald kam, begegnete ihm der Wolf, doch es wußte nicht, was das für ein böses Tier ist. Deshalb fürchtete es sich nicht vor ihm und antwortete freundlich auf seine Fragen. „Wohin willst du so früh, Rotkäppchen?"
„Zur Großmutter."
„Und was hast du im Körbchen?"
„Einen frischen Fladen und ein Töpfchen Marmelade, denn sie ist krank, und das soll sie stärken."
„Wohnt deine Großmutter weit von hier?" fragte der Wolf weiter.
„Noch eine gute Viertelstunde. Ihr Haus steht unter den drei großen Eichbäumen und ist von Hecken umgeben." Der Wolf dachte bei sich: „Die Alte ist ein guter fetter Bissen für mich! Wie fange ich's nur an, daß ich auch das Rotkäppchen zum Nachtisch bekomme?"
Er hatte große Lust, Rotkäppchen auf der Stelle aufzufressen, aber er traute sich nicht, denn es waren Jäger und Holzfäller im Wald. Darum sagte er zum Mädchen: „Bring doch der Großmutter einen dicken Blumenstrauß mit, darüber freut sie sich bestimmt! Ich glaube fast, du hast die bunten Blumen gar nicht gesehen und hast auch nicht gehört, wie schön die Vöglein singen. Du gehst ja für dich hin, als wenn du im Dorf in die Schule gingst, und dabei ist es so lustig draußen im Wald!"
Damit verabschiedete sich der Wolf und lief davon.
Rotkäppchen aber dachte: „Ich will der Großmutter einen schönen Strauß mitbringen. Es ist noch früh, ich komme schon zur rechten Zeit an." Inzwischen ging der Wolf geradewegs zum Haus der Großmutter

September

und klopfte an die Tür. „Wer ist da?" rief die Großmutter.
„Ich bin's, Rotkäppchen", antwortete der Wolf mit verstellter Stimme. „Ich bringe dir Fladen und Marmelade."
„Drück nur auf die Klinke", rief die Großmutter, „ich bin zu schwach, um aufzustehen."
Der Wolf drückte die Klinke hinunter, und die Tür sprang auf. Dann trat er ans Bett der Großmutter und verschluckte sie. Nun nahm er ihre Kleider, zog sie sich an, setzte ihre Haube auf und legte sich ins Bett.
Rotkäppchen suchte inzwischen Blumen. Wenn es eine gepflückt hatte, meinte es, dort stünde eine noch schönere, und lief danach und geriet immer tiefer in den Wald hinein. Erst als es einen ganz großen Blumenstrauß gepflückt hatte, ging es zum Haus der Großmutter.
Die Tür stand offen, und darüber wunderte sich Rotkäppchen sehr. Es trat ein und dachte: „Ei, wie ängstlich ist mir heut zumute! Ich bin doch sonst so gern bei der Großmutter!"
Laut fragte Rotkäppchen: „Geht es dir wieder besser, Großmutter?"
„Danke, ja", erwiderte der Wolf mit verstellter Stimme.
Rotkäppchen legte Fladen, Marmeladentopf und Blumenstrauß auf den Tisch und näherte sich dem Bett. Da lag die Großmutter und sah so wunderlich aus!

„Ei, Großmutter, was hast du für große Ohren!"
„Damit ich dich besser hören kann!"
„Ei, Großmutter, was hast du für große Augen!"
„Damit ich dich besser sehen kann!"
„Ei, Großmutter, was hast du für große Hände!"
„Damit ich dich besser packen kann!"
„Aber Großmutter, was hast du für ein entsetzlich großes Maul!"
„Damit ich dich besser fressen kann!"
Da sprang der Wolf aus dem Bett auf das arme Rotkäppchen zu und verschlang es. Dann legte er sich wieder ins Bett, schlief ein und begann überlaut zu schnarchen. Der Jäger, der gerade vorbeiging, fand das verdächtig. Er trat sofort ein und sah den Wolf im Bett. Entschlossen nahm er die Schere und schnitt ihm den Bauch auf. Wie staunte der Jäger, als Rotkäppchen heraussprang! Und dann halfen beide der Großmutter herauszusteigen. War das eine Freude! Aber zum Feiern hatten sie keine Zeit.
Gemeinsam füllten sie den Wolfsbauch mit Steinen und nähten ihn zu. Als der Bösewicht aufwachte, wollte er fortspringen, aber die Steine waren so schwer, daß er tot umfiel.
Nun konnten sich alle so recht freuen und feierten die glückliche Rettung. Rotkäppchen aber dachte: „Du willst dein Lebtag nicht wieder allein vom Weg ab in den Wald laufen, wenn es die Mutter verboten hat."

September

1 Der Zar und der Adler

Der Zar zielte einmal bei der Jagd gerade auf einen Adler, da rief dieser: „Töte mich nicht! Nimm mich drei Jahre an deinen Hof, und du wirst es früher oder später nicht bereuen!" Der Zar war über das Gehörte so verblüfft, daß er den Adler am Leben ließ und versprach, ihn drei Jahre zu beherbergen.

Nach und nach verschlang der Adler alle Schafe und Kälber des Zaren. Obwohl ihm der gefräßige Vogel auch weiteren Schaden zufügte, behielt ihn der Zar drei Jahre lang am Hof. Denn er wollte sein gegebenes Wort unter keinen Umständen brechen. Nach Ablauf der Zeit forderte der Adler den Zaren auf, sich auf seinen Rücken zu setzen. Er flog mit ihm hoch über das Meer, und der Zar stand Todesangst aus. Doch der Adler brachte ihn wieder heil zur Erde zurück. „Ich habe dich gelehrt, dein einmal gegebenes Wort zu halten und großzügig zu sein", sagte der Adler. „Heute hast du auch noch gelernt, dich vor dem Tod zu fürchten. Jetzt brauchst du mich nicht mehr!"

Und damit verließ er den Zaren. Dank der Lehren des Adlers regierte dieser nun so weise, daß er mit der Zeit der mächtigste Herrscher der Welt wurde.

2 Die Siebenmeilenstiefel

Hänschen war nicht eher zufrieden, als bis er seine Nase in alles gesteckt hatte. Das tat er nicht aus bloßer Neugierde, sondern weil ihn einfach alles interessierte, was um ihn vor sich ging.

So ist es nicht verwunderlich, daß er sich oft selbst in Schwierigkeiten brachte. Genau wie damals, als er ein fremdes Haus im Wald betrat. Hier hauste nämlich ein Menschenfresser, der kleine Kinder fraß. Er witterte sogleich ein gutes Mahl und schrie laut: „Ich rieche hier Menschenfleisch!" Im nächsten Augenblick war Hänschen wieder im Freien und lief um sein Leben. „Bring mir meine Siebenmeilenstiefel, Weib, damit er mir nicht entwischt!" rief der Menschenfresser und folgte Hänschen mit Riesenschritten.

Er kam immer näher, doch Hänschen konnte sich gerade noch rechtzeitig verstecken. Inzwischen war der Menschenfresser ganz erschöpft, denn Siebenmeilenstiefel machen müde. Er setzte sich und schlief auf der Stelle ein. Da zog ihm Hänschen vorsichtig die Siebenmeilenstiefel aus und schlüpfte selbst hinein. Sie paßten wie angegossen, weil sie ja verzaubert waren. Hänschen wurde damit der schnellste Bote des Königs.

3 Der Hund mit dem Glöckchen

Es war einmal ein Hund, der hatte die schlechte Gewohnheit, jeden ins Bein zu beißen, der in seine Reichweite kam. Deshalb ließ sein Herr für ihn ein Halsband mit einem Glöckchen anfertigen. Das Bimmeln sollte die Leute warnen, damit sie ihre Waden in Sicherheit bringen konnten.

Nun bildete sich aber der Hund ein, etwas Besseres zu sein.

Daraufhin sagte ihm ein kluger, alter Hund: „Verstehst du denn nicht, daß das Glöckchen keine Auszeichnung für dich ist, sondern ein Zeichen für deine Boshaftigkeit?"

September

4 Der Jäger-Prinz und der Fischer-Prinz

Der Kaiser von Japan hatte zwei Söhne. Der ältere war ein leidenschaftlicher Jäger, und der andere liebte das Fischen über alles. Eines Tages sagte der Jäger-Prinz: „Laß uns zum Spaß mal tauschen! Heute geh' ich zum Fischen, und du gehst zum Jagen." Sein Bruder war einverstanden.
Als der Fischer-Prinz erfuhr, daß sein Bruder die Angel verloren hatte, rief er ärgerlich: „Bleib hier und such so lange, bis du sie findest!" Als der Prinz nach vielen Stunden aufgeben wollte, sprach ihn ein Krokodil an: „Soll ich dich zum Meereskönig bringen? Er kann dir sicher helfen." Der Jäger-Prinz ging mit und bekam die verlorene Angel zurück. Zum Abschied gab ihm der König noch zwei kleine Steine und erklärte: „Wenn du den schwarzen in die rechte Hand nimmst, so überflutet das Meer das Festland. Das Wasser tritt erst wieder zurück, wenn du den weißen Stein in die linke Hand nimmst."
Auf dem Weg zum Kaiserhof wartete eine böse Überraschung auf den Prinzen: Der Kaiser war inzwischen gestorben. Und weil man den ältesten Sohn, den rechtmäßigen Thronfolger, nicht finden konnte, bestieg der Fischer-Prinz den Thron. Er nahm an, sein Bruder sei umgekommen. Als nun der Jäger-Prinz unerwartet auftauchte, war der junge Kaiser nicht mehr bereit abzutreten und schickte Soldaten aus, um ihn zu töten.
Weil er in höchster Lebensgefahr war, rief der Jäger-Prinz das Meer zu Hilfe. Die Soldaten kamen im Wasser um. Doch als er den jüngeren Bruder in Todesangst rufen hörte, sprang er sofort in die Wellen, um ihn zu retten. Erst später fiel ihm ein, daß er das Wasser durch den weißen Stein zurücktreten lassen konnte.
Der junge Kaiser war von der Großmütigkeit seines älteren Bruders so beeindruckt, daß er ihm den Thron freiwillig abtrat. Von nun an lebten beide wieder in Frieden miteinander.

5 Der närrische Fischer

Es war großer Markttag. Aus der ganzen Gegend kamen Wagen und Tiere in die Stadt. Neben Händlern, Bauern und Viehzüchtern waren auch Bettler, Städter und Clowns anzutreffen. Sogar der König wurde erwartet.
Ein Bauer hatte drei Pferde, davon bekam eines ein Fohlen. Sobald es aufstehen und gehen konnte, floh es aufgeschreckt zwischen zwei Ochsen. Der Besitzer des Fohlens wollte es zur Stute zurückbringen, doch der Ochsenbauer behauptete: „Es hat sich diesen Platz selbst ausgesucht, also gehört es mir!"
Die beiden Männer konnten sich nicht einigen, und die Sache kam vor den König. Der sagte: „Das Fohlen hat sich seine Eltern selbst gewählt", und gab somit dem Ochsenbauern recht. Schweren Herzens zog der Pferdehalter ohne sein Fohlen ab.
Als der König am nächsten Tag mit seiner Kutsche spazierenfuhr, stand plötzlich ein großer Haufen Menschen mitten auf dem Weg. Neugierig trat der König hinzu und erkannte den Pferdehalter. Mit einem Netz tat er so, als ob er fischen würde. „Was soll dein närrisches Treiben?" fragte der König. „Wieso närrisch? So gut wie Ochsen ein Fohlen kriegen können, so gut kann ich hier fischen!"

September

6 Der Fuchs und die Trauben

Ein hungriger Fuchs entdeckte an einem Rebstock herrliche Trauben. Aber sie hingen ziemlich hoch. Sosehr sich der Fuchs auch streckte, er konnte sie nicht erreichen. Da sprang er nach ihnen. Jetzt gelang es ihm, die Trauben beinahe zu greifen, doch immer nur beinahe.
Er sprang so lange, bis er vor lauter Müdigkeit nicht mehr konnte.
„Ich habe mich wohl geirrt", sprach der Fuchs und gab auf. „Ich dachte, die Trauben seien süß und reif. Doch nun erkenne ich, daß sie sauer und zum Essen nicht geeignet sind."

7 Der launenhafte König

Lange Jahre lebte der König zufrieden mit seiner Frau. Plötzlich fiel es ihm aber ein, daß sie eigentlich nicht zu ihm passe, weil sie keine Prinzessin, sondern ein Bauernmädchen war. „Kehr zu deinen Eltern zurück!" befahl er ihr. Da half kein Bitten und kein Weinen! Das Herz des Königs war wie von Stein.
„Aber ich will dir erlauben", sagte er gnädig, „daß du das Liebste und Beste mitnimmst, das du hast!"
Am nächsten Morgen erwachte der König in einem fremden Bett. Zuerst blinzelte er verwundert, dann zwickte er sich, um zu sehen, ob er schon wirklich wach sei. Ja, es stand fest, daß sich das Bett nicht im Schloß befand! Ärgerlich und etwas bestürzt rief der König nach seinem Diener. Aber herein kam die Königin! „Wo bin ich?" wollte der König als erstes wissen. „In meinem Elternhaus", antwortete seine Frau. „Du hast mir erlaubt, das Liebste und Beste aus dem Schloß mitzunehmen. Weil ich aber nichts Lieberes als dich habe, ließ ich dich in der Nacht von deinen Dienern hierher bringen."
Der König war zu Tränen gerührt. Er umarmte seine Frau und sagte: „Ich launischer Narr hätte fast das Liebste verloren, das ich habe!"

8 Die Geschichte vom Mond

Wenn der Mond voll am Himmel scheint, erleuchtet er die dunkle Nacht und vertreibt die Finsternis. Wenn dann die Sonne aufgeht, vertreibt sie den Mond. Jeden Tag schneidet sie von ihm eine Scheibe ab, bis er nur noch so dünn ist wie eine schmale Sichel. Dann verläßt er das Himmelszelt. Aber bald hat sich der Mond erholt. Dick und rund steht er wieder am Himmel und vertreibt mit seinem hellen Licht die Finsternis der Nacht. Dann kommt die Sonne erneut, verfolgt ihn, und das ganze fängt von vorne an.

September

9 Brüderchen und Schwesterchen

Brüderchen und Schwesterchen hatten bei ihrer Stiefmutter ein so schweres Leben, daß sie eines Tages in die Welt hinaus gingen. Sie kamen in einen großen Wald. Brüderchen sagte: „Suchen wir eine Quelle, ich bin so durstig!" Als es sich über das Wasser beugte, hörte das Schwesterchen eine warnende Stimme: „Wer aus mir trinkt, wird ein Reh." Aber das Brüderchen hatte bereits getrunken und verwandelte sich in ein Rehkitz. Das hatte die böse Stiefmutter getan, die eine Hexe war!

Zuerst weinte das Schwesterchen verzweifelt, dann führte es das Reh tiefer in den Wald hinein. Sie fanden ein verlassenes Häuschen und lebten eine Zeitlang ruhig darin. Eines Tages veranstaltete der König in diesem Wald eine große Jagd, und das Reh wollte auch dabeisein. Die Jäger verfolgten es den ganzen Tag, aber es konnte sich ins Häuschen retten. Bald darauf trat der König ein. Gerührt sah er, wie sich das Schwesterchen um das erschreckte Reh kümmerte. Das Mädchen war so schön und anmutig, daß sich der König auf der Stelle verliebte und es fragte, ob es seine Frau werden wolle. Da mußte das Schwesterchen weinen, und als eine Träne auf des Reh fiel, nahm es wieder menschliche Gestalt an. Glücklich zogen sie an den Königshof.

10 Der Ritter und die Prinzessin

Einem Ritter gelang es, eine schöne Prinzessin zu befreien, die ein Zauberer entführt hatte. Als er mit ihr floh, rief sie plötzlich: „Die Leute des Zauberers sind hinter uns her!"
Zum Glück konnte auch die Prinzessin ein wenig zaubern, und so verwandelte sie sich in einen Krug, den Ritter in einen alten Mann und das Pferd in einen Brunnen. Als die Soldaten den Alten nach dem Reiter und dem Mädchen fragten, schickte er sie in die falsche Richtung.
Bald erfuhr der Zauberer davon und sandte andere Leute aus. Diesmal verwandelte die Prinzessin das Pferd in eine Glocke, den Ritter in einen Pfarrer und sich in eine Kirche. Wieder gelang es, die Verfolger abzuschütteln.
Doch nun nahm der Zauberer selbst die Verfolgung auf. Als er schon ganz nahe war, wurde die Prinzessin zu einer Ente, der Ritter zu einer Blume und das Pferd zu einem Schokoladenbach, dessen Ufer aus Marzipan waren. Gierig stürzte sich der Zauberer auf seinen Lieblingstrunk und hörte nicht auf zu trinken, bis er platzte. Jetzt waren die beiden erlöst und konnten wieder ihre menschliche Gestalt annehmen. Dann umarmten sie sich glücklich.

September

11 Die kluge Bauerntochter

Es war einmal ein Bauer, der so arm war, daß ihm der König ein Stückchen Land schenkte. Als er den Acker fast fertig zum Säen vorbereitet hatte, fand er in der Erde einen Mörser von purem Gold. Er brachte ihn zu seiner Tochter und sagte: „Wir haben den Acker vom König geschenkt bekommen, darum gehört der Mörser ihm. Ich will ihn dem König bringen."
Die Tochter warnte ihren Vater davor und sagte: „Tu das nicht, denn der König wird auch den Stößel haben wollen!" Doch der Bauer hörte nicht auf sie und ging zum König. Dieser nahm wirklich an, daß der Bauer den Stößel für sich behalten wolle, und ließ ihn ins Gefängnis werfen. Tagelang jammerte der Bauer: „Ach, hätt' ich doch auf meine Tochter gehört! Ach, hätt' ich doch auf sie gehört!"
Als der König davon erfuhr, ließ er den Bauern vor sich bringen und fragte ihn, was das mit seiner Tochter zu bedeuten hätte. So erfuhr er die ganze Geschichte, und das Mädchen mußte sofort vor den König kommen. Von ihrer Klugheit war der König so begeistert, daß er den Vater freiließ. Das Mädchen behielt er gleich am Hof und machte es zum Schatzmeister des Landes.

12 Die sieben Kinder des Holzfällers

Im Wald lebte einmal ein Holzfäller mit seiner Frau und sieben Kindern. Sie waren so arm, daß es nicht mal mehr einen Löffel Suppe für die Jungen gab. Darum sagte der Holzfäller eines Abends traurig zu seiner Frau: „Ich arbeite von früh bis in die späte Nacht, aber ich verdiene nicht genug für uns alle. Ich kann es nicht länger mit ansehen, wie die Jungen vor meinen Augen verhungern. Setzen wir sie im Wald aus, vielleicht haben sie da mehr Glück!"
Die Frau weinte und jammerte, aber sie wußte auch keinen anderen Ausweg, und so stimmte sie dem Plan zu. Der kleine Däumling, wie der jüngste Sohn hieß, hatte alles mit angehört. Die ganze Nacht überlegte er hin und her, was zu tun sei. Er füllte seine Taschen am Morgen mit kleinen weißen Kieselsteinen. Und als sie alle zusammen in den Wald gingen, streute er sie unbemerkt auf den Weg. So fanden die Jungen am Abend wieder nach Hause. Aber nach zwei Tagen führten die Eltern die Kinder noch tiefer in den Wald hinein. Diesmal hatte Däumling keine Steinchen gesammelt. Er hatte nichts als sein Frühstücksbrot, und so streute er unterwegs Krümel. Auch diesmal hoffte er, den Weg leicht zu finden. Aber er irrte sich, denn die Vögel hatten alles aufgepickt!
Als es Abend wurde, begannen sich die Kinder im dunklen Wald zu fürchten. Doch plötzlich hörten sie ihre Eltern rufen.
Gerade als der Holzfäller und seine Frau traurig nach Hause gekommen waren, brachte ihnen ein Bote eine größere Geldsumme, auf die sie schon nicht mehr gehofft hatten. Der Gutsherr schuldete sie ihnen seit langem. Nun war das Geld für alle die Rettung! Die Eltern waren glücklich, ihre Jungen heil wiederzufinden. Und dann wurde im Haus des Holzfällers gefeiert. Es herrschte mehr Freude als bei einer Hochzeit am Königshof.

September

13 Der Fischer und seine Flöte

Ein Fischer, der gut Flöte spielen konnte, nahm sie eines Tages mit hinunter zum Strand. Er setzte sich auf einen Felsen. Dort spielte er die schönsten Melodien, die er kannte. Aber kein Fisch sprang aus dem Wasser in den bereitgestellten Korb. Also mußte der Fischer nun doch seine Netze herbeiholen. Er zog sie später ein, und sie waren voller Fische. Als er sah, wie die Fische im Netz tanzten und sprangen, rief er ärgerlich: „Jetzt, wo ich aufgehört habe zu spielen, tanzt ihr alle! Warum tanzte keiner vorher?"

14 Yvettes Träume

Das hübsche Bauernmädchen Yvette trug auf dem Kopf einen Krug mit Milch, die es auf dem Markt verkaufen wollte. Während sie so dahinging, träumte sie schon davon, was sie alles mit dem Geld anfangen würde.
„Mit dem, was ich für die Milch bekomme", dachte Yvette, „werde ich mir gleich eine Henne kaufen. Die wird eine Menge Eier legen. Wenn ich alle verkaufe, kann ich für das Geld schon eine Gans haben. Für Gänseeier aber bekomme ich so viel Geld, daß es bestimmt für ein Schaf reicht..." Weil Yvette ein bißchen eitel war, nahmen ihre Gedanken nun eine andere Richtung. „Aus der Wolle von meinem Schaf werde ich mir dann hübsche Sachen stricken. Aus seiner Milch kann ich kleine, runde Käselaibe machen. Wenn ich sie auf dem Markt verkaufe, reicht das Geld für ein neues Hütchen, ja sogar für ein Paar feine Tanzschuhe. Damit gehe ich auf den Ball. Ich werde dort so hübsch aussehen, daß mich der König für ein Edelfräulein hält. Er wird sich bestimmt in mich verlieben..."
Doch hier nahmen Yvettes Träume ein jähes Ende! Sie verlor das Gleichgewicht, der Krug rutschte ihr vom Kopf, und die ganze Milch floß auf den Boden.

15 Die Geschwister und die Fee

Ein Junge und seine Schwester spielten am Flußufer. Da wurden sie von einer Hexe entführt. Eines Tages gelang es ihnen zu fliehen, doch die Hexe war bald hinter ihnen her. Zum Glück kam eine gute Fee zu Hilfe und zauberte einen großen Feuerring um die Geschwister. Als die Hexe das Feuer gelöscht hatte, errichtete die Fee um die Kinder eine Mauer aus Glas. Sie reichte bis in den Himmel hinauf. Die Hexe eilte weg, um einen Hammer zu holen. Inzwischen brachte die Fee die Kinder in Sicherheit, und die Hexe fand nur die leere Mauer.

September

16 Der Fuchs und der Holzfäller

Ein Fuchs wurde von Jägern verfolgt. Er flüchtete in die Hütte eines Holzfällers und rief: „Versteck mich!" Erschrocken tat es der Mann. Als bald die Jäger kamen, sagte er: „Ich habe den Fuchs nicht gesehen!" Aber dabei machte er Zeichen, daß er in der Hütte sei. Die Jäger verstanden nicht, was er meinte, und zogen weiter. Jetzt kam der Fuchs aus seinem Versteck hervor und wollte wortlos gehen. „Kannst du dich nicht bedanken?" fragte der Holzfäller. „Wofür denn?" fragte der Fuchs. „Für das, was du gesagt hast, oder für das, was du getan hast?"

17 Das hölzerne Kalb

Alle im Dorf waren reich, alle außer einem Mann, der gar nichts besaß. Und weil er wenigstens ein Kalb haben wollte, schnitzte er sich eines aus Holz. Es war schön braun, und sah wie ein richtiges Kalb aus.
„Es ist klein", sagte sich der arme Mann, „aber es wird wachsen und mal eine richtige Kuh werden."
Am nächsten Morgen ging er damit zum Dorfhirten und sagte: „Mein Kalb ist noch jung und kann nicht allein gehn." So trug es der Hirte auf die Weide. Dort setzte er es ab und war überzeugt, daß es Gras zupfte. „Wenn es schon frißt", dachte er, „wächst es auch bald." Am Abend rief er das Kalb, aber es bewegte sich nicht von der Stelle. „Wenn du fressen kannst", schimpfte der Hirte, „wirst du auch gehen können und allein nach Hause finden!" Als der arme Mann den Hirten ohne sein Kalb kommen sah, rief er zornig: „Gehen wir es suchen!"
Aber das Kalb war nirgends zu finden. „Es ist deine Schuld", schimpfte der Mann, „daß es sich verlaufen hat!" Die Sache kam vor den Richter, und der gab dem armen Mann recht. Anstelle seines Kalbes bekam er eine Kuh. So ist aus dem hölzernen Kalb wirklich eine Kuh geworden!

18 Eine nützliche Sprache

Ein reicher Mann sagte zu seinem Sohn: „Zieh in die Welt und lerne viele Sprachen!" Denn er meinte, daß das sehr nützlich sei. Nach ein paar Jahren kehrte der Sohn nach Hause zurück, aber die einzige Sprache, die er erlernt hatte, war die der Hunde. „Unnützes Zeug!" schrie der Vater und trieb ihn aus dem Haus.
Der junge Mann zog lange durch die Welt, bis er in eine Stadt kam, die von einem Rudel wilder Hunde in Schrecken versetzt wurde. Als er das hörte, beschloß er sofort, zu den Hunden in den Wald zu gehen. Wie staunten aber alle, als der Mann ohne den geringsten Kratzer zurückkam!
Er berichtete: „Ich habe von den Hunden erfahren, daß sie im Banne eines Zauberers stehen. Der hat ihnen aufgetragen, in eurer Stadt einen vergrabenen Schatz zu bewachen." Die Leute lachten belustigt. Aber das Lachen verging ihnen, als er an der angegebenen Stelle eine riesige Kiste mit einem Goldschatz ausgrub. Von da an zeigten sich die Hunde nie mehr in der Stadt. Der Mann zog weiter. Immer wieder verrieten ihm Hunde, wo Schätze lagen. So kehrte er als reicher Mann zu seinem Vater zurück. Und der fand die Hundesprache nun auch nicht mehr unnütz.

September

19 Das alte Haus

In der gepflegten Straße stand ein einziges altes Haus. Darin wohnte ein sehr reicher, alter Herr. Er lebte da ganz allein, nur mit seinen Erinnerungen und Gedanken. Im Hause gegenüber wohnte ein Junge. Ihre Bekanntschaft begann damit, daß sich die beiden grüßten, wenn sie sich vom Fenster aus sahen. Aber dem ersten Besuch des Jungen im alten Haus folgten noch andere. Er kam, um mit dem alten Herrn Schokolade zu trinken und Kekse zu essen. Einmal brachte der Junge einen Zinnsoldaten mit und schenkte ihn dem alten Herrn. Es war ein Zeichen besonderer Zuneigung. Er wußte nicht, daß es sein letzter Besuch sein würde, denn kurze Zeit danach starb der alte Herr.

Später wurde dann das alte Haus abgerissen, und eine schöne Villa kam an dessen Stelle. Nun wohnte darin der Junge aus dem Haus gegenüber, der inzwischen erwachsen war und geheiratet hatte.

Eines Tages nun arbeitete er mit seiner Frau im Garten und stach sich in den Finger. Er grub den Gegenstand aus — es war der kleine Zinnsoldat mit dem spitzen Bajonett! Der junge Mann machte ihn liebevoll sauber und trug ihn ins Wohnzimmer. Dort sollte er für immer bleiben — als Andenken an seine Kindheit und an den alten Herrn.

20 Der Löwe und der Esel

Ein Löwe wollte jagen gehen und wählte den Esel zum Begleiter aus. Dessen laute Stimme sollte ihm als Jagdhorn dienen. Der Esel faßte das als besondere Ehre auf. Darum hatte er auch nichts dagegen einzuwenden, als man ihn mit Zweigen und Blättern behängte. Er dachte: „Bestimmt ist das so Brauch bei einer Jagd!"

Daß es bloß zur Tarnung diente, wußte er nicht. Ganz gehorsam stellte sich der Esel am Rande einer Lichtung auf, zu der Rehe und Hirsche immer zum Äsen kamen. Auf ein Zeichen begann er, laut zu schreien. Entsetzt rannten die Tiere in alle Richtungen auseinander. Der Löwe sprang nun aus dem Gebüsch hervor und packte so manchen schönen Hirsch mit seinen Pranken und scharfen Zähnen. Als die Jagd zu Ende war, wandte sich der Esel stolz an den Löwen: „Mir allein habt Ihr die reiche Beute zu verdanken! Und darum erwarte ich..." Doch weiter kam er nicht, denn der Löwe brüllte ihn grob an: „Schweig still! Du warst nichts anderes als mein Jagdhorn! Und vergiß nicht, daß ich auch Eselsfleisch mag!" — Der Esel war klug genug, sich mit eingezogenem Schwanz aus dem Staub zu machen. Keine Rede mehr von Belohnung!

September

21 Der Steinklopfer und der Berg

In Japan lebte einst ein Steinklopfer, der seine schwere Arbeit satt hatte. „Schön wär's, ein reicher Händler zu sein!" sagte er. Und plötzlich wurde sein Wunsch Wirklichkeit!
Einmal sah er vom Fenster seines Ladens aus, wie ein hoher Beamter in einer Sänfte vorbeigetragen wurde, und wünschte sich: „Schön wär's, so einer zu sein!" Schon war er es!
Aber nun mußte er jedem Befehl des Kaisers gehorchen...und sehr bald wünschte er sich an seine Stelle. Da war er sogar Kaiser — der Sonnensohn, wie er in Japan genannt wird!
Beim Spazieren brannte ihm einmal die Sonne trotz Schirm so auf den Kopf, daß er sich wünschte, mächtig wie die Sonne zu sein...und wurde es auch. Aber als sich eine Wolke vor sie schob, schien sie die Stärkere zu sein. Der Mann wurde nun eine Wolke. Dann war der Wind stärker als die Wolke, und er wurde zum Wind. Aber ein riesiger Berg konnte dem Wind trotzen...und der Mann wurde zu einem Berg.
Hammerschläge ließen den Berg erbeben, denn ein Steinklopfer trug Steine von ihm ab. „Also ist er der Stärkste von allen!" rief der Mann. So wurde er schließlich wieder zu dem, was er anfangs war: Steinklopfer!

22 Die schnellsten Läufer

An die zwei schnellsten Wiesentiere wurden, wie jedes Jahr, Pokale vergeben. Den ersten Preis erhielt der Hase und den zweiten die Schnecke. Das aber führte zu endlosen Streitereien.
„Wir haben auch Kraft und Ausdauer in Betracht gezogen", erklärte die Straßenlaterne von der Jury. „Es ist zwar wahr, daß die Schnecke sechs Monate gebraucht hat, um das Ziel zu erreichen, aber sie ist schließlich doch angekommen und hat obendrein auch noch ihr Haus mitgeschleppt."
„Ich müßte sogar den ersten Preis bekommen!" empörte sich die Schnecke. „Der Sinn meines ganzen Lebens besteht darin weiterzukommen, während der Hase nur dann läuft, wenn er Angst hat."
„Was regst du dich so darüber auf?" sagte da die Laterne. „Die Preise werden jedes Jahr in alphabetischer Reihenfolge vergeben. Dabei wird vom lateinischen Tiernamen ausgegangen. Dieses Jahr ist L dran: lepus (Hase) steht vor lumacus (Schnecke), daher die Rangordnung. Nächstes Jahr folgt dann das M."
„Leider werde ich nie einen Preis bekommen, weil ich ein wichtiges Mitglied der Jury bin", sagte das Maultier. „Aber ich kann allen versichern, daß ich bei der Wahl des Hasen viele seiner guten Eigenschaften mit in Betracht gezogen habe: Schnelligkeit, Klugheit, selbst Schönheit. Wer bewundert nicht seine schönen langen Ohren, die meinen so sehr gleichen?"
„Ist das nun ein Schönheitswettbewerb oder ging es darum, das schnellste Tier zu wählen?" wagte die Sonnenblume einzuwenden.
„Wenn ihr mich fragt", sagte die Rose nach einer Zeit, „so müßte der Sonnenstrahl den ersten Preis bekommen. Aber er macht sich nichts aus unseren Pokalen! Wenn wir alle schon lange vergessen sein werden, wird er immer noch durch das All sausen und scheinen."

September

23 Der Hund und der Esel

Ein Hund hörte ein verdächtiges Geräusch, drehte sich auf die andere Seite und wollte weiterschlafen. „Warum bellst du denn nicht?" empörte sich der Esel. „Es werden Diebe sein!" — „Kümmere dich lieber um deine eigenen Sachen!" brummte der Hund. Der Esel aber brüllte, so laut er konnte, und vertrieb die Diebe. Da kam der Herr angerannt und schlug den Esel, weil er ihn geweckt hatte. „Ich habe dich gewarnt", sagte der Hund. „Bei einem solchen Herrn kümmert man sich am besten um seine eigenen Sachen!"

24 Der gezähmte Hengst

Prinz Dimitri war sehr mutig und stark. Sein größter Wunsch war, einen feurigen Hengst zu reiten. Darum fragte er den Anführer seiner Reiterscharen um Rat.
„Wie kann ich Euch sagen, welcher Hengst zu Euch paßt, mein Prinz", sagte der Mann, „solange ich nicht weiß, wie stark Ihr seid. Versucht mal, diese mächtige Eiche zu fällen!"
Unter Dimitris Axtschlägen fiel die Eiche, als ob es ein Grashalm wäre. In ihrer Wurzel fand Dimitri schwere Zügel, einen herrlich gearbeiteten Ledersattel und eine Streitaxt.
Der Prinz wählte den wildesten Hengst aus und ließ ihn den ganzen Tag an einem starken Seil im Kreis laufen, bis er vor Müdigkeit zusammenbrach. Nun betäubte er ihn mit der Streitaxt, legte die Zügel an, band den Sattel fest und schwang sich auf seinen Rücken. Der ungezähmte Hengst war diese Last nicht gewohnt. Er versuchte, den Reiter abzuwerfen, und stürmte mit ihm über Berg und Tal. „Du hast mich gezähmt!" mußte er endlich zugeben und bat dann: „Laß mir aber noch drei Tage meine Freiheit!" Dimitri war einverstanden. Nach drei Tagen kehrte der Hengst zurück, und von da an waren die beiden unzertrennliche Freunde.

25 Der Schlüssel im Flachs

Ein sehr reicher junger Mann wollte heiraten. Die Frau sollte nicht nur schön und gut, sondern auch fleißig und geschickt sein. Zuerst ging er ins Haus eines guten Bekannten, der eine Tochter in entsprechendem Alter hatte. Er schaute sich im Haus um und entdeckte einen riesigen Haufen Flachs, in dem ein Rocken mit Spindel steckte. Erstaunt fragte der Mann: „Spinnt vielleicht Eure Tochter diesen ganzen Flachs zu Garn? Dafür braucht sie bestimmt mehr als einen Monat!" — „Ach wo", sagte die Mutter gleich, um ihre Tochter zu loben, „das schafft sie viel schneller!"
Der junge Mann sagte nichts. Aber als niemand hinsah, nahm er schnell den Lagerschlüssel und versteckte ihn im Flachs.
Nach einem Monat kam der junge Mann wieder in das Haus. Ganz aufgeregt berichtete man ihm: „Der Schlüssel vom Lagerhaus war eines Tages verschwunden, und niemand hat ihn seither gefunden!"
Da ging der junge Mann einfach zum Flachshaufen und fand den Schlüssel an der gleichen Stelle, wo er ihn versteckt hatte. „Es mag stimmen, daß Eure Tochter schnell spinnen kann", sagte er, „aber sie macht sich nur sehr selten an die Arbeit!"

September

26 Fuchs und Wolf vor Gericht

Der Wolf beschuldigte den Fuchs: „Du hast mich betrogen!" Der Fuchs aber schrie: „Du hast mich beraubt!" Sie gingen vor Gericht, und der Affe sollte das Urteil sprechen. Eine Zeit lang hörte er sich an, was die beiden behaupteten. Endlich verlor er die Geduld und sagte: „Der Wolf ist schuldig, weil er Unwahres behauptet hat. Der Fuchs ist auch schuldig, weil er von Natur aus hinterlistig handelt. Der Platz für Betrüger ist das Gefängnis, und deshalb kommt ihr beide hinein! Und somit habe ich der Schuldigen bestimmt verurteilt!"

27 Die Rettung des Prinzen

Vassili war der Sohn des Zaren und rechtmäßiger Thronfolger. Als aber sein Vater starb, wollte die Stiefmutter Vassili beseitigen und selbst Zarin werden. Hören wir, wie es dem Prinzen gelang, sich zu retten!

Vassili ging eines Tages an einem alten Turm des Schlosses vorbei und hörte seltsame Stimmen: „Befreie uns! Deine Stiefmutter hält uns gefangen!" Mit seiner Streitaxt schlug er sogleich ein Loch in die dicke Mauer. Ein Löwe, ein Rabe und eine Schlange kamen heraus und sagten:

„Als Dank für unsere Rettung wollen auch wir dir helfen. Iß die Kekse nicht, die dir deine Stiefmutter morgen früh bringt, denn sie hat sie verhext, um dir zu schaden!"

Danach verschwanden die Tiere.

Am nächsten Morgen erinnerte sich Vassili an ihre Warnung, denn die Stiefmutter brachte ihm wirklich eigenhändig Kekse. Er tat deshalb nur so, als ob er sie essen würde, und steckte sie in die Tasche.

Als Vassili nach einiger Zeit in die Tasche griff, zog er die Hand blitzschnell wieder heraus, denn darin bewegte sich etwas. Es waren eine Viper, ein Skorpion und eine Kröte! Sie waren für Vassilis Magen bestimmt gewesen!

28 Prinzessin Maus

Am Königshof wurde das Tauffest der jüngsten Prinzessin gefeiert. In der Eile hatte man vergessen, auch die Hexe einzuladen. Um sich wegen der Beleidigung zu rächen, erschien sie und sprach eine Verwünschung aus: „Das Mädchen soll so lange eine Maus bleiben, bis jemand meine Schwester zum Lachen bringt!" Die besten Clowns wurden gerufen, aber keiner konnte ihr auch nur ein Lächeln entlocken. Dem König blieb nichts anderes übrig, als alle Katzen aus dem Reich zu vertreiben, damit die Prinzessin nicht gefressen würde.

Eines Tages gab der Nachbarkönig ein großes Fest, bei dem sich sein Sohn eine Braut aussuchen wollte. Die Töchter des Königs waren auch eingeladen. Nur die Maus mußte wie immer zu Hause bleiben.

Diesmal beschloß sie aber, auch hinzugehen. Sie setzte sich auf den Rücken eines Hahnes und ritt so bis mitten in den Festsaal.

Die weiße Maus saß mit der Zügel in der Hand auf dem Rücken des Hahnes, und das sah so komisch aus, daß die Schwester der Hexe laut lachen mußte. Im gleichen Augenblick wurde aus der Maus eine schöne Prinzessin, in die sich der Prinz verliebte. Und bald fand schon die Hochzeit statt.

September

29 Der kleine Tuk

Tuk war ein kleiner dänischer Junge. An jenem Nachmittag wollte er für Erdkunde lernen, aber er mußte auch auf seine kleine Schwester aufpassen. Doch wie konnte er lernen, wenn sie ihm keine Ruhe ließ und spielen wollte? Und dabei ist die Erdkunde Dänemarks noch viel schwieriger als unsere!

Als es dann Zeit wurde, schlafen zu gehen, konnte Tuk seine Aufgabe immer noch nicht. Was sollte er tun? Er legte sein Erdkundebuch einfach unter das Kopfkissen und dachte: „Vielleicht hilft's was! Großmutter hat doch darüber erzählt!"

Bald schlief Tuk ein...aber schlief er wirklich? Denn er saß doch auf dem Rücken eines herrlichen Schimmels! Und hinter ihm saß ein Ritter in Rüstung und mit Federbusch und hielt ihn fest. Sie ritten und ritten...über alle Inseln und Städte Dänemarks. Dabei nannte der Ritter die Namen und erzählte etwas über die Geschichte und die Bewohner Dänemarks.

Die Sonne weckte den kleinen Tuk. Er zog das Buch unter seinem Kopfkissen hervor, schlug es auf und stellte fest, daß er die Aufgabe konnte. Da erinnerte sich Tuk plötzlich an den Ritter mit Federbusch und Rüstung, und er sagte lächelnd: „Danke, mein Freund!"

30 Der Zar und der Bauer

Der russische Zar ging einmal durch die Felder und sah einem Bauern bei der Arbeit zu. „Was kann man damit in einem Jahr verdienen?" fragte er. „Achtzig Rubel", antwortete der Bauer. „Und wie gibst du das Geld aus?" fragte er weiter. „Ein Viertel davon geht für Steuern drauf. Mit einem Viertel bezahle ich meine Schulden, ein Viertel leihe ich jemandem, und den Rest werfe ich zum Fenster hinaus!"

„Das mit den Steuern verstehe ich", sagte der Zar verwundert, „aber der Rest?" — „Auch ganz einfach! Ich erhalte meinen alten Vater und zahle so das zurück, was er für mich ausgegeben hat", erklärte der Bauer. „Meinem Sohn leihe ich das Geld für sein Studium — das wird er mir einmal zurückzahlen. Das Geld aber, das ich für meine Tochter ausgebe, ist zum Fenster hinausgeworfen, denn sie wird eines Tages heiraten und fortziehen."

Die Geschichte gefiel dem Zaren so gut, daß er sie später als Rätsel verwendete.

Er wettete, daß es keiner seiner Hofleute erraten würde. Der Zar gewann jede Wette, und es kam eine hübsche Summe zusammen. Weil er aber ehrlich und außerdem reich war, schenkte er das Geld dem Bauern.

September

Inhaltsverzeichnis

Märchen des Monats: Rotkäppchen
nach den Brüdern Grimm

1. Der Zar und der Adler *nach einem russischen Märchen*
2. Die Siebenmeilenstiefel *nach Ch. Perrault*
3. Der Hund mit dem Glöckchen *nach Äsop*
4. Der Jäger-Prinz und der Fischer-Prinz *nach einem japanischen Märchen*
5. Der närrische Fischer *nach den Brüdern Grimm*
6. Der Fuchs und die Trauben *nach Äsop*
7. Der launenhafte König *nach den Brüdern Grimm*
8. Die Geschichte vom Mond *nach einem afrikanischen Märchen*
9. Brüderchen und Schwesterchen *nach den Brüdern Grimm*
10. Der Ritter und die Prinzessin *nach einem russischen Märchen*
11. Die kluge Bauerntochter *nach den Brüdern Grimm*
12. Die sieben Kinder des Holzfällers *nach Ch. Perrault*
13. Der Fischer und seine Flöte *nach Äsop*
14. Yvettes Träume *nach Ch. Perrault*
15. Die Geschwister und die Fee *nach den Brüdern Grimm*
16. Der Fuchs und der Holzfäller *nach Äsop*
17. Das hölzerne Kalb *nach den Brüdern Grimm*
18. Eine nützliche Sprache *nach den Brüdern Grimm*
19. Das alte Haus *nach H. Ch. Andersen*
20. Der Löwe und der Esel *nach Äsop*
21. Der Steinklopfer und der Berg *nach einem japanischen Märchen*
22. Die schnellsten Läufer *nach H. Ch. Andersen*
23. Der Hund und der Esel *nach einem indischen Märchen*
24. Der gezähmte Hengst *nach einem russischen Märchen*
25. Der Schlüssel im Flachs *nach einem norwegischen Märchen*
26. Fuchs und Wolf vor Gericht *nach Phädrus*
27. Die Rettung des Prinzen *nach einem russischen Märchen*
28. Prinzessin Maus *nach einem bretonischen Märchen*
29. Der kleine Tuk *nach H. Ch. Andersen*
30. Der Zar und der Bauer *nach einem russischen Märchen*

Oktober

Märchen des Monats

Aladin und die Wunderlampe

Oktober

Es war Markttag in einer großen Stadt im alten Arabien, und wie gewöhnlich waren auch viele Fremde im Basar. Unter ihnen war einer, der besser gekleidet und größer war als alle anderen. Er ritt auf einem Kamel, und anstatt etwas zu kaufen, beobachtete er nur die Jungen und erkundigte sich nach ihnen. Der junge Aladin fiel ihm auf, Sohn einer armen Weberwitwe. Er sah aus, als wäre er intelligent und vertrauenswürdig.

„Willst du für mich arbeiten?" fragte der Mann Aladin. Der Junge war einverstanden. Und als die Mutter ihre Einwilligung gab, ritt der Mann mit Aladin fort.

Nach einer langen Reise kamen sie in ein Tal und fanden dort die Höhle, die der Mann suchte.

„Geh hinein und steig die Treppe hinunter, die zu einem unterirdischen Garten führt!" befahl nun der Mann. „Such nach der Lampe, die ich vor langer Zeit dort unten vergessen habe, und bring sie mir!"

Aladin gehorchte. Er brauchte nichts zu befürchten, denn sein Herr hatte ihm einen Zauberring gegeben, der ihn vor allen Gefahren schützen sollte. Aladin fand sowohl den Garten als auch die Lampe. Er zündete sie sogleich an, und in ihrem Schein erkannte er, daß die Bäume des Gartens Blüten und Früchte aus Edelsteinen trugen. Aladin füllte sich die Taschen damit und begann, die Treppe wieder hinaufzusteigen.

Aber je höher er stieg, desto länger wurde die Treppe. Und plötzlich, als er noch nicht einmal halb oben war, überkam ihn eine seltsame Müdigkeit. Aladin setzte sich auf eine Stufe und fiel sofort in einen tiefen, traumlosen Schlaf.

Oben wartete inzwischen sein Herr. Er wartete lange, doch Aladin kam nicht. Schließlich war der Mann überzeugt, daß Aladin ihn betrogen hatte, und ging in großem Zorn fort. Der junge Aladin schlief drei Tage lang. Als er dann endlich erwachte, merkte er, daß er auf der Zaubertreppe gefangen war. Verzweifelt rang er die Hände und drehte dabei zufällig auch den Zauberring. Im selben Augenblick erschien ein Geist. „Ich bin der Geist des Ringes", sagte er. „Befiehl mir, und ich werde dir gehorchen." — „Ich möchte nach Hause!" wünschte Aladin. Und im nächsten Augenblick war er bei seiner Mutter. Sie schimpfte mit ihm, weil er seinen Herrn verlassen hatte. Und die arme Frau hörte auch dann nicht auf zu weinen, als Aladin die Edelsteine aus den Taschen holte. „Was soll ich mit den Glasscherben?" fragte sie.

Inzwischen war es Zeit, ans Mittagessen zu denken. Und da kein Geld im Haus war, wollte die Frau die Lampe verkaufen, die Aladin mitgebracht hatte. „Zuvor jedoch werde ich sie blank putzen, dann bekomme ich

Oktober

mehr Geld dafür!" Kaum fing sie an zu reiben, da erschien ein Geist, der noch größer war als der Geist des Ringes. „Ich bin der Geist der Lampe", sprach er. „Befiehl mir, und ich werde dir dreimal gehorchen."
„Bring uns etwas Gutes zu essen!" befahl Aladin, denn vor lauter Überraschung fiel ihm nichts anderes ein. Sogleich stand ein Tisch mit köstlichen Speisen vor ihnen, und das Geschirr war aus purem Gold. So konnten sich Aladin und seine Mutter nicht nur einmal, sondern viele Male satt essen. Denn wenn sie kein Geld mehr hatten, brauchten sie nur einen goldenen Teller zu verkaufen.
Die Jahre vergingen, und Aladin war zu einem schönen jungen Mann herangewachsen, dem alle jungen Mädchen zulächelten. Er aber hatte sich in Badur, die Tochter des Sultans, verliebt. Als er die Mutter bat, zum Sultan zu gehen und um die Hand seiner Tochter anzuhalten, glaubte die arme Frau, ihr Sohn wäre verrückt. „Wie kannst du nur glauben, der Sultan würde seine Tochter einem armen Weber zur Frau geben!" sagte sie.
„Die bunten Glasscherben, die ich in der Höhle gefunden habe, sind kostbare Edelsteine", antwortete Aladin. „Bring sie dem Sultan von mir, vielleicht wird er dann der Heirat zustimmen." Und so war es auch. Der Sultan stellte allerdings zwei Bedingungen: Er verlangte zehn Kisten mit Edelsteinen, und außerdem sollte seine Tochter nach der Hochzeit in einem Palast leben, der mindestens so prächtig wäre wie sein eigener. Aladin rief den Geist der Lampe, und dieser erfüllte ihm den zweiten Wunsch. Nun bekam Aladin die Tochter des Sultans zur Frau.
Lange Zeit lebten Aladin und Badur glücklich miteinander. Doch eines Tages kam ein Fremder in der Stadt. Es war Aladins früherer Herr, der in Wirklichkeit ein Zauberer war. Seine Kristallkugel hatte ihm gezeigt, wo sein ehemaliger Diener lebte. Und weil er noch immer glaubte, Aladin hätte ihn betrogen und die Lampe gestohlen, kam er, um sich zu rächen. Der Zauberer wartete ab, bis Aladin einmal verreist war. Dann ging er zum Palast und ließ sich von einem Diener die alte Lampe geben. Er rief sofort den Geist und befahl: „Bring Badur und den Palast sofort in mein Reich!"
Als Aladin nach Hause kam, ahnte er, was geschehen war. Er rieb am Zauberring und befahl dem Geist:
„Bring mich zu meiner Frau!" Badur gelang es, dem Zauberer ein Schlafmittel zu geben.
Nun nahm Aladin die Zauberlampe wieder, holte den Geist herbei und befahl ihm, seinen dritten Wunsch zu erfüllen: „Bring Badur und mich mit unserem Palast in unsere Heimat zurück!"

Oktober

1 Daumesdick als Fuhrmann

„Ach", seufzte die Frau eines Holzfällers eines Tages, „wenn ich nur ein Kind hätte! Selbst wenn es nicht größer wäre als ein Daumen, wie würde ich mich darüber freuen!"
Schließlich brachte sie einen Jungen zur Welt, der nicht länger war als ein Daumen. Darum nannte sie ihn Daumesdick. Der Junge wurde nicht größer, aber es zeigte sich bald, daß er sehr klug war. Eines Tages sagte er zum Vater: „Ich möchte das Pferdefuhrwerk lenken!"
„Dazu bist du zu klein", meinte der Vater. „Wie willst du das anstellen?" „Setz mich in ein Ohr des Pferdes. Dann kann ich ihm sagen, wie es laufen muß." Der Vater tat es. „Jüh und joh! Hott und har!" rief der Kleine und brachte das Fuhrwerk genau dorthin, wo es der Vater haben wollte. Die Leute, die den Wagen ohne Fuhrmann vorbeifahren sahen, rissen erstaunt die Augen auf. Und ein Zirkusbesitzer wollte das Pferd kaufen. Als er aber hörte, wer es gelenkt hatte, wollte er den Jungen haben. „Nicht für alles Gold der Welt!" sagte der Vater. Doch Daumesdick flüsterte ihm ins Ohr: „Nimm das Geld, Vater. Ich komme bald zurück." Und wirklich floh der Kleine bei der ersten Gelegenheit.

2 Daumesdicks großes Abenteuer

Daumesdick war aus dem Zirkus geflohen und hatte sich in einer Scheune schlafen gelegt. Währenddessen kam die Bäuerin und holte Heu für die Kühe. Ohne es zu merken, warf sie auch Daumesdick vor die Kuh. Als der Kleine erwachte, war er bereits im Kuhmagen. Und da die Kuh weiterfraß, wurde es immer enger darin. „Bring mir kein frisches Heu mehr!" rief Daumesdick schließlich voll Angst. Die Bäuerin hörte es und lief entsetzt zu ihrem Mann. „Die Kuh hat geredet!" rief sie. Als auch der Bauer die Stimme gehört hatte, meinte er, die Kuh wäre verhext, und schlachtete sie. Ihren Magen aber warf er auf den Misthaufen.
Ein Wolf roch ihn und verschlang ihn gierig.
„Lieber Wolf", sagte nun Daumesdick tief unten aus dem Wolfsmagen, „ich kenne ein Haus, wo es die herrlichsten Würste gibt!" Und dann beschrieb er das Haus seiner Eltern. Der gefräßige Wolf lief schnurstracks hin, und sogleich fing Daumesdick zu schreien an. Da eilte der Vater herbei, erschlug den Wolf und befreite Daumesdick. „Ich verkaufe dich für alle Reichtümer der Welt nicht wieder", sprach der Vater und umarmte und küßte Daumesdick.

3 Muttergottesgläschen

Ein Fuhrmann hatte seinen schwer beladenen Karren festgefahren, so daß er ihn nicht mehr losbrachte. Da kam die Mutter Gottes des Weges. „Ich habe Durst", sagte sie. „Gib mir etwas zu trinken, und dann will ich dir deinen Karren frei machen."
„Gern", antwortete der Fuhrmann, „aber ich habe klein Glas." Da brach die Mutter Gottes eine Blüte mit roten Streifen ab, eine Feldwinde, und benutzte diese als Glas.
Daher heißt diese Blume auch heute noch in manchen Gegenden Muttergottesgläschen.

Oktober

4 Der Zarensohn und der Feuervogel

Der Zar war außer sich vor Zorn: Jede Nacht stahl ein goldener Vogel die goldenen Äpfel aus seinem Garten! „Fang ihn!" befahl er seinem Sohn Iwan. Dieser versuchte es in der nächsten Nacht, aber vergebens. So verfolgte er den Vogel und stand plötzlich einem grauen Wolf gegenüber. „Steig auf meinen Rücken!" sprach der Wolf, denn er war verzaubert. Dann brachte er Iwan zu einem Schloß und sagte: „Geh hinein! Du findest dort den Vogel. Nimm ihn, aber ohne Käfig!" Doch der Käfig war so schön, daß Iwan ihn auch nahm. Im selben Augenblick packten ihn die Wachen des mächtigen Königs Dolmat. „Wer bist du, und wie kannst du es nur wagen, den Feuervogel zu stehlen?" fragte Dolmat. Iwan erzählte ihm alles. „Ich schenke dir den Feuervogel", meinte Dolmat, „falls du mir die Fürstentochter Schöne Helene bringst." Die Fürstentochter wurde in einem Schloß gefangengehalten, doch Iwan befreite sie mit Hilfe des Wolfes. Die Schöne Helene gefiel Iwan so gut, daß ihm der Gedanke, sie Dolmat bringen zu müssen, fast das Herz brach. Darum sagte der graue Wolf zur Schönen Helene: „Versteck dich im Wald, während Iwan und ich zu Dolmat gehen." Dann rollte er sich auf der Erde und sah durch Zauberkraft auf einmal genauso aus wie die Fürstentochter. „Bravo", sagte Dolmat, als Iwan ihm die falsche Schöne Helene brachte. „Jetzt kannst du den Feuervogel nehmen." Doch sobald Iwan den Käfig mit dem Vogel hatte, wurde aus der falschen Helene wieder der graue Wolf. Und dieser eilte mit Iwan zur Schönen Helene. Dann brachte er beide zum Zarenpalast. „Leb wohl", sagte er zu Iwan, „du brauchst mich nicht mehr. Nun suche dein Glück!" Das fand Iwan leicht: Er heiratete die Schöne Helene. Und auch der Zar war glücklich: Er besaß nun nicht nur die goldenen Äpfel, sondern obendrein den Feuervogel!

5 Die zwei Freunde und der Bär

Hans und Jakob waren Freunde. Eines Tages begegnete ihnen auf einer Wiese am Waldrand ein Bär. Er war groß, dick und ganz schwarz. Die Freunde bekamen einen Riesenschreck. Hans fand gerade noch Zeit, auf einen Baum zu klettern. Nach Jakob aber streckte der Bär bereits die Pranke aus. Deshalb ließ dieser sich einfach zu Boden fallen und stellte sich tot. Er wußte, daß Bären nichts anrühren, was nicht mehr lebendig ist.
Während der Bär Jakob von allen Seiten beschnüffelte, hielt dieser den Atem an. „Hoffentlich merkt das Tier nicht, daß ich ihm etwas vorspiele!" dachte er. Der Bär schnupperte und schnupperte. Schließlich glaubte er wohl, Jakob wäre tatsächlich tot, und trollte sich davon.
Kaum war die Gefahr vorüber, kam Hans schnell von seinem Baum herunter. Und wie es einem manchmal nach einer gerade überstandenen Gefahr ergeht, war er zum Scherzen aufgelegt. „Na", fragte er den Freund, „was hat dir der Bär denn ins Ohr geflüstert?" Jakob aber gefiel der Scherz nicht. Er blickte Hans in die Augen und sagte: „Er hat mir geraten, nie mehr mit einem Freund zu reisen, der davonläuft, wenn ich in großer Gefahr bin!"

Oktober

6 Der Hase und die Frösche

Ein Hase schämte sich, weil er so furchtbar ängstlich war und immer gleich davonlief.
Gerade hatte er sich fest vorgenommen, nicht mehr zu fliehen, da hörte er ein Geräusch, erschrak und rannte Hals über Kopf weg.
So kam er zum Teich.
Kaum hörten ihn die Frösche, sprangen sie ins Wasser und versteckten sich. „Ah, das tröstet mich!" dachte der Hase. „Ich bin zwar sehr ängstlich, aber immerhin gibt es andere Tiere, die sogar Angst bekommen, wenn sie mich sehen!"

7 Die Prinzessin und die Kuh

Ein verwitweter König, der eine schöne Tochter hatte, heiratete eine Königin, die ebenfalls verwitwet war. Sie brachte drei Töchter mit: die erste hatte ein Auge, die zweite zwei und die dritte drei Augen. Weil die Königin auf die Schönheit der Prinzessin neidisch war, behandelte sie diese schlecht. Sie gab ihr nur altbackenes Brot, kleidete sie in Lumpen und schickte sie mit der Kuh Mora auf die Weide. Kaum aber war die Prinzessin ein Stück entfernt, schlüpfte sie in eines von Moras Ohren und kam gleich darauf satt und prächtig gekleidet aus dem anderen wieder heraus.
Nach einiger Zeit fand es die Königin merkwürdig, daß sich die Prinzessin nie beklagte.
Und eines Tages schickte sie ihr die einäugige Tochter nach. Aber die Prinzessin sang so lange ein Wiegenlied, bis die Einäugige ihr Auge schloß.
Der zweiten erging es genauso.
Doch die dritte behielt ihr drittes Auge offen und sah alles mit an.
Da schlüpfte auch sie in das Ohr der Kuh. Doch als sie wieder hinaus wollte, nahm sie den falschen Ausgang, und so kam sie als Kälbchen heraus. Heute ist aus ihr natürlich schon längst eine alte Kuh geworden.

8 Unentschlossene Else

Else war aufs Kornfeld gegangen, um zu mähen. Weil man sie aber gelehrt hatte, immer erst zu überlegen, bevor man etwas tut, fragte sie sich: „Was soll ich nun zuerst machen, schlafen oder mähen?" Else beschloß, erst zu schlafen.
Als ihr Mann zum Kornfeld kam, lag Else im Gras und schlief tief und fest. Doch noch kein einziger Halm war geschnitten!
„Ich werde ihr eine Lehre erteilen", sagte Hans. Er holte ein großes Netz und warf es über die Schlafende.
Als Else aufwachte, konnte sie sich nicht erklären, wie sie unter das Netz geraten war. „Ich glaube, ich werde verrückt!" dachte sie. Dann fragte sie sich besorgt: „Bin ich's oder bin ich's nicht?" Sie beschloß, nach Hause zu gehen und ihren Mann zu fragen, ob sie nun Else war oder jemand anders. Die Haustür war verschlossen. „Ist Else zu Hause?" rief sie. „Ja, sie ist da", antwortete ihr Mann. „Nun, wenn Else da ist, dann kann ich's nicht sein!" überlegte Else.
Die Arme war nun ganz verwirrt. Sie ging von Haus zu Haus und fragte, ob Else da wäre. Aber alle, die sie fragte, sagten „nein".
Es heißt, daß Else heute noch herumläuft und sich selbst sucht.

Oktober

9 Der Affe und das Krokodil

Ein naschhaftes Krokodil hätte für sein Leben gern einmal Bananen gefressen. Doch sosehr es sich auch anstrengte, es konnte die Früchte nicht erreichen. Ein Affe hatte Mitleid und warf ihm schließlich ein Büschel Bananen zu.

Da fraß sich das Krokodil satt, ließ aber seiner Frau auch noch ein paar übrig. Doch diese war dem Affen nicht dankbar, sondern hetzte ihren Mann gegen ihn auf: „Wie wohlschmeckend muß seine Leber sein, wenn er nichts anderes als Bananen frißt!" Und sie redete so lange auf ihn ein, bis er schließlich den Affen aufsuchte. „Bitte, komm mit mir und hilf meiner Frau, sie ist krank." Wieder hatte der Affe Mitleid. Er sprang auf den Rücken des Krokodils und ließ sich zur Insel mitten im Fluß bringen. „Du Dummkopf", begrüßte ihn die Frau des Krokodils, „die Medizin, die ich brauche, ist deine Leber!" — „Das hättest du mir vorher sagen müssen", meinte der Affe ruhig. „Meine Leber ist nämlich so kostbar, daß ich sie sicherheitshalber immer auf meinem Baum lasse. Wenn du sie haben willst, mußt du mich erst wieder zurückbringen." Sofort brachte die Frau des Krokodils den Affen an Land. Er kletterte auf seinen Baum... und wahrscheinlich wartet die Frau des Krokodils heute noch auf die Affenleber!

10 Die geizige Frau und der Buntspecht

Gott war auf die Erde hinabgestiegen, um zu sehen, ob dort alles gut ging. Dabei suchte er eine Frau auf, die ein rotes Häubchen auf dem Kopf trug und gerade Brot buk. „Back mir einen kleinen Brotfladen", bat Gott. Die Frau wagte es nicht, ihm die Bitte abzuschlagen. Sie nahm ein kleines Stück Teig und rollte es so dünn aus, daß es ganz groß wurde und nicht in die Pfanne hineinpaßte. Darauf nahm sie ein zweites, noch kleineres Stück Teig. Das rollte sie so stark aus, daß es beinahe durchscheinend war und auch nicht in die Pfanne paßte. Mit einem winzigen Teigkrümel unternahm sie einen dritten Versuch. Aber selbst aus diesem rollte sie noch einen Fladen aus, der zu groß für die Pfanne war. „Es geht nicht", sagte sie, „ich kann dir keinen Fladen geben. Geh und laß dir von einer anderen Frau einen backen!"

Da sprach Gott: „Zur Strafe für deinen Geiz sollst du ein Vogel werden, der sich seine Nahrung zwischen der Rinde und dem Stamm eines Baumes suchen muß. Und du wirst nur trinken können, wenn es regnet." Erschrocken flog der Vogel mit dem roten Häubchen durch den rußigen Schornstein davon.

So also ist der Buntspecht entstanden.

Oktober

11 Der Wichtelmann und der Bauer

Eines Tages entdeckte ein Bauer mitten auf seinem Feld einen Wichtelmann und vermutete gleich, daß dort ein Schatz liegen müsse. „Ja", sagte der Wichtelmann, „hier liegt mehr Gold und Silber, als du in deinem ganzen Leben gesehen hast."
„Es ist auf meinem Feld, also gehört es mir!" sagte der Bauer. „Es soll dir gehören, wenn du mir zwei Jahre lang die Hälfte von dem abgibst, was du auf diesem Feld erntest!"
„Abgemacht!" sagte der Bauer, „was über der Erde wächst, soll dir gehören, und was unter der Erde wächst, ist mein Anteil." In diesem Jahr baute der Bauer Rüben an. Und als der Wichtelmann kam, um seinen Anteil zu holen, fand er nur welke Blätter vor. Der Bauer aber grub die saftigen Rüben aus.
„Für das nächste Jahr treffen wir eine andere Verabredung", sagte der Wichtelmann. „Da soll das, was über der Erde wächst, dir gehören. Und das, was unter der Erde ist, gehört mir." Da säte der schlaue Bauer Getreide. Und wieder hatte der Wichtelmann das Nachsehen. Außer sich vor Wut, daß der Bauer ihn wieder hereingelegt hatte, kehrte er in sein Land zurück. Der Bauer aber konnte endlich den Schatz aus der Erde holen.

12 Die drei Bären

In einem Haus am Wald wohnten Vater Bär, Mutter Bär und ihr Sohn, der kleine Bär. Eines Tages kochte Mutter Bär wie jeden Tag Pudding zum Mittagessen. Während er abkühlte, machten die Bären einen Spaziergang. Da kam ein Mädchen zum Bärenhaus. Es hatte goldblonde Haare und wurde darum Goldlöckchen genannt. Neugierig kletterte es durch ein offenstehendes Fenster ins Bärenhaus. Da sah es den Pudding auf dem Tisch stehen und bekam große Lust, davon zu kosten. Erst probierte es den Pudding in der großen Schale. „Oh, der ist zu heiß!" rief es. Dann kostete es den in der mittleren Schale. Doch der war zu süß. Der Pudding in der kleinen Schale war gerade recht, und so aß es ihn auf.
„Ich will mich ein wenig ausruhen", sagte Goldlöckchen dann und setzte sich in Vater Bärs großen Sessel. „Der ist mir zu hart!" sagte es. Mutter Bärs Sessel war ihm zu weich. Doch der kleinste Sessel war gerade recht. Goldlöckchen ließ sich so fest hineinfallen, daß die Beine abbrachen.
Nun stieg Goldlöckchen ins Schlafzimmer der Bären. Da merkte es, daß es schrecklich müde war. Es legte sich in Vater Bärs Bett. Darin kam es sich ganz verloren vor. Mutter Bärs Bett war viel zu weich. Doch das Bett des kleinen Bären, das war gerade recht. Goldlöckchen drehte sich auf die Seite und schlief sofort ein.
Als die drei Bären nach Hause kamen, merkten sie gleich, daß jemand da gewesen war. „Wer hat meinen Sessel zerbrochen? Wer hat meinen Pudding gegessen?" fragte der kleine Bär. Doch als er ins Schlafzimmer ging, rief er verwundert: „In meinem Bett liegt jemand, seht nur!" Da öffnete Goldlöckchen die Augen, sah die Bären und erschrak. Es lief zum Fenster und sprang hinaus. Die Bären folgten ihm nicht. Sie wußten, daß es nie wieder ungebeten in ein fremdes Haus gehen würde!

Oktober

13 Der Wolf und der Ziegenbock

Ein Wolf, der durch sein Alter schon etwas geschwächt war, verfolgte einen Ziegenbock. Mit einem Sprung brachte sich dieser auf einem Felsen in Sicherheit. „Warum strengst du dich unnötig an?" fragte er spöttisch. „Du brauchst doch nur das Maul aufzumachen, dann springe ich ganz von selbst hinein!" Der Wolf öffnete das Maul. Da sprang der Ziegenbock und stieß ihn so kräftig mit den Hörnern, daß er ohnmächtig zu Boden fiel. Als der Wolf wieder zu sich kam, wußte er nicht, ob er den Ziegenbock gefressen hatte oder nicht...

14 Ein Armer im Himmel

Ein Armer und ein Reicher kamen gleichzeitig beim Himmelstor an. Der Heilige Petrus, der durch ein Guckloch gespäht hatte, nahm sofort den großen Schlüsselbund zur Hand und schloß auf. Den Reichen ließ er ein, den Armen beachtete er nicht einmal, sondern sperrte das Tor gleich wieder zu.
Einen Augenblick später wurde im Himmel Gesang angestimmt und setzte Musik ein. Offensichtlich wurde die Ankunft des Reichen gefeiert. Gerade so hatte sich der Arme seinen Empfang immer vorgestellt! Statt dessen aber stand er vor dem Himmelstor und wartete, daß Petrus ihn endlich auch einlassen würde. Als er den Himmel betrat, kamen zwei Engel und führten ihn zu seinem Platz. Doch weder Gesang noch Musik erklang. Die Engel sahen ihn nur sehr lieb an.
„Was soll das?" fragte der Arme entrüstet. „Werden denn sogar im Himmel die Reichen gegenüber den Armen bevorzugt?"
„Keineswegs, mein Freund!" antwortete ein Engel. „Dir wird die gleiche ewige Freude zuteil wie dem Reichen. Aber sieh: Jeden Tag treffen Dutzende von Armen ein, doch nur alle hundert Jahre kommt ein Reicher!"

15 Der Mond in der Eiche

Vor langer Zeit war es nachts auf der Erde stockfinster. Wie überrascht waren daher vier Wanderer, als sie plötzlich einen Platz entdeckten, der von einem sanften Licht erhellt wurde. Es ergoß sich aus einer leuchtenden Kugel, die in den Zweigen einer Eiche hing – mitten auf einem großen Platz. „Was ist das für ein Licht?" fragten die vier einen Bauern, der gerade vorbeikam.
„Das ist der Mond", antwortete er, „den hat unser Bürgermeister gekauft und in der Eiche befestigt. Er muß täglich Öl aufgießen und ihn rein halten. Dafür erhält er von uns jede Woche einen Taler."
Die vier Freunde dachten, daß ein Mond, der soviel einbringt, keine schlechte Sache wäre. Deshalb stahlen sie den Mond und brachten ihn in ihr Land. Sie hängten ihn mitten auf einem großen Platz in eine Eiche und ließen sich wöchentlich ihre Taler bezahlen. Doch schon bald kamen die früheren Besitzer und wollten ihn wiederholen. Dabei machten sie solchen Lärm, daß es Gott im Himmel hörte. Und um den Streit zu beenden, ließ er den Mond von einem Engel holen. Der hängte ihn am Himmel auf, und dort scheint er seitdem für alle umsonst.

153

Oktober

16 Rätselmärchen vom Klatschmohn

Eine Frau war einmal in einen Klatschmohn verwandelt worden. Doch jeden Abend erhielt sie ihre natürliche Gestalt wieder und ging nach Hause. Bevor sie eines Morgens aufs Feld zurückkehrte, sagte sie zu ihrem Mann: „Wenn du heute vormittag kommst und mich pflückst, bin ich von dem Zauber erlöst." Da ging der Mann zum Feld und pflückte sie. Doch wie hat er seine Frau zwischen all den Mohnblumen erkannt?
Ganz einfach: Weil sie die Nacht zu Hause verbracht hatte, war sie die einzige Blume, auf der kein Tau lag!

17 Der Löwe und der Dachs

Ein Löwe und ein Dachs waren Freunde. Als der Löwe einmal einen Hammel erwischt hatte, rief er: „Komm, Dachs, wir wollen ihn zusammen fressen!" Da bekam er zur Antwort: „Friß ihn doch allein! Meinst du, ich hätte nichts Besseres zu tun?"
Bald darauf rief der Dachs: „Löwe, komm und teil mit mir den Honig, den ich gefunden habe!" Doch er erhielt eine ebenso unfreundliche Antwort wie zuvor der Löwe.
Am nächsten Tag trafen sich beide. Und während sie miteinander sprachen, stellte sich heraus, daß keiner die Einladung des anderen gehört hatte. „Irgend jemand versucht, uns auseinanderzubringen!" meinte der Löwe. „Laß uns schauen, wer es ist." Sie durchsuchten das Gebüsch und fanden einen Fuchs. Er gestand, daß er jedesmal geantwortet hatte.
Löwe und Dachs beschlossen, ihn zu bestrafen. „Aber bitte werft mich nicht auf den Haufen Asche dort!" bat der listige Fuchs. „Davor habe ich mehr Angst als vor dem Sterben!" „Gut, das zu wissen!" brüllte der Löwe. „Genau das werden wir tun!" Doch sie wirbelten dabei einen solchen Staub auf, daß der schlaue Fuchs entwischen konnte.

18 Der Bauer und der Fink

Ein Bauer fand einen Finken mit gebrochenem Flügel, nahm ihn mit nach Hause und pflegte ihn liebevoll. Doch seine Frau machte ihm Vorwürfe, weil er soviel Zeit mit dem Vogel verbrachte.
Sobald der Fink wieder gesund war, kehrte er in sein Nest zurück. Er wollte nämlich nicht länger Anlaß zum Streit geben.
Als der Bauer bemerkte, daß der Vogel weggeflogen war, wurde er sehr traurig und ging ihn suchen. Er fand den Finken schließlich und wurde von dessen Familie freudig begrüßt. Und zum Dank für die Pflege bekam er ein Kästchen geschenkt. „Aber öffne es erst zu Hause!" baten die Vögel. Wie staunte der Bauer, denn es war voll mit Edelsteinen! Da meinte seine Frau, sie habe auch eine Belohnung verdient, und ging ebenfalls zu den Finken.
Ja, sie bekam sogar wirklich ein Kästchen geschenkt. Aber als sie es öffnete, sprangen ihr lauter Teufelchen entgegen. Erschrocken lief die Frau davon. Der Bauer wollte nicht allein bleiben und zog deshalb ins Land der Finken. Er baute sich dort eine Hütte, die Vögel bepflanzten sie mit vielen bunten Blumen, und sie lebten miteinander als gute Freunde.

Oktober

19 Der Sternenregen

Es war einmal ein kleines Mädchen, das ganz allein auf der Welt war. Es besaß nichts als die Kleider auf dem Leib und ein Stückchen Brot, das ihm jemand geschenkt hatte. So zog es in die Welt hinaus.

Da begegnete ihm ein armer Mann, der bat: „Ach, gib mir etwas zu essen, ich bin so hungrig." Das Mädchen reichte ihm sein ganzes Brot und sagte: „Gott segne dir's!" und ging weiter.

Danach traf es ein Kind, das jammerte: „Es friert mich so an meinem Kopf. Schenk mir etwas, womit ich ihn bedecken kann!" Da gab es ihm seine Mütze.

Gleich darauf begegnete es noch einem Kind, das fror. Dem gab es seine Jacke, und wieder einem schenkte es sein Röcklein. Schließlich hatte es nur noch sein Hemdchen an. Da kam wieder ein Kind und bat um das Hemd. „Ach, es ist ja dunkle Nacht", dachte das Mädchen, „da sieht mich keiner." Und es verschenkte auch noch das Hemdchen.

Auf einmal fielen Sterne vom Himmel und legten sich wie ein Mantel um das Mädchen. Der Mond setzte sich als Mütze auf seinen Kopf, und zwei Sonnenstrahlen wanden sich wie wollene Handschuhe um seine Hände. So wurde das Mädchen schön warm gehalten.

20 Drei Brüder und drei Schwestern

Die drei Töchter des Königs waren auf geheimnisvolle Weise entführt worden. Alsbald erschienen drei Brüder am Königshof und baten darum, sie suchen zu dürfen. Sie entdeckten im Wald die Fußabdrücke eines Zwerges und folgten ihnen bis zum Rand einer tiefen Schlucht.

Sie stiegen hinab und kamen in ein riesengroßes, geheimnisvolles Königreich.

Da entdeckte der jüngste Bruder ein Schloß aus Kupfer, ging hinein und fand die jüngste Tochter. Doch schon kam ein Drache mit drei Köpfen. Der junge Mann zog rasch sein Schwert und hieb ihm mit einem Schlag die drei Köpfe ab.

Dem zweiten Bruder, der die mittlere Tochter in einem silbernen Schloß fand, erging es mit einem sechsköpfigen Drachen genauso.

Und der Älteste tötete den zwölfköpfigen Drachen, der die dritte Tochter in einem goldenen Schloß bewachte. Dann zerstörten die drei Brüder die Drachenschlösser und kletterten wieder aus der Schlucht hinaus. Wie staunten sie aber, als oben plötzlich drei prächtige Schlösser standen! Dort lebten sie von nun an glücklich und zufrieden mit den drei Königstöchtern.

Oktober

21 Butterlämmchen

Ein kleines Kind war so dick und rund, daß es von allen Butterlämmchen genannt wurde. Eines Tages hörte auch eine Hexe von ihm und beschloß, es zu fressen. Als die Mutter die Hexe kommen sah, versteckte sie ihr Kind im Brotkasten und sagte: „Es ist nicht zu Hause!" — „Schade", meinte die Hexe, „ich habe ihm ein Geschenk mitgebracht." Sobald das Kind „Geschenk" hörte, kam es aus seinem Versteck. Da packte es die Hexe, steckte es in einen Sack und ging fort. Doch in dem Sack war auch ein Messer. Und als die Hexe unterwegs rastete und ein wenig schlief, schnitt Butterlämmchen den Sack auf und lief nach Hause.
Aber die Hexe kam wieder, und durch einen andere List gelang es ihr Butterlämmchen erneut zu packer und mitzunehmen. Ohne zu rasten ging sie nach Hause und setzte gleich einen großen Kessel mit Wasser auf, um Butterlämmchen zu kochen. Aber ihr Riesenlöffel war noch in dem Sack mit dem Kind. Sie löste den Knoten — und schon schlug ihr Butterlämmchen mit aller Kraft den Löffel auf den Kopf. Dann schlüpfte es aus dem Sack, setzte die böse Hexe in das kochende Wasser und kehrte nach Hause zurück.

22 Die Brautschau

Ein junger Hirte kannte drei Schwestern, die so hübsch waren, daß er nicht wußte, welche er heiraten sollte. „Was soll ich tun?" fragte er die Mutter. „Lade sie zum Essen ein und beobachte, wie sie Käse essen."
Der Hirte befolgte den Rat. Die erste aß den Käse mit der Rinde. Die zweite schnitt die Rinde und ein Stück vom Käse ab. Die dritte aber entfernte nur soviel Rinde wie nötig, nicht zuviel und nicht zuwenig.
„Heirate diese", riet die Mutter. Das tat er und wurde auch wirklich glücklich mit ihr.

23 Hänschen und der Komet

Hänschen war ein ziemlich schlechter Schüler, aber er zeigte für alles Interesse. Als der Lehrer in der Schule einmal von Kometen sprach, stellte Hänschen sehr viele Fragen. „Wann kommt der Komet?" wollte er wissen. „Er ist schon da, hast du ihn nicht gesehen?"
„Nein, Herr Lehrer. Wie muß ich es denn anstellen, daß ich ihn sehe?"
„Geh heute abend in den Garten, dann siehst du ihn!"
Am nächsten Morgen fragte der Lehrer Hänschen, ob er den Kometen gesehen hätte. Der Junge schüttelte den Kopf und antwortete: „Nein, habe ich nicht, obwohl ich im Garten war."
„Dann hast du wohl nicht richtig geschaut?" meinte der Lehrer erstaunt.
„Doch", widersprach Hänschen. „Ich habe mindestens eine halbe Stunde lang danach gesucht." — „Wirklich? Ja, wo denn?" fragte der Lehrer. „Überall!" versicherte ihm Hänschen. „Unter den Bäumen, zwischen den Möhren und beim Rosmarin. Wenn der Komet dagewesen wäre, hätte ich ihn bestimmt gesehen. Ich hatte ja sogar die Taschenlampe dabei. Aber..."
„Was aber, Hänschen?" — „Ich glaube, ich hatte vergessen, sie anzuknipsen! Habe ich wohl deshalb den Kometen nicht gesehen?"

Oktober

24 Der Esel und die Grille

Ein armer Esel war mit seiner Stimme gar nicht zufrieden. Als er an einem Sommertag auf einer Wiese weidete, war er ganz entzückt von der schönen Musik der Grillen.
„Was freßt ihr nur, daß ihr eine so schöne Stimme habt?" fragte er eine.
„Wir trinken nur Tau!" antwortete die Grille.
„Das will ich von nun an auch tun", nahm sich der Esel vor. Doch glücklicherweise besaß er einen guten Appetit. Und so hat er zwar seine scheußliche Stimme behalten, aber dafür ist er auch nicht verhungert.

25 Das Hirtenbüblein

Der König hatte von einem Hirtenbüblein gehört, das weit und breit wegen seiner klugen Antworten berühmt war. Er ließ es zu sich kommen und stellte ihm drei Fragen.
„Wieviel Wassertropfen gibt es im Meer?" hieß die erste. Das Hirtenbüblein erwiderte: „Herr König, laßt alle Flüsse der Erde verstopfen, damit kein Wasser mehr zu den Tropfen ins Meer fließt, die ich schon gezählt habe. Dann kann ich es Euch genau sagen." Der König stellte die zweite Frage: „Wieviel Sterne stehen am Himmel?" Das Hirtenbüblein ließ sich einen großen Bogen Papier geben und malte unzählige winzige Punkte darauf. Dann sagte es: „Am Himmel stehen so viele Sterne, wie hier Punkte auf dem Papier sind. Zählt sie nur!"
Die dritte Frage lautete: „Wieviel Sekunden hat die Ewigkeit?"
Da sagte das Hirtenbüblein: „In Asien gibt es einen Berg, der achttausend Meter hoch ist. An diesem wetzt sich ein Vöglein alle hundert Jahre einmal den Schnabel. Wenn es den Berg mit seinem Schnabel abgewetzt hat, ist die erste Sekunde der Ewigkeit vorbei."
„Du hast sehr klug geantwortet", sprach der König. „Darum sollst du von nun an mein Berater sein."

26 Der alte Wolf und der Hund

Eines Tages traf ein alter Wolf einen streunenden Hund. Er war von seinem Herrn davongejagt worden und hatte schon lange nichts mehr zu fressen bekommen. Darum war er auch nur noch Haut und Knochen.
Der Wolf leckte sich das Maul und sagte: „Ich werde dich fressen."
„So dünn wie ich bin?" lachte der Hund. „Mäste mich lieber erst, dann hast du auch mehr von mir!"
Kaum war der Hund dick genug, war er auch wieder stark. Da zeigte er dem alten Wolf die Zähne, und der ergriff die Flucht.

Oktober

27 Die Wanderer und die Platane

Es war mitten im Sommer um die Mittagszeit, und die Sonne brannte unbarmherzig vom Himmel. Da gingen auf einer staubigen Straße zwei Wanderer. Sie waren müde und sehnten sich nach Schatten. Plötzlich sah der eine in der Ferne einen einzelnen Baum, eine Platane. „Dort könnten wir ein wenig ausruhen", sagte er. „Und dann warten wir am besten, bis die Sonne untergeht, bevor wir unseren Weg fortsetzen." „Eine gute Idee", pflichtete ihm der andere bei.
Als die Wanderer im Schatten ankamen, legten sie die Rucksäcke ab, packten ihr Essen aus, aßen und tranken und streckten sich dann ein wenig aus. „Was ist das für ein Baum?" fragte der eine.
„Eine Platane", antwortete der andere.
„Aha, eine Platane also", meinte der erste. „Sie hat schöne große Blätter und einen dicken Stamm. Schade, daß sie keine eßbaren Früchte trägt, so ist sie für den Menschen nutzlos!"
Das hörte die Platane und dachte: „Wie undankbar er ist! Liegt hier in meinem Schatten, ruht sich aus und erholt sich. Aber gleichzeitig beschwert er sich, wie nutzlos ich sei!"
Die Blätter der Platane raschelten vor lauter Empörung.

28 Schneeweißchen und Rosenrot

Eine arme Witwe lebte mit ihren beiden Kindern am Waldrand. In ihrem Garten wuchsen zwei Rosenbäumchen, von denen das eine weiße, das andere rote Blüten trug. Nach diesen Rosen hießen die Kinder Schneeweißchen und Rosenrot.
Eines Abends klopfte es an die Tür der Hütte. Rosenrot öffnete, und herein kam ein großer schwarzgrauer Bär. „Habt keine Angst, ich tue euch nichts zuleide!" sprach er. „Ich bin nur halb erfroren und möchte mich ein wenig aufwärmen."
„Du armer Bär", sagte die Mutter, „leg dich ans Feuer." Die Mädchen bürsteten dem Bären den Schnee aus dem Fell und schlossen bald Freundschaft mit ihm. Von da an kam der Bär jeden Abend. Im Frühling aber sagte er: „Lebt wohl, ich muß euch jetzt verlassen und meinen Schatz vor den bösen Zwergen hüten." Wie traurig waren da die Mädchen!
Als sie einige Zeit darauf im Wald Reisig sammelten, entdeckten sie eine Höhle. Sie traten ein und fanden einen großen Goldschatz. Doch plötzlich stand ein Zwerg vor ihnen und schimpfte: „Ihr habt mir nachspioniert! Das müßt ihr büßen!" Kaum hatte er das letzte Wort gesprochen, da trat ein riesiger Bär in die Höhle, versetzte dem Zwerg einen mächtigen Schlag mit der Tatze und sprach dann: „Schneeweißchen und Rosenrot, fürchtet euch nicht! Ich bin es, euer Freund!"
Im selben Augenblick fiel das Bärenfell zu Boden, und ein junger Mann, reich gekleidet und mit einer Krone auf dem Kopf, stand vor ihnen. „Ich bin der Sohn eines Königs", erklärte er. „Der Zwerg hatte meinen Schatz gestohlen und mich verzaubert. Jetzt ist er tot, und ich bin erlöst." Nun wurde Schneeweißchen mit ihm vermählt und Rosenrot mit seinem Bruder. Sie holten auch die Mutter in den Palast und lebten lange glücklich zusammen.

Oktober

29 Die neidische Scholle

Vor langer Zeit stritten die Fische im Meer, wer von ihnen der schnellste wäre. Immer heftiger wurde der Streit, bis endlich ein alter Fisch vorschlug: „Wir wollen ein Wettschwimmen machen, dann wissen wir es." Gesagt, getan. Alle teilnehmenden Fische schwammen, so schnell sie nur konnten, unter ihnen auch eine platte Scholle. Doch plötzlich ertönte der Ruf: „Der Hering ist erster!" — „Dieser gewöhnliche, kleine Fisch!" sagte die Scholle und verzog vor Neid ihr Maul. Seitdem haben alle Schollen ein schiefes Maul.

30 Die Fee des Gesangs

Vor langer, langer Zeit beschloß die Fee des Gesangs, allen Menschen von Kleinasien das Singen beizubringen. Sie lud darum eines Abends alle Volksstämme in eine Oase ein.
Die Karakalpaken trafen als erste ein. Sie hörten dem Gesang der Fee die ganze Nacht zu und lernten viele Tausende von Liedern.
Die Kirgisen und Turkmenen hingegen wohnten sehr weit weg. Sie kamen gerade noch rechtzeitig, um die letzten Lieder zu hören.
Die Sarten aber, die von allen Völkern den weitesten Weg hatten, trafen erst in der Oase ein, als schon alles vorbei war. Sie hörten nur, wie die Hunde den Mond anheulten. Und weil sie es nicht besser wissen konnten, hielten sie dies für die Lieder der Fee.
So kommt es, daß auch heute noch die Karakalpaken außerordentlich gute Sänger sind und unzählige, gefühlvolle Lieder kennen.
Die Kirgisen und Turkmenen singen weniger abwechslungsreich, und ihr Gesang klingt eintönig.
Die armen Sarten aber heulen wirklich wie die Hunde und sind davon überzeugt, daß sie die Lieder der Fee singen. Sie kennen eben keinen anderen Gesang.

31 Die gekochten Kartoffeln

Amir war in die Welt hinaus gezogen, um sein Glück zu machen. Jahre später kehrte er sehr reich zurück.
Ein Ladenbesitzer wollte das ausnutzen und forderte von Amir eine Million. „Als Rückzahlung für zwölf hartgekochte Eier, die du mir von früher schuldest." Amir weigerte sich, die hohe Summe zu zahlen, und der Ladenbesitzer ging vor Gericht.
Mit großer Verspätung traf Amir zur Verhandlung ein und hörte, wie der Kaufmann den Fall schilderte:
„Ich habe eine Million verlangt, weil aus den zwölf Eiern, die ich ihm damals gegeben habe, zwölf Küken hätten schlüpfen können. Diese wären zu Hühnern und Hähnen herangewachsen und hätten sich wiederum vermehrt. Da hätte ich mindestens achtundzwanzig Küken bekommen und so fort, all die Jahre über. Heute besäße ich eine riesige Hühnerschar." Nun wandte sich der Richter an Amir und fragte zunächst, warum er zu spät gekommen sei.
„Ich mußte noch meine Kartoffeln kochen und säen, damit ich eine gute Ernte bekomme", sagte Amir. „Seit wann sät man gekochte Kartoffeln?" fragte der Richter. „Seitdem aus hartgekochten Eiern Küken schlüpfen, Euer Ehren!"

Oktober

Inhaltsverzeichnis

Märchen des Monats: Aladin und die Wunderlampe
nach einem arabischen Märchen

1. Daumesdick als Fuhrmann   *nach den Brüdern Grimm*
2. Daumesdicks großes Abenteuer   *nach den Brüdern Grimm*
3. Muttergottesgläschen   *nach den Brüdern Grimm*
4. Der Zarensohn und der Feuervogel   *nach einem russischen Märchen*
5. Die zwei Freunde und der Bär   *nach Äsop*
6. Der Hase und die Frösche   *nach La Fontaine*
7. Die Prinzessin und die Kuh   *nach einem russischen Märchen*
8. Unentschlossene Else   *nach den Brüdern Grimm*
9. Der Affe und das Krokodil   *nach einem afrikanischen Märchen*
10. Die geizige Frau und der Buntspecht   *nach einem norwegischen Märchen*
11. Der Wichtelmann und der Bauer   *nach den Brüdern Grimm*
12. Die drei Bären   *nach einem englischen Märchen*
13. Der Wolf und der Ziegenbock   *nach einem rumänischen Märchen*
14. Ein Armer im Himmel   *nach den Brüdern Grimm*
15. Der Mond in der Eiche   *nach den Brüdern Grimm*
16. Rätselmärchen vom Klatschmohn   *nach den Brüdern Grimm*
17. Der Löwe und der Dachs   *nach einem afrikanischen Märchen*
18. Der Bauer und der Fink   *nach einem japanischen Märchen*
19. Der Sternenregen   *nach den Brüdern Grimm*
20. Drei Brüder und drei Schwestern   *nach einem russischen Märchen*
21. Butterlämmchen   *nach einem norwegischen Märchen*
22. Die Brautschau   *nach den Brüdern Grimm*
23. Hänschen und der Komet   *nach J. K. Jerome*
24. Der Esel und die Grille   *nach Äsop*
25. Das Hirtenbüblein   *nach den Brüdern Grimm*
26. Der alte Wolf und der Hund   *nach einem rumänischen Märchen*
27. Die Wanderer und die Platane   *nach Äsop*
28. Schneeweißchen und Rosenrot   *nach den Brüdern Grimm*
29. Die neidische Scholle   *nach den Brüdern Grimm*
30. Die Fee des Gesangs   *nach einem türkischen Märchen*
31. Die gekochten Kartoffeln   *nach einem arabischen Märchen*

November

Märchen des Monats

Hänsel und Gretel

November

In einem Häuschen vor einem großen Wald lebte einmal ein armer Holzhacker. Er konnte für seine Frau und die beiden Kinder Hänsel und Gretel kaum das tägliche Brot beschaffen. Eines Nachts hörten die Kinder, wie die Stiefmutter sagte: „Bring die Kinder morgen in den Wald und laß sie dort allein. Ansonsten verhungern wir alle vier." Es gelang ihr, den Vater zu überreden. Gretel weinte vor Angst, Hänsel aber ging im Mondschein vor das Haus und füllte seine Taschen mit weißen Kieselsteinen. Diese wollte er auf den Weg streuen, um nach Hause zurückzufinden. Und so kam es, daß die Kinder am nächsten Abend wieder daheim waren. Wie erleichtert war der Vater, und wie ärgerte sich die Stiefmutter! „Morgen mußt du sie noch tiefer in den Wald hineinführen!" schimpfte sie. Gretel weinte bitterlich, doch Hänsel beruhigte die Schwester: „Ich werde wieder Kieselsteine sammeln." Aber als er dann hinauswollte, war die Tür abgeschlossen. Was sollte er anfangen? Am folgenden Tag geschah alles wie am vorhergehenden, nur hatte Hänsel keine Kieselsteine. Darum streute er kleine Stückchen von seinem Brot auf den Weg. Diesmal führte der Vater die Kinder noch tiefer in den Wald. „Bleibt hier! Heute abend nach der Arbeit hole ich euch ab", sagte er. Zu Mittag teilte Gretel ihr Brot mit Hänsel. Der Abend kam, doch der Vater erschien nicht. Hänsel sagte tröstend zu seiner Schwester: „Wart, bis der Mond aufgeht, dann sehen wir die Brotstückchen auf dem Weg und finden wieder nach Hause." Der Mond ging auf, doch kein Brot war zu sehen. Die vielen Vögel im Wald hatten es längst aufgepickt. Hänsel aber ließ sich nicht entmutigen und tröstete seine Schwester: „Bald sind wir wieder zu Hause." Tagelang irrten die Kinder durch den großen, finsteren Wald, da kamen sie an ein seltsames Haus, das ganz aus Lebkuchen gebaut und mit Zuckerguß verziert war. Auch die Fenster bestanden aus Zucker.

„Hier wollen wir uns niedersetzen und uns satt essen!" sagte Hänsel. „Ich will vom Dach essen, iß du vor Fenster, Gretel, das ist schön süß!" Die Kinder brachen sich gleich große Stücke ab. Da hörten sie von drinnen eine Stimme: „Knusper, knusper Kneuschen! Wer knuspert an meinem Häuschen?" Und dann erschien eine alte Frau und lud sie freundlich ein hereinzukommen.

Doch diese Frau war eine Hexe und steckte Hänsel gleich am nächsten Tag in einen kleinen Stall. Dort wollte sie ihn mästen und schließlich auffressen. Hänsel bekam nun täglich das beste Essen, damit er fett werde. Gretel aber mußte sich mit Abfällen begnügen. Jeden Tag ging die Hexe

November

zu Hänsels Stall und sagte: „Streck deinen Finger heraus, damit ich fühlen kann, ob du fett genug bist!" Aber Hänsel streckte ihr jedesmal nur ein Knöchlein hinaus, und die böse Hexe wunderte sich, daß er gar nicht zunehmen wollte.

Nach ein paar Wochen verlor sie die Geduld und sagte zu Gretel: „Heute will ich deinen Bruder kochen und aufessen. Hol Wasser und mach das Feuer an!" Gretel weinte und flehte um sein Leben, aber die Hexe ließ sich nicht erweichen.

So mußte Gretel Wasser holen und den Kessel mit Wasser über das Feuer hängen. „Gib nun acht, bis es kocht", sagte die Hexe. „Ich will inzwischen den Backofen einheizen und das Brot hineinschieben."

Gretel stand in der Küche, weinte bittere Tränen und dachte: „Hätten uns lieber die wilden Tiere im Wald gefressen!" Und dann betete sie: „Lieber Gott, hilf uns armen Kindern aus der Not!"

Da rief die Hexe: „Gretel, komm mal her! Kriech in den Backofen und schau nach, ob das Brot schon schön braun ist!"

Wenn das Mädchen im Ofen war, wollte sie die Tür zuwerfen. Doch da hörte Gretel eine Stimme, die ihr zuflüsterte, was sie machen sollte. So antwortete sie der Hexe: „Ich weiß nicht, wie man das macht. Kannst du es mir nicht zeigen?" Die Hexe schimpfte „Dumme Gans!", doch dann kroch sie in den Backofen.

Da gab ihr Gretel einen kräftigen Stoß, und die Hexe fiel in die heiße Glut. Schnell machte Gretel die Tür zu und schob den eisernen Riegel vor. So mußte nun die Hexe elendig verbrennen. Dann befreite Gretel ihren Bruder. Die Kinder umarmten sich glücklich und tanzten durchs ganze Haus.

Im Hexenhaus standen Kisten voller Edelsteine, und die Kinder packten ihre Taschen voll.

„Die Eltern werden staunen, wenn wir mit diesen Reichtümern zurückkehren", sagte Hänsel. „Dann bringen sie uns bestimmt nicht mehr in den Wald." Die Kinder machten sich auf den Heimweg. Sie durchquerten den Wald und standen auf einmal vor einem breiten Bach. Da brachte sie eine Ente — es war sicherlich eine verzauberte gute Fee — wohlbehalten ans andere Ufer. Und schon standen sie vor dem Haus ihres Vaters und klopften an die Tür. Der Vater öffnete, und Hänsel und Gretel fielen ihm glücklich um den Hals. Die drei weinten und lachten vor Freude und Glück! „Jetzt brauchen wir auch nie mehr zu hungern!" rief Hänsel und schüttete die Edelsteine aus seinen Taschen. Da war alle Not vergessen. Und die Stiefmutter? Die hatte den Vater schon lange verlassen.

November

1 Der treue Mungo

Ein junges indisches Ehepaar hatte einen kleinen Jungen. Eines Tages sagte Lavea zu ihrem Mann: „Indi, paß auf unser Baby auf, solange ich am Fluß bin." Er setzte sich neben das Körbchen, und der Kleine schlief bald ein. Kurze Zeit danach kam ein Bote vom Königshof und forderte Indi auf mitzukommen. „Du sollst für einen Freund aussagen!"
Indi rief den Mungo herbei, den sie im Haus hielten, und überließ das Baby seiner Obhut. In Indien sind Mungos so etwas wie bei uns die Katzen. Auch sie fressen Mäuse, nehmen aber sogar den Kampf mit großen und giftigen Schlangen auf. Außerdem sind Mungos treuer als Katzen. Der Mungo setzte sich also vor das Kinderkörbchen. So entdeckte er den Python gleich, wie er zum Fenster hereinglitt, stürzte sich darauf und biß ihn tot. Als Indi später heimkehrte und den Mungo mit blutverschmiertem Maul sah, dachte er einen Augenblick an das Schlimmste. „Ach!" sagte er erleichtert, nachdem er das Kind friedlich schlafend vorfand. Dann erst entdeckte Indi den toten Python!
Von dem Tag an liebte das Ehepaar den treuen Mungo noch mehr als vorher, denn er hatte ihr Kind vor dem Tode gerettet.

2 Die verschwenderische Herrin

Bianca war schön und reich, aber auch leichtsinnig und verschwenderisch. Wenn sie ein Kleid ein paarmal getragen hatte oder es ihr nicht mehr gefiel, warf sie es einfach weg. Und beim Spinnen vergeudete sie mehr Flachs, als sie verspann.
Ihr Kammermädchen Rosa brachte es nicht übers Herz, die vielen guten Sachen wegzuwerfen. Sie hob alles auf, was Bianca nicht brauchte, und nahm es mit nach Hause.
Eines Tages hielt ein junger Mann um Biancas Hand an. Und weil er gut aussah und klug war, wollte Bianca nicht lange mit der Hochzeit warten. Schnell wurden ein paar Freunde eingeladen, darunter auch Rosa. Diese trug ein sehr schönes Kleid, das von ihrer Herrin stammte.
Als Bianca ihr Kleid erkannte, rief sie: „Das Kammermädchen, das so blendend aussieht, trägt zu meiner Hochzeit ein altes, abgelegtes Kleid von mir!" Der Bräutigam fragte erstaunt: „Wie meinst du das?" Als er hörte, worum es ging, rief er lachend: „Bianca, wenn du so gute Sachen wegwirfst, bist du sehr verschwenderisch! Und eine solche Frau kann ich mir nicht leisten. Ich heirate Rosa!"
So hat Bianca ihren Bräutigam verloren und Rosa einen Mann gefunden.

3 Der Bauer und seine Söhne

Ein Bauer fühlte, daß es mit ihm zu Ende ging, rief seine Söhne und sagte: „Ich verlasse euch bald, aber ich habe vorgesorgt. Grabt den Weinberg gründlich um und teilt alles brüderlich, was ihr darin findet!" Die Söhne meinten, der Vater habe von einem vergrabenen Schatz gesprochen. Daher gingen sie gleich nach seinem Tod daran, den Weinberg gründlich umzugraben, ja, sie warfen die Erde sogar durchs Sieb! Einen Schatz haben sie nicht gefunden, aber die Traubenernte wurde sehr reich. Das also hatte der Vater gemeint!

November

4 Der arme Müllerbursch und das Kätzchen

Der alte Müller rief seine drei Söhne und sagte: „Wer von euch mir das schönste Pferd bringt, bekommt die Mühle!" Zu dritt zogen sie in die Welt, Hans aber, der jüngste Sohn, verlor sich bald im Wald. Hier begegnete ihm ein buntes Kätzchen und sagte: „Komm mit mir und sei sieben Jahre lang mein treuer Diener! Dann will ich dir ein schönes Pferd geben." „Nun, das ist eine wunderliche Katze", dachte Hans und folgte ihr in ein verwunschenes Schlößchen. Mit einer silbernen Axt mußte er jeden Tag Holz kleinmachen. Dafür bekam er Essen und Trinken. Er sah aber niemanden als das bunte Kätzchen und die vielen Katzen, die ihr dienten. Als die sieben Jahre fast vorbei waren, forderte das Kätzchen von Hans: „Baue mir mit diesem silbernen Werkzeug ein Häuschen von Silber!"
Hans baute es, so gut es ging.
Da kam das bunte Kätzchen, öffnete die Tür und zeigte Hans zwölf herrliche Pferde. „Deines ist auch darunter. Geh nun heim, ich bringe es dir in drei Tagen nach!"
Als Hans in die Mühle kam, fragten ihn seine Brüder gleich: „Hans, wo hast du dein Pferd?" — „Es kommt in drei Tagen nach!" Da lachten ihn alle aus. Aber nach drei Tagen hielt vor der Mühle eine Kutsche mit sechs Pferden. Daraus stieg eine Königstochter — niemand anders als das bunte verwunschene Kätzchen — und rief nach Hans.
Dann wollte sie die Pferde der Brüder sehen. O weh, eines war lahm und das andere blind! Jetzt führte Hans sein Pferd vor. Es war schön, und sein Fell glänzte, daß es eine Freude war, es anzusehen. Der Müller rief gleich: „Hans bekommt die Mühle!"
Aber die Königstochter sagte: „Behaltet Pferd und Mühle! Hans kommt mit mir, wir wollen heiraten, denn nur seine Treue hat mich erlöst." Und als sie zum silbernen Haus kamen, war es ein herrliches Schloß geworden.

5 Der härteste Stein

Vor langer Zeit erschien der Herr dem König Salomon im Traum und forderte ihn auf, einen Friedenstempel zu bauen. „Aber ohne Eisen zu verwenden", sagte er, „weil das mit Waffen und Krieg zu tun hat."
Wie war das zu machen?
Schon um die Steine aus dem Berg zu hauen, wurden sonst Spitzhacken aus Eisen benutzt!
Ein weiser Ratgeber des Königs hatte einen Einfall. „Moses", sagte er, „hat die zehn Gebote mit einem Schamir in die Gesetzestafeln geritzt. Verwende auch du ihn!" Aber niemand wußte, was ein Schamir war, und noch weniger, wo er zu finden wäre. König Salomon, der auch über die Tiere herrschte, rief alle zusammen, aber keines konnte ihm weiterhelfen. Der Adler war dem Aufruf nicht gefolgt. Um ihn herbeizulocken, nahm Salomon seine Jungen aus dem Horst und steckte sie unter eine schwere Glasglocke. Zuerst versuchte der Adler, die Glocke hochzuheben. Dann flog er fort, kam mit einem glühenden Steinchen im Schnabel zurück und schnitt damit das Glas durch. Es war der Schamir vom Berg des Sonnenunterganges! Den verwendete dann auch Salomon, um den Friedenstempel zu bauen.

November

6 Die beiden Hähne und der Adler

Es waren einmal zwei Hähne, die um die Herrschaft im Hühnerhof stritten. Eines Tages kam es sogar zum Kampf zwischen ihnen.
Einer der Hähne mußte schließlich die Flucht ergreifen, um nicht noch schrecklicher zugerichtet zu werden. Stolz flog der Sieger auf die Hofmauer und krähte laut sein „Kikeriki". Das war sein Pech, denn damit zog er die Aufmerksamkeit eines Adlers auf sich. Der stürzte gleich herab und packte den Hahn.
Hochmut und Stolz bringen jeden zu Fall.

7 Der Riese und der Schneider

Ein Schneider, der ein großer Prahler war, ging in die Welt, um sich ein bißchen umzuschauen. Er kam an einen Berg. Darauf stand ein Turm, der fast bis in den Himmel reichte. „Den will ich mir ansehen", dachte der Schneider. Wie erschrak er aber, als er entdeckte, daß der Turm Beine hatte und ein Riese war!
Um wegzulaufen, war es zu spät! Der Schneider mußte beim Riesen bleiben und für ihn arbeiten. „Hol mir einen Krug Wasser!" befahl der Riese. „Warum nicht lieber gleich den Brunnen mitsamt der Quelle?" rief der Prahlhans, und der Riese erschrak ein wenig. „Hau ein paar Scheite Holz und trag sie heim!" rief der Riese am nächsten Tag. „Warum nicht lieber gleich den ganzen Wald mit einem Streich?" fragte der Schneider. Der Riese dachte: „Ob der wohl verhext ist?" und begann sich zu fürchten. Dann sagte er: „Schieß zwei oder drei Wildschweine zum Abendessen!" „Warum nicht lieber gleich tausend auf einen Schuß?" fragte der Schneider. Nun bekam es der Riese mit der Angst zu tun. Er wünschte nur noch, den verhexten Schneider loszuwerden. Darum schenkte er ihm für seine Dienste einen Sack Gold und schickte ihn heim.

8 Die Affen und die Glocke

Ein Dieb, der eine Silberglocke gestohlen hatte, wurde von einem Tiger angefallen und getötet. Affen fanden die Glocke und läuteten laut damit. Die Bewohner des nahen Dorfes erschraken davon sehr, denn sie dachten: „Das muß ein Riese sein!" Nur eine Frau ließ sich nicht einschüchtern, nahm einen Korb mit Obst und ging dem Klang nach. Als sie ganz nahe war, stellte sie den Korb ab und versteckte sich. Bald darauf stürzten sich die Affen auf das Obst. Die Frau nahm die Glocke mit und wurde als Heldin gefeiert.

November

9 Der König der Vögel

Vor vielen Jahren bestimmte Zeus, der oberste der Götter, einen Tag, an dem alle Vögel vor ihm erscheinen sollten. Er wollte den Schönsten aussuchen und ihn zum König der Vögel ernennen.

Sobald die Vögel das hörten, kamen alle am Ufer eines Flusses zusammen. Stare und Fasane, Pfaue und Adler, Nachtigallen und Reiher wuschen und putzten sich um die Wette. Auch ein Rabe war gekommen.

Beschämt stellte er fest, daß er der schwärzeste und häßlichste unter den Vögeln war. Was sollte er tun? „Für alles gibt es ein Mittelchen", tröstete er sich und sammelte fleißig alle Federn auf, die den Vögeln beim Putzen ausgefallen waren.

Damit schmückte sich der Rabe. Nun sah er wie ein seltsam phantastischer Vogel aus!

An dem bestimmten Tag erschienen alle Vögel vor Zeus, auch der Rabe im fremden Federschmuck.

Als aber Zeus dabei war, den Raben zum König der Vögel zu erklären, kam es unter den Vögeln zu einem Aufruhr.

Wütend stürzten sich alle auf den Raben, und jeder nahm seine eigenen Federn an sich. „Es gibt zwar für alles ein Mittelchen", dachte der Rabe, „aber man darf sich nicht erwischen lassen!"

10 Prinzessin Weitblick

Die schöne Prinzessin wohnte in einem Schloß, das einen Turm mit zwölf Zauberfenstern hatte. Wenn sie durch diese Fenster schaute, konnte sie alles sehen, was auf der Welt vor sich ging. Viele Freier warben um die Prinzessin, und sie gab bekannt: „Ich werde jenen Mann heiraten, der sich so gut verstecken kann, daß ich ihn nicht finde."

Viele versuchten es, aber erfolglos. Da erschien ein junger Mann und bat die Prinzessin: „Darf ich es dreimal probieren?"

Sie war einverstanden, und er rief drei Tiere zu Hilfe, denen er einmal das Leben gerettet hatte.

Der Rabe schloß den jungen Mann in sein Ei ein und setzte sich im Nest darauf. Die Prinzessin fand ihn sogleich. Die Kröte verschluckte ihn und kroch in den Schlamm — ein Kinderspiel für die Prinzessin, ihn zu finden. Der Fuchs verwandelte den Mann in eine schöne goldene Krone. Diese setzte die Prinzessin auf und schaute dann durch ihre Zauberfenster.

Aber diesmal konnte sie den Freier natürlich nirgends sehen. Schließlich dachte sie: „Er ist klüger als ich!" und gab das Suchen auf. Als er dann vor ihr stand, war sie einverstanden, ihn zu heiraten.

November

11 Der Topf der Nachbarin

Eine Frau borgte sich von ihrer Nachbarin einen Topf. Am nächsten Morgen brachte sie ihn zusammen mit einem Töpfchen zurück. „Dein Topf hat heute nacht ein Junges bekommen", erklärte sie. Die Nachbarin nahm das Töpfchen wortlos an.
Nach einigen Tagen borgte sich die Frau den großen Topf wieder, brachte ihn aber diesmal nicht zurück. Als die Nachbarin ihren Topf haben wollte, hieß es: „Er ist tot!" — „Das ist nicht möglich!" empörte sie sich. „Und wieso nicht? Wenn er Junge kriegen kann, kann er auch sterben!"

12 Alles wegen der Milch!

Der lange Lenz und die hagere Liese rackerten sich den ganzen Tag ab, aber sie kamen zu nichts.
„Hör mal, Lenz, was ich mir ausgedacht habe", sagte Liese eines Tages. „Ich werde uns eine Kuh kaufen."
„Das wäre großartig, aber wie willst du es anstellen?"
„Nichts leichter als das! Ich brauche nur vier Gulden. Wenn ich einen fände, die Eltern uns einen schenkten und wir noch einen borgen würden, hätten wir schon drei. Du müßtest dann nur für einen aufkommen. Das wäre doch nicht unmöglich, oder?"
„Nein, das gerade nicht", meinte Lenz. „Ich finde deinen Einfall sehr gut! Wenn dann die Kuh ein Kälbchen hat, kann ich auch manchmal eine Tasse Milch trinken."
„Die Milch ist nicht für dich!" ereiferte sich Liese. „Kein einziger Tropfen! Ja, meinst du, ich würde mich abrakkern, damit du Milch zum Trinken hast?"
„So, dann kannst du warten, bis ich dir einen Gulden gebe!" schrie Lenz.
Wenn Lenz und Liese bis jetzt noch keine Kuh haben, so nur deshalb, weil sie immer noch wegen der Milch streiten.
Und darum haben sie keine Zeit, den ersten Gulden zu suchen.

13 Kater Felix und die Füchsin

Die Füchsin begegnete im Wald einem Kater und fragte: „Wer bist du?"
„Ich bin Felix der Schreckliche und vom König als neuer Verwalter des Waldes eingesetzt."
Als die Füchsin das hörte, dachte sie: „Hm, hm, eine wichtige Person!" Und dann wußte sie es so einzurichten, daß sie bald heirateten. Ihre Wohnung lag hinter der Hütte des Holzfällers. Die Füchsin verbreitete im Wald das Gerücht, daß ihr Mann, der neue Verwalter, ein gefräßiges und schreckliches Tier sei. „Für jeden Waldbewohner wäre es besser, ihn durch Geschenke zum Freund zu gewinnen."
Bald schleppte der Bär einen ganzen Ochsen und der Wolf ein Schaf herbei. Sie selbst versteckten sich in der Nähe und wollten sich erst später dem Verwalter vorstellen.
Felix der Schreckliche erschien und stürzte sich gleich auf das Fleisch. Dabei murrte und knurrte er. Das hörte sich an wie „noch mehr, noch mehr". Entsetzt wollte der Wolf wegschleichen. Als ein dürrer Ast knackte, erschrak der Kater so sehr, daß er einen Luftsprung machte und auf dem Kopf des Wolfes landete. Zu Tode erschrocken floh der Wolf.
Seit dem Vorfall haben alle Waldtiere vor Katzen panische Angst.

November

14 Der Sommer des Sankt Martin

An einem kalten, regnerischen Novembertag ritt ein junger Soldat namens Martin auf dem aufgeweichten Feldweg. An einer Wegkreuzung fiel ihm ein Mann in Lumpen auf. Ganz durchnäßt und halb erfroren lag er am Wegrand. Voll Mitleid zog Martin sein Schwert, schnitt seinen schweren Mantel durch und gab dem Armen die eine Hälfte.
Etwas weiter begegnete dem jungen Soldaten wieder ein Mann in Lumpen. Dem gab Martin die andere Hälfte seines Mantels.
Jetzt war er selbst dem Regen und der Kälte ausgesetzt. Der junge Soldat hatte nun nichts mehr zu verschenken.
Aber jedesmal, wenn er auf seinem Weg einem armen, frierenden Menschen begegnete, zog sich sein Herz vor Schmerz zusammen. Wie könnte er helfen?
Da erbarmte sich der Himmel!
Der Regen hörte plötzlich auf, die dicke Wolkendecke verzog sich, und die Sonne kam hervor. Es war so warm wie im Sommer.
Wenn es in der ersten Novemberhälfte warm ist und die Sonne scheint, sagt seither jeder, der diese ergreifende Geschichte kennt: „Das ist der Sommer des Sankt Martin!"

15 Der Riese und die Kinder

Jeden Nachmittag kamen die Kinder im Garten des Riesen zusammen, um zu spielen, denn er war der schönste weit und breit. So viele Vögel und Blumen gab es sonst nirgends!
Aber eines Tages kehrte der Riese sehr schlecht gelaunt nach Hause zurück und schrie die spielenden Kinder an: „Was macht ihr in meinem Garten? Schaut, daß ihr fortkommt! Ich will euch nie mehr hier sehen!"
Dann errichtete er um seinen Garten eine hohe Mauer und brachte ein Schild an: „Privatbesitz. Eintritt für Fremde verboten!" So selbstsüchtig war der Riese! Von dem Tag an hatten die Kinder keinen Platz mehr zum Spielen. Sie gingen traurig um die hohe Mauer herum und sagten: „Wie schön war es doch, als wir noch im Garten spielen durften!"
Der Frühling kam, rings um die Mauer grünte und blühte es. Vögel sangen, und Schmetterlinge flatterten über den Blumen. Im Garten des Riesen war es weiterhin Winter. Auch der Sommer blieb aus.
Der Riese wunderte sich. Die Vögel sagten zu den Blumen: „Er ist zu selbstsüchtig und denkt nur an sich!"
Eines Morgens, als der Riese noch im Bett lag, hörte er Vögel in seinem Garten zwitschern. „Der Frühling ist gekommen!" rief er und lief schnell ans Fenster, um hinauszuschauen.
Aber was sah er?
Kinder waren in seinen Garten eingedrungen, und mit ihnen waren auch Vögel gekommen.
„Wie dumm und selbstsüchtig war ich!" rief der Riese. „Jetzt weiß ich, warum der Frühling bei mir nicht einziehen wollte!"
Dann rannte er in seinen Garten und begann, die Mauer abzutragen. „Das ist euer Garten, Kinder!" rief er ihnen zu. Und wie durch ein Wunder fing der Baum hinter ihm zu blühen an. Ein Vogel kam geflogen, zwitscherte freundlich und setzte sich dem Riesen auf die Schulter.

November

16 Der Hund Schiro

In einem kleinen japanischen Dorf lebte ein armer alter Bauer. Eines Tages traf er einen herrenlosen weißen Hund und nahm ihn mit nach Hause. Er nannte ihn Schiro, was auf japanisch „weiß" heißt, und behandelte ihn sehr liebevoll.
Einmal begann Schiro mitten in der Nacht zu bellen. Als sein Herr hinzukam, scharrte er mit den Füßen und knurrte: „Grab hier, grab hier!"
Verwundert gehorchte der Bauer und fand einen Schatz.
Das erzählte er seinem Nachbarn, und dieser bat: „Borg mir Schiro für ein paar Tage!" Er hoffte, daß ihm der Hund auch einen Schatz anzeigt.
Der Bauer war einverstanden. Sehr schnell wurde der Nachbar ungeduldig und schlug Schiro. Er wollte ihn zwingen, schneller zu suchen. Endlich scharrte Schiro an einer bestimmten Stelle, und der Nachbar begann fieberhaft zu graben. Er fand... ein paar zerbrochene Dachziegel.
Schiro hat noch viele gute Menschen mit Schätzen belohnt und böse bestraft. Als er starb und begraben wurde, wuchs aus seinem Grab in einer einzigen Nacht eine riesige Tanne. Drei Männer konnten ihren Stamm nicht umfassen, und an ihren Ästen hingen bunte Edelsteine.

17 Prinz Igor und die schöne Irina

Als der König für einige Zeit fort mußte, gab er seinem Sohn die Schlüssel zu allen Räumen des Schlosses und sagte: „Das Zimmer, das mit dem goldenen Schlüssel aufgeschlossen wird, darfst du nicht betreten!" Aber gerade da hinein ging Igor zuerst. Nichts als ein Fernrohr stand darin. Er schob es neugierig ans Fenster. Und was sah er? Ein sehr schönes Mädchen, das ihm vom Balkon eines Schlosses lieb zulächelte. Es war wie ein ferner Traum, aber Igors Ruhe war dahin, er hatte sich unsterblich in das Mädchen verliebt!
Als der Vater zurückkam, wußte er sofort, was vorgefallen war, und sagte: „Igor, warum hast du mir nicht gehorcht?"
„Verzeih mir bitte, lieber Vater", bat Igor, „und hilf mir, das Mädchen zu finden, an das ich Tag und Nacht denke."
„Der Weg zu ihm ist mit vielen Gefahren verbunden", warnte der König. Aber Igor versicherte dem Vater, daß ihn keine Gefahr davon abhalten könne, das Mädchen zu suchen. Da gab ihm der König einen Zauberring und ließ ihn ziehen. Trotz vieler Hindernisse kam Igor wohlbehalten in das Schloß, von dem er geträumt hatte. Irina – das ist der Name des Mädchens mit dem lieblichen Lächeln – spazierte gerade durch den Schloßgarten. Plötzlich stand ihr der schöne junge Mann gegenüber, den sie in einem Traum gesehen hatte und an den sie seither immer dachte. Glücklich lächelte sie Igor an. Der fragte ganz erstaunt: „Kennst du mich?"
„Ich habe dich in einem Traum gesehen", antwortete sie.
„Ich habe dich auch in meinen Träumen gesehen", sagte Igor. „Und jetzt habe ich dich endlich gefunden! Wenn du einverstanden bist, wollen wir auf dem Schloß meines Vaters heiraten." Igors Vater empfing das junge Paar sehr freundlich, und bald wurde die Hochzeit gefeiert.

November

18 Wie die Wüste entstand

Als Gott die Welt erschuf, war sie ein riesiger Blumengarten.
Doch der Herr warnte die Menschen: „Überlegt es euch gut, was ihr tut! Denn für jede schlechte Tat lasse ich ein Sandkorn auf die Erde fallen."
Die Menschen achteten nicht auf diese Warnung.
Einige dachten sogar: „Ein paar Sandkörner mehr oder weniger, was macht das schon aus?"
So kam es, daß die Erde nach und nach von Sandmeeren — den riesigen Wüsten — bedeckt wurde, weil die Menschen Böses taten.

19 Wie der Bauer Gott betrügen wollte

Ein Bauer wollte eine Kuh und zwei Hennen verkaufen. Um auf den Markt zu kommen, mußte er einen dunklen Wald durchqueren. Er fürchtete sich sehr, weil hier öfter Leute überfallen wurden. „Lieber Gott", betete er, „wenn ich aus diesem Wald heil herauskomme, schenk' ich alles, was ich für die Kuh erhalte, der Kirche!" Und es passierte ihm wirklich nichts! Jetzt ärgerte sich der Bauer, daß er voreilig so viel Geld versprochen hatte. „Wie könnte ich es anstellen, daß ich der Kirche weniger gebe und trotzdem mein Versprechen halte?" Bald fand er einen Ausweg. Auf dem Markt bot er die Kuh für den Preis von zwei Hühnern an. Natürlich fand sich gleich ein Käufer. „Wer die Kuh haben will", erklärte nun der Bauer, „der muß auch die Hennen kaufen!" — „Einverstanden! Und was willst du dafür?"
Nun, für die Hennen verlangte der Bauer soviel wie für eine Kuh! Weil aber der Preis im ganzen stimmte, blieb der Käufer bei dem Geschäft. Der Bauer gab der Kirche das Geld, das er für die Kuh bekommen hatte, und ging zufrieden nach Hause. Doch der Beutel mit dem Geld für die Hühner war weg — den hatte er im Wald verloren!

20 Die faulen Diener

Einige Diener prahlten mit ihrer Faulheit, als ob das ein Verdienst wäre. „Wenn mich mein Herr ruft", sagte der erste, „tue ich so, als ob ich's nicht gehört hätte, und lasse ihn zwei- oder dreimal rufen."
„Wenn ich ein Pferd striegeln soll", sagte der Stallknecht, „lege ich mich in die Futterkrippe, strecke einen Fuß hinaus und fahre dem Pferd mit meinem Stiefel übers Fell. Das ist Schwerarbeit, sage ich euch!"
„Ich schlafe immer angezogen", prahlte ein anderer, „damit ich mir das An- und Ausziehen erspare."
„Hört mal zu", unterbrach da ein vierter Diener, „neulich bin ich fast verdurstet, weil ich zu faul war, die Hand nach dem Wasserkrug auszustrecken und ihn an den Mund zu führen."
Ein anderer rief dazwischen: „Das ist noch nichts! Wenn mir ein großer Stein im Weg liegt, so stoße ich mich lieber daran, als ihm auszuweichen!"
„Papperlapapp!" rief der letzte Diener verächtlich. „Als ich gestern auf der Wiese lag, begann es zu regnen. Ich stellte mich auch dann nicht unter, als ein Wasserstrom angebraust kam und mir das Haar vom Kopf riß. Schaut mal!"
Und er zeigte allen seinen kahlen Schädel.

November

21 Der Ochse und das Pferd

Ein Ochse und ein Pferd bemerkten, daß sich ihr Herr für den Krieg vorbereitete. Das Pferd machte sich Sorgen, weil es an die Gefahren dachte, denen es ausgesetzt sein würde. Der Ochse hingegen war begeistert. Er dachte: „Wenn mein Herr weg ist, werde ich weniger zu tun haben."
Doch bald traf die Nachricht ein, daß der Feind zurückgeschlagen sei, und der Herr gab ein großes Festessen für seine Freunde. Was meint ihr, wer der eigentliche Verlierer in dieser Geschichte war? Richtig, der Ochse, er wurde aufgegessen!

22 Der Fuchs als Schäfer

Eine Frau suchte einmal einen Schäfer für ihre Herde. Es meldete sich ein Bär. „Ruf die Herde zusammen!" verlangte die Frau. Er brummte laut, und die Schafe liefen auseinander.
Genauso erging es einem Wolf, als er heulte.
Dann kam ein Fuchs. Und weil er die Herde zusammenrufen konnte, vertraute ihm die Frau die Schafe an und ging beruhigt fort.
Nach und nach fraß der Fuchs fast alle auf. Die Frau kam früher als erwartet zurück, und der Fuchs hatte keine Zeit, das Weite zu suchen.
Die Frau fand ihre Schafe nicht und verlangte vom Fuchs eine Erklärung. „Ein Teil weidet unten am See, der andere auf der Waldlichtung", log er. Davon wollte sich die Frau selbst überzeugen.
Der Fuchs dachte: „Inzwischen will ich noch schnell die Sahne von der Milch schlecken und mich dann aus dem Staub machen."
Aber die Frau kehrte bald zurück, erwischte ihn beim Naschen und schlug auf ihn ein.
Es gelang dem Fuchs zu entkommen, aber seine Schwanzspitze bekam etwas von der Sahne ab.
Und seitdem haben die Füchse einen weißen Fleck am Schwanz.

23 Der Straßenkehrer und der Richter

Ein Straßenkehrer fand während seiner Arbeit Geld und kaufte dafür ein Gläschen Honig. Das stellte er für seine Tochter auf den Tisch. Aber als sie es entdeckte, war nichts mehr darin …die Fliegen hatten den ganzen Honig aufgegessen! Wütend lief der Straßenkehrer zum Richter und forderte: „Alle Schuldigen sollen eingesperrt und zum Tode verurteilt werden!"
„Das würde ich gern tun", sagte der Richter, „aber du wirst es verstehen, daß ich gegen diese Plagegeister keine Armee einsetzen kann. Darum schlage ich folgendes vor: Von nun an hast du das Recht, jede Fliege, die du siehst, totzuschlagen. Ja, ich fordere sogar von dir, daß du keine einzige entkommen läßt!"
„Sie können sich auf mich verlassen, Herr Richter", versicherte der Straßenkehrer zufrieden.
In dem Augenblick setzte sich eine Fliege auf den Turban des Richters. Der Straßenkehrer zögerte keine Sekunde: Er holte mit dem Besenstiel aus und schlug mit aller Kraft auf die Fliege ein! Die Wachen erfaßten ihn sofort. „Laßt ihn!" befahl der Richter, als er wieder zu sich gekommen war. „Er hat mir beigebracht, einfache Leute nicht zu verspotten!"

November

24 Die Nachtigall und die Rose

Ein junger Mann ging einmal durch den Garten und weinte. „Das Mädchen, das ich liebe, will nur dann mit mir tanzen, wenn ich ihm eine rote Rose bringe. Aber ich finde im ganzen Garten keine einzige, und das bricht mir das Herz!"
Eine Nachtigall hörte ihn klagen und dachte: „Die Liebe ist etwas Großartiges. Ich will ihm helfen!" So flog sie zu einem Rosenstock und bat: „Gib mir eine rote Rose, und ich werde dir mein schönstes Lied vorsingen."
„Das kann ich nicht. Meine Rosen sind weiß wie die Schaumkronen der Meereswellen", war die Antwort.
Wie ein Schatten huschte die Nachtigall zu einem anderen Rosenstock. „Meine Rosen sind goldgelb wie die Sonnenstrahlen", hörte sie diesmal. Die Nachtigall flog weiter. „Meine Rosen sind rot wie Korallen", antwortete der Rosenstock, „aber der Reif hat sie umgebracht. Nur ein großes Opfer kann noch einmal eine zum Blühen bringen. Willst du eine Rose, so sing die ganze Nacht mit einem Dorn in der Brust."
„Der Preis ist sehr hoch", sagte die Nachtigall, „aber die Liebe ist mehr wert als das Leben!" Und sie sang die ganze Nacht... Am Morgen dann war eine herrliche rote Rose erblüht, rot wie das Feuer der Liebe, das sie zum Leben erweckt hatte.

25 Der Adler und der Dachs

Ein Adler und ein Dachs wohnten in derselben Eiche. Der eine hatte sein Nest hoch oben in der Krone, der andere seinen Bau zwischen den Wurzeln des Baumes. Sie waren nicht gerade befreundet, aber sie hatten auch nie miteinander gestritten.
Eines Tages stieg eine Katze zum Adlernest. „Hast du noch nicht bemerkt", fragte sie, „daß der Dachs immer tiefer unter den Wurzeln der Eiche gräbt? Er möchte sie stürzen, damit deine Jungen aus dem Nest fallen und er sie auffressen kann."
Nachdem die Katze hier Angst und Mißtrauen gesät hatte, schlich sie zum Dachs. „Verlaß dein Haus ja nicht mehr!" sagte sie zu ihm. „Ich habe den Adler beobachtet. Er wartet nur darauf, daß deine Jungen das sichere Haus verlassen, damit er sich auf sie stürzen kann."
Damit erreichte die Katze, daß Dachs und Adler ihre Jungen keinen Augenblick mehr verließen, nicht einmal, um Nahrung herbeizuschaffen. Und so verhungerten die Jungtiere schließlich.
Genau das hatte die Katze aber bezwecken wollen! Denn jetzt konnten ihre eigenen Jungen die des Dachses und des Adlers ohne jede Anstrengung auffressen.

November

26 Der Geizige und der Bettler

Ein zerlumpter Bettler bat einen reichen Araber um Kleider. Weil er ihn im Namen Allahs bat, konnte ihn der Reiche nicht abweisen, aber er gab ihm ganz alte, abgetragene Kleider. Der Bettler zog sie sofort an und hängte sich, wie es Brauch war, ein Täfelchen um den Hals. Darauf stand: „Allah ist groß!" — „Ja, fügst du nicht noch hinzu: ‚Und Mohammed ist sein Prophet'? So ist es doch üblich!" fragte der Reiche erstaunt. „Unmöglich! Zu jener Zeit, aus der diese Kleider stammen, war der Prophet noch nicht geboren!"

27 Linkisches Benehmen

Ein reicher, aber einfältiger Mann wollte sich gute Manieren aneignen, um einen besseren Eindruck zu machen. Vor der Geburtstagsfeier eines Freundes fragte er, was er als wohlerzogener Mann sagen sollte. „Noch hundert solcher Festtage!" war die Antwort. Als er dann unterwegs einem Trauerzug begegnete, wandte er sich mit dem erlernten Satz an die Eltern des Verstorbenen...und wurde windelweich geprügelt. Verstört bat er um eine Erklärung, und man sagte ihm, was er hätte sagen sollen. Bald darauf traf er ein Brautpaar. „Mein herzliches Beileid!" rief er ihm zu ...und mußte wieder Prügel einstecken. Daraufhin prägte sich der Mann den Satz gut ein, der diesmal gepaßt hätte. Als er dann eine Prozession von Nonnen sah, rief er ihnen zu: „Gesundheit und viele Kinder!" Diesmal gab es keine Schläge. Als er auch noch einen Bauern unpassend ansprach, lehrte ihn dieser folgenden Satz: „Das kleinste Korn soll unter deinen Augen groß wie ein Apfelbaum werden!" Den brachte er dann vor der Tochter des Sultans vor, deren ganzes Gesicht von Pickeln übersät war. Sie fühlte sich zutiefst beleidigt und ließ den Mann einsperren. Vielleicht weiß er schon, warum.

28 Der Affe und das Fischernetz

Ein Affe beobachtete von einem Baum aus, wie Fischer ihre Netze auswarfen. Zu Mittag gingen die Männer essen und ließen die Netze am Strand zurück. Sie wollten dann am Nachmittag weiterfischen. Kaum waren sie aber fort, stieg der Affe vom Baum, ergriff ein Fischernetz und versuchte, es auch so auszuwerfen, wie er es bei den Fischern gesehen hatte. Aber dabei verwickelte er sich derart im Netz, daß er nicht mehr freikam.
„Geschieht mir recht!" sagte er zu sich. „Man soll die Arbeit jenen überlassen, die etwas davon verstehen."

November

29 Knüppel, aus dem Sack!

Ein Geselle hatte seine Lehre bei einem Drechslermeister abgeschlossen und bekam zum Abschied einen Sack mit einem Knüppel. Dazu erklärte der Meister: „Das ist kein gewöhnlicher Knüppel. Wenn dir jemand etwas zuleide tun will, so sprich nur: ‚Knüppel, aus dem Sack!' Dann tanzt der den Leuten so lustig auf dem Rücken, daß sie sich acht Tage nicht bewegen können. Erst wenn du ‚Knüppel, in den Sack!' sagst, läßt er von ihnen ab."
Der Geselle bedankte sich, schulterte den Knüppel und zog in die Welt. Doch später steckte er ihn in den Sack. Und wenn ihm jemand zu nahe kam, brauchte er nur „Knüppel, aus dem Sack!" zu sagen. Alsbald sprang er heraus und klopfte ihm den Rock gleich auf dem Rücken aus.
Eines Tages kam der Geselle in ein Wirtshaus, wo er übernachten wollte. Der habgierige Wirt sah den Sack und dachte, der Mann hätte einen Schatz darin. Darum schlich er sich in der Nacht an, um ihn zu stehlen.
Der Geselle aber schlief noch nicht. Als der Wirt den Sack gerade mit einem herzhaften Ruck wegziehen wollte, rief er: „Knüppel, aus dem Sack!" Sofort fiel dieser über den Wirt her und verprügelte ihn gehörig.

30 Das Drachennest

Es war einmal ein junger König, der leidenschaftlich gern jagte und schon jede Art von Großtieren erlegt hatte. Als höchste Probe für seinen Mut sollte eine Drachenjagd gelten.
Geduldig lauerte er einem Drachen auf und hatte Glück. Zuerst hörte er das unverwechselbare Geräusch, das Drachenflügel machen. Und dann bekam er ihn auch zu Gesicht: einen riesigen Schlangenkörper mit Fledermausflügeln, groß wie Segel.
Blitzschnell schoß der König einen Pfeil ab, und der Drache fiel tot um. Sogleich griff ein etwas kleinerer den König an — die Drachenfrau. Mit einem Axtschlag streckte der König auch sie zu Boden. Als er dann um sich blickte, sah er im Höhleneingang vier neugeborene Drachen, nicht größer als Eidechsen.
Da tat es dem König leid, sie schutzlos ohne Eltern zurückzulassen, und er nahm sie kurzentschlossen mit, um sie am Königshof aufzuziehen.
Bald folgten die Drachenjungen dem König wie zahme Hündchen auf Schritt und Tritt. Nach und nach gewöhnte er sie daran, sich Zaumzeug anlegen zu lassen. Und als sie größer wurden, flog er auf ihnen zur Jagd, auf Besuch oder in den Krieg.
Eines Tages schlug die Königinmutter ihrem Sohn vor, sich eine Frau zu suchen. Er war einverstanden, stellte aber eine Bedingung: Seine zukünftige Frau müsse bereit sein, mit ihm auf einem Drachen zu fliegen.
An viele Königshöfe wurden Boten gesandt, aber sie kehrten erfolglos zurück, denn man hielt den König für einen Narren. Eine einzige Prinzessin, die mutiger war als alle anderen, fand sich bereit, mit ihrem zukünftigen Mann auf dem Rücken eines Drachen zu fliegen.
Nachdem der Drache mit ihnen wohlbehalten auf der Erde gelandet war, fand die Hochzeit statt. Und wie man hört, lebten sie lange glücklich miteinander.

November

Inhaltsverzeichnis

Märchen des Monats: Hänsel und Gretel
nach den Brüdern Grimm

1. Der treue Mungo   nach einem indischen Märchen
2. Die verschwenderische Herrin   nach den Brüdern Grimm
3. Der Bauer und seine Söhne   nach Äsop
4. Der arme Müllerbursch und das Kätzchen   nach den Brüdern Grimm
5. Der härteste Stein   nach einem hebräischen Märchen
6. Die beiden Hähne und der Adler   nach Äsop
7. Der Riese und der Schneider   nach den Brüdern Grimm
8. Die Affen und die Glocke   nach einem indischen Märchen
9. Der König der Vögel   nach Äsop
10. Prinzessin Weitblick   nach den Brüdern Grimm
11. Der Topf der Nachbarin   nach einem arabischen Märchen
12. Alles wegen der Milch!   nach den Brüdern Grimm
13. Kater Felix und die Füchsin   nach einem norwegischen Märchen
14. Der Sommer des Sankt Martin   nach einer italienischen Legende
15. Der Riese und die Kinder   nach O. Wilde
16. Der Hund Schiro   nach einem japanischen Märchen
17. Prinz Igor und die schöne Irina   nach einem rumänischen Märchen
18. Wie die Wüste entstand   nach einem arabischen Märchen
19. Wie der Bauer Gott betrügen wollte   nach einem italienischen Märchen
20. Die faulen Diener   nach den Brüdern Grimm
21. Der Ochse und das Pferd   nach einem arabischen Märchen
22. Der Fuchs als Schäfer   nach einem norwegischen Märchen
23. Der Straßenkehrer und der Richter   nach einem arabischen Märchen
24. Die Nachtigall und die Rose   nach O. Wilde
25. Der Adler und der Dachs   nach La Fontaine
26. Der Geizige und der Bettler   nach einem arabischen Märchen
27. Linkisches Benehmen   nach einem arabischen Märchen
28. Der Affe und das Fischernetz   nach Äsop
29. Knüppel, aus dem Sack!   nach den Brüdern Grimm
30. Das Drachennest   nach L. Capuana

Dezember

Märchen des Monats

Der Tannenbaum

Dezember

Draußen im Wald stand ein niedlicher kleiner Tannenbaum. Er hatte einen guten Platz. Die Sonnenstrahlen liebkosten ihn, und der Wind strich durch seine Zweige. Aber der kleine Tannenbaum achtete nicht auf die warme Sonne, den frischen Wind und den Gesang der Vögel, die um ihn herumflogen. Er wollte nur wachsen, groß werden wie die Tannen und Fichten in seiner Nähe. „Ach, wenn ich doch schon so groß wie sie wäre!" seufzte er ständig.

Von Zeit zu Zeit kamen Holzhauer mit schweren Äxten in den Wald und fällten die größten Bäume. Mit Ächzen und Krachen fielen sie auf den Waldboden. Ihre Äste wurden abgehauen und die nackten Stämme dann auf ein Fuhrwerk geladen und weggefahren.

„Wohin bringen die Menschen die Stämme wohl? Und was machen sie damit?" fragte der kleine Tannenbaum. Aber niemand im Wald wußte darauf eine Antwort. Eines Tages erzählte ihm ein Storch, der von Afrika zurückkam: „Unterwegs sind mir Schiffe begegnet, deren Masten nach Harz rochen."

„Ach, wenn ich doch auch so etwas erleben könnte!" seufzte der kleine Tannenbaum. Und er träumte davon, daß er über das Meer fahren und ein großes weißes Segel halten würde...

Um die Weihnachtszeit wurden ganz junge Bäume gefällt oder mit den Wurzeln aus der Erde geholt. Diese kleinen Bäume — es waren die allerschönsten — behielten ihre Äste. Sie wurden vorsichtig auf Wagen gelegt und weggefahren.

„Wohin sollen sie?" fragte der Tannenbaum. „Wir wissen es!" piepsten die Spatzen. „Wir haben in die Fenster geschaut. Sie werden mitten in der warmen Stube aufgestellt, mit bunten Kugeln, vergoldeten Nüssen und viele Kerzen geschmückt. Dann kommen die Kinder und lärmen vor Freude über diesen Baum."

„Und dann? Was geschieht dann?" fragte der kleine Tannenbaum. Aber das wußten die Spatzen nicht.

„Ach, wenn ich doch auch so etwas erleben könnte!" sagte das Bäumchen sehnsüchtig.

„Freue dich unser!" raunten Luft und Sonnenschein. Aber der Tannenbaum freute sich gar nicht. Er wuchs und wuchs. Winter und Sommer stand er im schönsten Grün da, und die Leute lobten ihn alle: „Das ist ein schöner Baum."

Weihnachten kam, und er wurde als erster aus der Erde geholt. Es tat sehr weh, als scharfe Werkzeuge seine Wurzeln kappten. Seile wurden an seinem Stamm befestigt, und schließlich wurde er mit einem festen Ruck aus der Erde gezogen. Ein großer Schmerz durchzuckte ihn, so daß er in Ohnmacht fiel.

Dezember

Der Baum kam erst wieder zu sich, als er berührt und nach allen Seiten gedreht wurde. Er stellte fest, daß er zusammen mit vielen anderen Bäumen auf einem großen Platz war. Plötzlich hörte er eine Frauenstimme sagen: „Der ist schön gewachsen! Den nehmen wir!" Zwei prächtig gekleidete Diener trugen den Tannenbaum nun in ein geräumiges, herrliches Wohnzimmer. Sie pflanzten ihn in eine große Schale, umhüllten diese mit weißem Stoff und banden eine rote Schleife darum. Er wurde gegossen und liebevoll behandelt. „Was habe ich doch für ein Glück", dachte der Tannenbaum, „daß ich in dieses Haus gekommen bin! Die Menschen bewundern mich und haben mir einen Ehrenplatz gegeben."

Am nächsten Morgen kam die Herrin des Hauses mit einem Dienstmädchen. Aus mehreren Schachteln packten sie bunte Kugeln, rote Schleifen und rote Kerzen aus und schmückten damit die Zweige des Tannenbaums. Hoch oben auf der Spitze aber glänzte ein Stern aus Flittergold. Es war prächtig, ganz unvergleichlich prächtig!

„Wie wird er erst heute abend strahlen!" sagten alle und freuten sich.

„Oh, wäre es nur schon Abend! Würden nur bald die Lichter angezündet!" dachte der Tannenbaum.

Am Abend legten der Hausherr und seine Frau bunt eingepackte Geschenke unter den Baum und zündeten seine Lichter an.

Plötzlich öffnete sich die Türe, und Kinder stürzten ins Zimmer. Einen Augenblick blieben sie stumm und wie angewurzelt stehen, als sie den geschmückten Baum sahen. Dann aber jubelten sie laut und tanzten um ihn herum.

„Wie glücklich bin ich, daß ich so etwas Schönes erleben darf!" dachte der Tannenbaum. „Das werde ich bestimmt nie vergessen!"

Aber sein Glanz und seine Freude waren von kurzer Dauer. Als die Kinder ihre Geschenke ausgepackt hatten, wurden die Kerzen am Baum ausgeblasen, und niemand kümmerte sich mehr um ihn.

Eines Tages dann nahmen Diener ihm den ganzen Schmuck wieder von den Zweigen. Der Gärtner kam, trug ihn in den Garten und pflanzte ihn in der Nähe einer Mauer ein.

Nun erzählte der Tannenbaum den Meisen und Buchfinken seine wunderbaren Erlebnisse. Aber die Tiere waren es bald müde, ihm zuzuhören. Da begann der Tannenbaum zu weinen und sehnte sich nach seinem Heimatwald zurück. Ja, er war so traurig, daß er schließlich einging. Eines Tages dann kam ein Mann, hieb ihm mit dem Beil die Äste ab und schnitt den Stamm in Stücke. So endete der Tannenbaum in einem Kaminfeuer.

Dezember

1 Der gute Tausch

Aldar war ein junger Norweger. Er besaß nichts als ein hinkendes Pferd und einen Mantel mit siebzig Flicken und neunzig Löchern.
An einem kalten Dezembertag, als es sehr stark schneite, saß Aldar halb erfroren auf seinem Pferd. Plötzlich kam ihm ein Herr entgegengeritten. Er trug einen Pelzmantel, und das Pferd, auf dem er saß, war ein prächtiges Tier. Aldar richtete sich im Sattel auf, öffnete seinen Mantel und fing zu singen an.
„Ist dir denn nicht kalt?" fragte der Herr verwundert.
„Überhaupt nicht!" antwortete Aldar. „Der Wind bläst zu einem Loch herein und zu einem anderen wieder hinaus. So bleibe ich im Warmen. Ihr jedoch, Herr, scheint in Eurem Pelzmantel zu frieren." — „Und wie! Würdest du mir wohl deinen Mantel verkaufen?" — „Nein, denn dann habe ich selber ja nichts mehr." — „Ich gebe dir dafür meinen Pelzmantel", beharrte der Herr. „Auch dann nicht, es sei denn ... wir tauschen auch noch die Pferde." Das war dem Herrn recht. Mäntel und Pferde wechselten die Besitzer. Und dann galoppierte Aldar davon, bevor der andere merken konnte, welch schlechten Tausch er gemacht hatte.

2 Der blaue Vogel und der Kojote

Es gab eine Zeit, da hatte der blaue Vogel graue Federn. Er lebte am Ufer eines Sees und träumte davon, ein Gefieder so blau wie das Wasser zu haben. Er wünschte es so sehr, daß er jeden Tag im See badete und dachte: „Ach, wenn meine Federn doch blau würden!" Als der Vogel eines Tages aus dem Wasser auftauchte, waren ihm alle Federn ausgefallen, und er war ganz nackt. Doch er verlor den Mut nicht und tauchte weiterhin täglich. Und als ihm neue Federn wuchsen, waren sie so blau, wie die Federn dieser Vogelart heute noch sind.
Als der Kojote den Vogel sah, blieb er wie angewurzelt stehen. „Ich wäre auch gern so blau!" sagte er voller Bewunderung. Da erklärte ihm der Vogel, wie ihm die Verwandlung gelungen war. Und von nun an badete auch der Kojote täglich im See. Endlich war er blau!
Der Kojote lief nun stolz in die Welt hinaus, um sich von allen bewundern zu lassen. Dabei drehte er sich ab und zu um und schaute, ob sein Schatten auch schon blau würde. Plötzlich rannte er mit dem Kopf gegen einen Baum, fiel auf die staubige Erde und wechselte noch einmal die Farbe: Er wurde grau, und so ist er auch heute noch.

3 Der gestohlene Esel

Ein Bauer bemerkte, daß man ihm seinen Esel von der Weide gestohlen hatte. Da nahm er einen Stock, rannte ins Dorf und schrie: „Ihr elendes Gesindel! Rückt sofort wieder meinen Esel raus, oder ich mache es genau wie mein Vater."
Dabei fuchtelte er wild mit dem Stock, so daß es alle mit der Angst zu tun bekamen, auch der Dieb. Schon wollte er den Esel zurückgeben, da fragte er noch: „Wie hat es denn Euer Vater gemacht?"
„Er hat sich einen neuen Esel gekauft!" antwortete der Bauer.

Dezember

4 Der Glückliche Prinz

Hoch oben auf einer Säule war das Standbild des Glücklichen Prinzen. Es war mit Goldplättchen bedeckt. Als Augen hatte der Prinz Saphire, und auf seiner Schulter leuchtete ein Rubin. Alle bewunderten ihn.
Eines Tages setzte sich eine Schwalbe, die auf dem Weg nach Ägypten war, auf seine Füße und bemerkte, daß er weinte.
„Was hast du?" fragte sie.
Da antwortete der Prinz: „Als ich noch lebte, war ich glücklich. Jetzt bin ich tot, und man hat mich als Standbild hier oben hingestellt. Doch obwohl mein Herz nun aus Blei ist, kann ich die Tränen nicht zurückhalten vor dem Elend, das ich von hier aus sehe. Kleine Schwalbe, bring den Rubin der armen Frau, die da unten näht, denn ich bin unfähig, mich zu rühren!" – „Ich habe keine Zeit, Prinz, ich muß nach Ägypten fliegen. Es ist schon kalt!" Doch der Prinz war so traurig, daß die Schwalbe seine Bitte schließlich erfüllte. Sie brachte auch noch die Saphire zu armen Leuten und dann ein Goldplättchen nach dem anderen, bis das Standbild nackt und grau war. Die Armen der Stadt waren nun weniger arm und ihre Kinder weniger blaß.
Es begann zu schneien. Die kleine Schwalbe hatte keine Zeit und auch keine Kraft mehr, in ein wärmeres Land zu fliegen. Sie erfror und wurde am nächsten Tag auf einen Abfallhaufen geworfen.
Als der Bürgermeister bemerkte, daß das Standbild des Prinzen seinen Glanz verloren hatte, ließ er es entfernen und in einem Hochofen einschmelzen.
Das Bleiherz aber schmolz nicht und wurde zu der Schwalbe auf den Abfallhaufen geworfen.
Da kam ein Engel, sah die beiden kostbaren Dinge und nahm sie mit.
Seit diesem Tag sitzt die Schwalbe im Paradies auf der Schulter des Glücklichen Prinzen und singt.

5 Die schlaue Ziege

Ein Wolf streifte mit knurrendem Magen durch die Berge. „Hab' ich einen Hunger!" dachte er. „Wie mühsam ich mir meine Beute suchen muß! Wäre es nicht wider meine Natur, so würde ich mich nur von Pflanzen ernähren!"
Plötzlich sah er eine Ziege oben auf einem Felsen weiden, hoch oben, wo nur noch Ziegen und ähnlich geschickte Kletterer hin können.
„Komm doch herunter, schöne, kleine Ziege!" rief der Wolf mit seiner süßesten Stimme. „Und sei vorsichtig, wohin du deine Füße setzt, damit du nicht ausrutschst und herunterfällst."
„Mir geht es gut hier oben!" rief die kleine Ziege. Sie war mißtrauisch, denn ihre Mutter hatte immer gesagt: „Nimm dich vor dem Wolf in acht!" Höflich fügte sie hinzu: „Danke, aber du brauchst dir um mich keine Sorgen zu machen."
Der Wolf gab nicht auf. „Komm doch herunter! Hier unten ist das Gras viel zarter und saftiger!"
Da sah ihn die Ziege streng an und sagte: „Mein lieber Freund. Ich bin sicher, daß du mich nicht zu meinem, sondern zu deinem Vergnügen einlädst, dort unten zu weiden!" Und mit einem großen Satz sprang sie auf einen noch höheren Felsen.

Dezember

6 Der Jäger und der Holzfäller

Viele Menschen sind mutig, solange sie reden, und kriegen es mit der Angst zu tun, wenn sie handeln sollen. Ein Jäger ging einmal durch den Wald, um einen Bären zu suchen. Unterwegs traf er einen Holzfäller und fragte: „Sagt, guter Mann, habt Ihr Bärenspuren gesehen?"
„Ja", antwortete der Holzfäller und stellte die Axt ab. „Soll ich Euch zu seiner Höhle führen?" Da wurde der Jäger kreidebleich und begann zu zittern. „Ach nein, danke", wehrte er ab. „Das ist nicht nötig. Ich suche nur Bärenspuren, keinen Bären."

7 Die Teufelsbrücke

In einem einsamen Tal lebte einmal ein Teufel und versuchte, die Leute von den Freuden der Hölle zu überzeugen. Er strengte sich sehr an, doch seine Bemühungen hatten kaum Erfolg. In der Nähe wohnte nämlich ein frommer Einsiedler, und dieser warb für den Himmel.
Eines Tages suchte der Einsiedler den Teufel auf und schlug ihm vor, eine Brücke über den Fluß zu bauen. So könnten die Menschen leichter von einem Ufer zum anderen gelangen. „Weil ich aber weiß, daß ihr Teufel nichts umsonst tut, verspreche ich dir: Der erste, der sie überquert, soll mit Leib und Seele dir gehören."
Darauf antwortete der Teufel: „Ich weiß, daß ihr frommen Menschen die merkwürdige Eigenschaft habt, Versprechen zu halten. Deshalb bin ich einverstanden."
Die Brücke wurde in einer einzigen Nacht erbaut, und gleich stellte sich der Teufel an einem Ende auf und wartete.
Doch welche Enttäuschung!
Der erste, der die Brücke überquerte, war ein Esel! Da war der Teufel so wütend, weil er sich hatte hereinlegen lassen, daß er sich in den Fluß stürzte. Und daraus ist er bis heute nicht wieder aufgetaucht.

8 Der Wolf und der Mensch

Ein Wolf behauptete, er sei unbesiegbar, doch der Fuchs sagte: „Der Mensch ist stärker!" — „Zeig mir einen, dann werden wir ja sehen!" meinte der Wolf. Also versteckten sie sich. Zuerst kam ein Kind. „Ist das ein Mensch?" fragte der Wolf. „Nein, das wird erst einer." Dann ging ein Greis vorbei. „Ist das ein Mensch?"
„Nein, das ist einer gewesen." Endlich kam ein Jäger. „Das ist einer!" rief der Fuchs und rannte davon. Der Wolf aber bekam eine große Ladung Schrot ab. „Na, hatte ich recht?" fragte der Fuchs.

Dezember

9 Däumelinchen, die Blumenkönigin

Es war einmal eine Frau, die seufzte ständig: „Ach, hätte ich doch ein kleines, winziges Kind!" Das hörte eine Hexe und gab ihr ein Gerstenkorn. „Es ist ein besonderes Korn. Pflanz es ein, dann wirst du etwas zu sehen bekommen!" Aus dem Korn wuchs eine Tulpe. Als sie sich öffnete, saß auf dem grünen Blumengriffel ein winziges, liebliches Mädchen. Weil es nicht größer als ein Daumen war, wurde es „Däumelinchen" genannt. Es erhielt eine Walnußschale als Wiege, blaue Veilchenblätter als Matratze und ein Rosenblatt als Decke.
Eines Nachts kam eine häßliche Kröte und nahm Däumelinchen mit, um es ihrem Sohn zur Frau zu geben. Zum Glück entdeckte eine Schwalbe Däumelinchen im Sumpf und sagte: „Steig auf meinen Rücken! Ich bringe dich ins Land der Blumen!"
Als die Schwalbe das Meer überflogen hatte, sagte sie:
„Hier ist mein Haus. Such dir die prächtigste Blume aus, die unten blüht. Dort will ich dich absetzen." Wie aber staunte Däumelinchen, als in dem großen Blütenkelch ein kleiner Mann mit einer Krone auf dem Kopf saß! Er nahm sie ab, setzte sie Däumelinchen auf und bat es, seine Frau zu werden.
So wurde Däumelinchen Blumenkönigin.

10 Der Bauer und die Diebe

Drei Diebe wollten herausfinden, wer von ihnen der geschickteste war. Ein Bauer ritt gerade auf einem Esel vorüber, gefolgt von einer Ziege, die eine Glocke um den Hals trug.
„Ich stehle ihm die Ziege, ohne daß er es merkt!" sagte der erste. „Ich nehme ihm den Esel weg!" sprach der zweite. „Und ich will ihm die Kleider stehlen!" meinte der dritte. Der erste Dieb ging zur Ziege, nahm ihr die Glocke vom Hals und band sie dem Esel an den Schwanz.
Der Bauer hörte weiterhin die Glocke läuten, und deshalb dauerte es eine Weile, bis er den Diebstahl bemerkte. „Man hat meine Ziege gestohlen!" rief er.
„Ich habe den Schurken gesehen", sagte der zweite Dieb. „Er ist durch diese Gasse geflohen!" Die Gasse war so eng, daß der Esel nicht hindurch paßte. Da ließ ihn der Bauer stehen und lief hinter der Ziege her. Der zweite Dieb aber führte den Esel am Strick davon. Am Brunnen stand der dritte Dieb und rief dem Bauern zu: „Hilfe! Meine Geldbörse ist in den Brunnen gefallen! Zehn Goldstücke demjenigen, der sie mir herausholt!"
Der Bauer zog sich rasch aus und sprang in den Brunnen. So konnte der dritte Dieb die Kleider stehlen.

Dezember

11 Die drei Äxte des Holzfällers

Iwan war so arm, daß er nichts außer seiner Axt besaß. Damit schlug er im Wald Holz und verdiente sich so sein Geld zum Leben.
Eines Tages aber löste sich die Axt vom Stiel und fiel unglücklicherweise in den Fluß.
„Was soll nur ohne Axt aus mir werden?" fragte Iwan verzweifelt. „Wovon soll ich leben?"
Als er so jammerte, kam plötzlich ein merkwürdiger Alter. Er ließ sich von Iwan erzählen, was geschehen war, und sprang dann in den Fluß. Nach ein paar Minuten tauchte er mit einer prächtigen goldenen Axt wieder aus dem Wasser auf.
„Ist es die?" fragte er.
„Nein", antwortete Iwan, „das ist nicht meine."
Der Alte tauchte noch einmal auf den Grund des Flusses und kam diesmal mit einer silbernen Axt herauf.
„Das ist sie auch nicht", sagte Iwan. Beim drittenmal brachte der Alte schließlich Iwans Axt.
„Ja, das ist meine!" freute sich der Holzfäller. „Dann nimm sie", sagte der Alte. „Ich will nichts für meine Hilfe. Du hast gezeigt, daß du weder goldgierig noch unehrlich bist. Darum darfst du auch die goldene und die silberne Axt behalten!"

12 Vassilissa, die schöne Weberin

Ein Mädchen namens Vassilissa war ganz allein auf der Welt geblieben. Deshalb nahm eine alte Frau es bei sich auf. Vassilissa war nicht nur schön, sie war auch begabt: Sie konnte vor allem wunderbar spinnen und weben. Eines Tages ließ sich Vassilissa von der alten Frau Flachs geben. Sie spann einen so feinen Faden, daß sie zum Weben einen besonderen Webrahmen brauchte. Doch dann webte sie einen ganz feinen, zarten Stoff, ein wahres Wunderwerk. Sie schenkte den Stoff der alten Frau, um ihr für alles zu danken, was diese für sie getan hatte. „Verkauft ihn", sagte sie, „er bringt Euch sicher eine schöne Summe Geld."
Als die alte Frau den feinen Stoff sah, war sie zunächst stumm vor Bewunderung. „Nein, mein Kind, den verkaufe ich nicht!" rief sie dann. „Der Zar allein ist würdig, solch einen Stoff zu besitzen." Und so ging die alte Frau zum Zarenpalast. Sie stellte sich unter ein Fenster und blieb dort, bis der Zar sie bemerkte und zu sich kommen ließ. Die alte Frau zeigte ihm den Stoff, und er war davon so angetan, daß er ihn um jeden Preis haben wollte.
„Nein, mein Zar, dieser Stoff ist nicht zu verkaufen", sagte die alte Frau. „Ich schenke ihn Euch." Der Zar nahm ihn dankend an und schickte die alte Frau mit Geschenken beladen nach Hause. Doch kein Schneider war bereit, die Verantwortung für den kostbaren Stoff zu übernehmen und dem Zaren daraus eine Jacke zu nähen.
Da ließ der Zar die alte Frau wieder zu sich kommen und bat sie, Vassilissa diese Arbeit ausführen zu lassen. Das Mädchen schneiderte eine wunderbare Jacke daraus. Und als sie fertig war, ging Vassilissa selbst zum Zaren und brachte sie ihm. Der Zar verliebte sich auf den ersten Blick in die schöne Vassilissa.
Und schon bald darauf wurde die Hochzeit gefeiert.

Dezember

13 Die Rose und der Fuchsschwanz

Ein Fuchsschwanz war neben einer Rose gewachsen und sagte: „Wie schön du bist! Du bist die Freude der Götter und der Menschen! Wie ich dich um deine Schönheit und deinen Duft beneide!" — „Oh, Fuchsschwanz!" erwiderte die Rose. „Ich lebe nur wenige Tage. Und selbst wenn mich niemand pflückt, welke ich. Du jedoch blühst immer und bleibst immer jung!" Noch heute fragt sich der Fuchsschwanz, was besser ist: lange zu leben und sich mit wenig zufriedenzugeben oder für kurze Zeit schön und berühmt zu sein?

14 Der Winter und der Frühling

Der Winter war sehr stolz darauf, wieviel Furcht sein Name den Menschen einflößte, und hatte vor allem am Frühling etwas auszusetzen. „Wenn du zu den Menschen kommst, spielen sie verrückt", sagte er. „Niemand bleibt an seinem Platz. Die einen fahren hinaus aufs Land, die anderen gehen zum Blumenpflücken in den Wald oder auf die Wiese. Jeder zieht sich Kleider in fröhlichen Farben an, als wäre es Fasching."
„Aber im Frühling ist auch nicht immer schönes Wetter", warf der Herbst ein. „Das stimmt", gab der Winter zu. „Aber niemand kümmert sich darum. Nehmt euch ein Beispiel an mir! Ich bringe die Menschen zum Zittern. Und wenn ich will, halte ich sie einen ganzen Tag lang gefangen. Für sie bin ich ein Herrscher, ein Tyrann, und sie gehorchen mir. Ihr müßt zusehen, daß sie euch ernst nehmen und achten."
„Daran liegt mir nichts", sagte der Frühling. „Auf dich würden die Menschen gern verzichten. Ich aber bin beliebt und erwünscht. Wenn ich komme, freuen sie sich, und wenn ich gehe, denken sie gern an mich zurück. Du dagegen wirst nur ertragen. Und darüber kannst du dich auch noch freuen?"

15 Der Wolf und die Ziege

Eine Ziege ging mit der Herde auf die Weide. Es hatte geschneit, und so waren die wenigen Halme, die es noch gab, mit Schnee bedeckt.
Es war kalt und windig. Deshalb suchte die Ziege eine geschützte Stelle, rollte sich zusammen, und weil sie jetzt nicht mehr fror, schlief sie bald ein.
Als sie aufwachte, war die Herde schon wieder in den Stall zurückgekehrt. So machte sich die Ziege allein auf den Heimweg. Schon bald begegnete ihr ein Wolf und versuchte gleich, sich mit ihr zu unterhalten. Aber die Ziege war auf der Hut.
„Wenn du willst", begann der Wolf, „begleite ich dich bis zum Stall."
„Nein, danke, das ist nicht nötig."
„Aber ich habe Angst, daß dir ein böses Tier begegnet und dich frißt."
„Außer dir wüßte ich niemanden, der mir etwas zuleide tun würde", sagte die Ziege und seufzte.
„Es fehlt sicher nicht an zwei- und vierbeinigen Jägern", fuhr der Wolf fort. „Und bevor du im Magen eines anderen endest, ist es mir lieber, wenn ich dich in meinem eigenen habe."
Und mit einem Satz sprang der Wolf die Ziege an und verschlang sie mit Haut und Haar, so wie es seiner Natur entspricht.

Dezember

16 Der Pfau und der Kranich

Der prächtige Pfau machte sich über das schlichte Federkleid des Kranichs lustig. „Ich", sagte er eitel, „bin mit Gold und Smaragden bekleidet. Du hingegen besitzt ein schmuckloses Gefieder." Da erwiderte der Kranich: „Dafür steige ich in den Himmel hinauf und singe bei den Sternen. Du aber bist so gewöhnlich wie ein Hahn. Du kannst auch nur mit den Hennen im Hühnerhof herumstolzieren!"
Was ist wohl besser: schlicht gekleidet zu sein und zum Himmel fliegen zu können oder prächtig auszusehen und dafür gewöhnlich zu sein?

17 Die Königin der Wiese

Eines Tages entdeckte der Wind eine große Wiese, auf der keine einzige Blume wuchs.
„Wie schade!" dachte er. „Ich will versuchen, das zu ändern." Und er flüsterte den Blumen zu: „Wer möchte eine schöne Wiese schmücken?"
Keine war bereit dazu, jede erfand irgendeine Ausrede: Die eine fürchtete sich vor der Kälte, die andere wurde leicht schwindlig, eine dritte hatte Angst um ihre Blütenblätter, und wieder eine wollte lieber in der Rabatte bleiben. Die Rose aber entgegnete entrüstet: „Willst du wirklich, daß ich, die Königin der Blumen, in einer armen Wiese lebe?"
Nur ein Gänseblümchen war bereit mitzugehen. Diese kleine Blume wuchs in einem schmalen Spalt zwischen zwei Steinen. Der Wind betrachtete sie. Wie hübsch sie war! Sie hatte weiße Blütenblätter mit rötlich gefärbten Spitzen und ein gelbes Herz. Ja, so eine Blume hatte er gesucht! „Aber wirst du dich nicht sehr einsam fühlen?" fragte der Wind. „Nein, die gelben Butterblumen werden mir Gesellschaft leisten!" Da brachte ein kräftiger Windstoß das Gänseblümchen mit der Butterblume auf die Wiese. Und dort wird es geliebt und als Königin geehrt.

18 Der kranke Löwe

Der Löwe hatte sich den Magen verdorben und ließ die Ärzte seines Reiches zu sich kommen. „Ihr riecht aus dem Maul, Majestät!" rief das Zebra. „Wie kannst du es wagen, so zu mir zu sprechen!" entrüstete sich der König der Tiere und brach ihm mit einem Prankenschlag das Genick.
„Wie Ihr duftet!" log die Hyäne vor Angst.
„Du machst dich über mich lustig!" knurrte der Löwe und tötete sie ebenfalls. Der listige Fuchs aber sagte: „Es tut mit leid, Majestät, ich bin stark erkältet und rieche gar nichts!"

Dezember

19 Der verwundete Wolf und das Lamm

Ein Wolf war verwundet und hungrig. Die Hunde hatten ihn gejagt, und er hatte schon tagelang nichts mehr gefressen. Auf einmal entdeckte er ein weißes Lamm und dachte: „Das wäre jetzt das richtige!" So rief er: „Kleines, weißes Lamm, reich mir doch bitte ein wenig Wasser! Du siehst ja, ich bin krank. Wenn du mir jetzt zu trinken gibst, werde ich mir danach selber wieder etwas zu fressen besorgen können."
„Wenn ich dir etwas zu trinken reiche, bin ich auch deine Mahlzeit!" sagte das Lamm und lief davon.

20 Der junge König

Am Abend vor der Krönung saß der junge König allein in seinem Zimmer. Er dachte an das goldene Gewand, das er tragen würde, an das Perlenzepter und die rubinenbesetzte Krone. Im Garten sang eine Nachtigall, und Jasminduft strömte zum Fenster herein. So schlief der junge König ein, und bald träumte er...
Bleiche Kinder saßen an einem Webstuhl, und ihre Hände zitterten.
„Was webt ihr?" fragte sie der junge König. „Das Krönungsgewand für den König!" antworteten sie im Chor. Da schrie der junge König auf, aber der Traum ging weiter. Auf einem großen Schiff ruderten hundert Sklaven, und viele Taucher sprangen ins Wasser. Jedesmal kamen sie mit einer Perle wieder hoch. Diese steckte der Kapitän in einen kleinen Lederbeutel.
„Wofür sind die Perlen?" fragte ihn der junge König.
„Für das Zepter des Königs!" war die Antwort. Der König stöhnte im Schlaf, träumte aber weiter.
In einem trockenen Flußbett schaufelten in Lumpen gekleidete Männer Sand und siebten ihn tonnenweise durch.
„Was sucht ihr?" fragte der junge König.
„Rubine für die Königskrone!" antworteten sie. Entsetzt schrie der junge König auf... und erwachte.
Pagen kamen herein und brachten ihm das golddurchwobene Gewand, das Perlenzepter und die rubinenbesetzte Krone. Aber er nahm sie nicht. Er holte ein weißes Leinenhemd aus einer alten Truhe, schnitt sich im Garten einen Stock als Zepter und flocht sich einen Blätterkranz. So ausgestattet betrat er den Dom, um sich krönen zu lassen. Da fielen durch die hohen Fenster Sonnenstrahlen auf ihn und ließen sein Gewand golden aussehen. An dem Stock blühten Lilien, glänzender als Perlen, und aus dem Blätterkranz wuchsen Rosen, roter als Rubine.

Dezember

21 Das verlockende Schaufenster

Schon oft war Charles vor dem Schaufenster des Lebensmittelhändlers stehengeblieben. Aber jetzt, vor Weihnachten sah es noch viel verlockender als sonst aus.
Ein riesengroßer Truthahn lag dort, umgeben von leckeren Pasteten und einem Glas mit bunten Süßigkeiten. Darüber hingen Wurstketten und Lebkuchenherzen. Rotbackige Äpfel lachten Charles an. Sie waren von Marzipanfrüchten kaum zu unterscheiden. Und in der Luft hing ein Duft von Glühwein und Vanille, der die Freude auf Weihnachten weckte...

22 Das kleine Mädchen mit den Schwefelhölzchen

Es schneite und war dabei schrecklich kalt. An diesem letzten Abend des Jahres ging ein kleines, armes Mädchen durch die Straßen. Es hatte nicht einmal Strümpfe an. In der Hand hielt es Schwefelhölzer. Kein einziges davon hatte es heute verkauft! Deshalb wagte es sich nicht nach Hause; der Vater würde es schlagen. Die Hände der Kleinen waren starr vor Kälte. Ach, ein Hölzchen würde sie so schön erwärmen! Sollte sie eins anzünden? Sie nahm eins aus der Schachtel und strich es — ritsch! — an. Wie sprühte, wie brannte es! Das Mädchen hielt die Hand über die warme, helle Flamme. Welch wunderbares Lichtchen! Und plötzlich sah das Kind einen herrlichen Christbaum vor sich. Tausend Kerzen brannten auf den grünen Zweigen. Doch dann erlosch das Schwefelhölzchen, und auch die Kerzen des Baumes erloschen. Die Kleine zündete wieder ein Hölzchen an. Da leuchtete es ringsumher, und in dem Glanz stand die alte Großmutter, so mild und liebevoll. „Oh, Großmutter", rief die Kleine, „nimm mich mit!" Da nahm sie die Großmutter auf den Arm und flog mit ihr dorthin, wo es weder Kälte noch Hunger noch Angst gibt: zu Gott.

23 Der fleißige Weihnachtsmann

In der Himmelswerkstatt über dem Nordpol arbeitet der Weihnachtsmann schon lange vor dem Fest an den Geschenken. Alle Kinder der Welt sollen ja zu Weihnachten etwas bekommen. Da heißt es, gut planen und rechtzeitig anfangen. Ein Glück, daß die einfallsreichen und geschickten Wichtel dem Weihnachtsmann bei der Arbeit helfen! Wenn dann am Heiligabend alles fertig ist, belädt der Weihnachtsmann seinen großen Schlitten und spannt die Rentiere davor. Manchmal hört man auch bei uns ihre Glöckchen läuten...

Dezember

24 Die Geschenke des Weihnachtsmanns

Es ist Heiligabend. Im Haus ist es ganz still. Die Kinder schlafen fest in ihren Bettchen. Plötzlich unterbricht Glockengeläut die Stille. Sofort eilen kleine Füße zum Fenster, ein Lockenkopf schiebt sich am Vorhang vorbei, und ein Näschen drückt sich an der vereisten Scheibe platt. Zwei große Augen suchen nach dem Weihnachtsmann. Aber sie sehen nur einen weißen Streifen: Es sind die Tausende von Funken, die der Rentierschlitten zurückläßt. Da schlüpft das Kind schnell wieder ins warme Bettchen.
Natürlich ist es der Weihnachtsmann, der mit dem vollbeladenen Schlitten gekommen ist! Rasch ist er aufs Dach geklettert und durch den Kamin ins Wohnzimmer hinabgestiegen. Oho, der Pelzbesatz am roten Anzug ist vom Ruß ein wenig schwarz geworden!
Rasch verteilt der Weihnachtsmann die Geschenke: Die kleinen steckt er in die Strümpfe, die von den Kindern aufgehängt wurden, die großen legt er unter den Weihnachtsbaum.
Schnell, schnell, es ist schon spät! Bald klettert der Weihnachtsmann durch den Kamin wieder ins Freie. Die Glöckchen läuten... immer ferner, immer leiser. Und schließlich ziehen die Rentiere den Schlitten wieder zum Himmel hinauf.

25 Das Weihnachtsessen

Zu Weihnachten hören englische Kinder gern folgende Geschichte:
Am ersten Tag der Weihnachtswoche hat der Weihnachtsmann der Mutter einen riesigen Truthahn gebracht. Am zweiten Tag kam er mit zwei Rebhühnern zu ihr. Am dritten Tag schenkte er ihr drei geräucherte Lachse. Am vierten Tag der Weihnachtswoche hat er ihr vier Pakete Butter gebracht, am fünften kam er mit fünf Kilo Mehl. Am sechsten Tag hat dann der Weihnachtsmann sechs Körbe mit Nüssen angeschleppt. Am siebten Tag endlich brachte er ihr sieben Kisten voll Mandarinen. Am Weihnachtstag hat die Mutter den riesengroßen Truthahn, die zwei Rebhühner, die drei geräucherten Lachse, die vier Pakete Butter, die fünf Kilo Mehl, die sechs Körbe mit Nüssen und die sieben Kisten voll Mandarinen mit in die Küche genommen und hat daraus ein köstliches Weihnachtsessen zubereitet.
Danach hat sie die Festtags-Tischdecke über den Tisch gebreitet, die besten Teller und Gläser darauf gestellt und den Tisch mit Kerzen geschmückt. Selbst Tischkärtchen fehlten nicht! Und dann hat sich die ganze Familie zum Essen an den Tisch gesetzt.

Dezember

26 Der geflickte Schuh

Schlösser, Paläste, Häuser, Hütten... sind etwas, worin man wohnen kann. Ich aber bin weit gereist und versichere euch, daß ich einmal eine Mutter mit ihren dreizehn Kindern in einem geflickten Schuh wohnen sah. Ein Freund der Familie, ein Schuster, hatte ihn hergerichtet und bewohnbar gemacht. Das Schuh-Haus hatte dreizehn Fenster, für jedes Kind eines, und außerdem einen Balkon für die Eltern.
Die Kinder waren ausgelassen und laut. Das kann man ja auch sein, wenn man in so einem Haus wohnt, oder?

27 Die Ziege des Herrn Seguin

Herr Seguin hatte kein Glück mit seinen Ziegen: Erst zog er sie mit viel Liebe auf, und eines Tages dann liefen sie ihm in die Berge davon, wo sie der Wolf fraß. Auch die letzte Ziege, die er als winziges Zicklein gekauft hatte, sagte eines Tages zu ihm: „Hört, Herr, wenn Ihr mich nicht in die Berge laufen laßt, sterbe ich vor Kummer!"
Herr Seguin versuchte, sie umzustimmen: „Auf den Bergen ist der Wolf. Er wird dich fressen so wie meine anderen Ziegen auch."
„Das ist mir gleichgültig", sagte die Ziege, „ich will frei sein, und wenn ich es mit dem Leben bezahlen muß."
In der Nacht riß die Ziege aus. Ah, wie herrlich war es, frei in den Bergen herumzulaufen! Wie gut hier das Gras und die Blumen schmeckten! Aber der Tag verging, und die Nacht kam. Die Ziege hörte Herrn Seguin nach ihr rufen. Doch sie dachte daran, daß sie dann wieder angebunden würde, und ein Schauder lief ihr über den Rücken. Lieber wollte sie sterben!
Plötzlich bewegten sich die Blätter eines Busches...Der Wolf kam. Die ganze Nacht kämpfte die Ziege um ihr Leben. Aber in der Morgendämmerung wurde sie vom Wolf verschlungen.

28 Die Geschenke des kleinen Volkes

Ein Schneider und ein Goldschmied wanderten zusammen. Eines Abends kamen sie zu einem Hügel im Wald und erblickten viele kleine Männer und Frauen. Die hatten sich bei den Händen gefaßt, sangen und tanzten. In der Mitte saß ein Alter. Er winkte die beiden Wanderer in den Kreis hinein, zog plötzlich ein Messer und schor ihnen die Köpfe kahl. Vor lauter Angst sträubten sich die zwei nicht. Der Alte klopfte ihnen zufrieden auf die Schulter, deutete dann auf einen Kohlenhaufen und gab ihnen durch Zeichen zu verstehen, daß sie sich damit die Taschen füllen sollten.
Wie groß war ihre Überraschung, als am nächsten Morgen aus der Kohle Goldstücke geworden waren und sie ihre Haare wiederhatten! Der Schneider tanzte vor Freude, aber der Goldschmied ärgerte sich, daß er nicht mehr Kohle mitgenommen hatte. Am nächsten Abend ging er daher noch einmal zu dem kleinen Volk und kehrte mit zwei großen Säcken Kohle zurück. Doch diesmal verwandelte sich die Kohle nicht in Gold. Ja, das Gold, das er schon besaß, wurde sogar wieder zu Kohle, und seine Glatze behielt er sein Leben lang. Das war die Strafe für seine Habgier.

Dezember

29 Der Geizige und die Sterne

Ein Mann war sehr reich, aber auch sehr geizig. Sein Freund wußte das. Trotzdem bat er den Reichen, ihm Geld zu borgen, als er dringend welches brauchte. Der Geizige konnte die Bitte nicht abschlagen, stellte aber eine Bedingung: „Du bekommst das Geld, wenn du die kommende Nacht nackt, ohne etwas, was dich wärmt, oben auf dem Turm verbringst." Es war Winter, und draußen blies ein eiskalter Wind. Dennoch war der Mann einverstanden. Und...er überlebte die harte Probe. „Was hast du gesehen?" fragte der Geizige mißtrauisch. „Überhaupt nichts", antwortete der andere. „Es war dunkle Nacht, und nur ein paar Sterne standen am Himmel." — „Sterne?" fragte der Geizige. „Dann hast du mich also betrogen! Du hast dich in ihrem Licht aufgewärmt!" Am nächsten Tag lud der Mann den Geizigen zum Essen ein, aber der Tisch war leer. „Mal sehen, ob der Braten endlich fertig ist", sagte der Mann und ging zu einem Topf, der an der Decke hing. „Dummkopf!" rief der Geizige. „Wie willst du einen Braten so weit vom Feuer garen?" — „Warum sollte das nicht gehen? Mich haben ja auch die Sterne gewärmt ... Und die waren viel weiter von mir weg!"

30 Die roten Schuhe

Karin war ein kleines Mädchen. Sie war wie alle Kinder, nur sehr, sehr eitel. Alles, was sie im Schaufenster sah — Röcke, Blusen, Schuhe — wollte sie sofort haben. Die Mutter hatte nicht viel Geld, aber sie erfüllte Karin die Wünsche, denn sonst tobte und weinte das Mädchen entsetzlich.
Eines Tages entdeckte Karin ein Paar rote Tanzschuhe und gab nicht eher Ruhe, bis die Mutter sie ihr kaufte. Nun besaß die arme Frau keinen Pfennig mehr! Als sie das Geschäft verließ, sah sie daher sehr besorgt aus. Karin jedoch sprang vor Freude auf der Straße herum. Plötzlich kam ihnen ein Mann entgegen. Er hatte einen Bart, der halb weiß und halb rot war. O weh, das war ja der Teufel! Er sah Karin an und murmelte einen Spruch. Sogleich fing das Mädchen an zu tanzen und konnte nicht mehr aufhören: Die roten Schuhe zwangen es zu tanzen und führten es, wohin sie wollten. Karin kam in einen Wald. Und auch dort tanzte sie, bis die Schuhe durchgetanzt waren. Jetzt erst konnte sie barfuß nach Hause zurückkehren.
Karin wachte auf. Ein Glück, daß sie alles nur geträumt hatte!
Aber von da an war sie von ihrer Eitelkeit geheilt.

31 Neues Jahr, neues Leben

Dies hier ist kein Märchen, denn heute ist der letzte Tag des Jahres. Und da gibt es nichts Schöneres, als an das zu Ende gehende Jahr zurückzudenken und sich Wünsche für das neue Jahr auszudenken. Wir können noch einmal die Fabeln und Märchen dieses Buches lebendig werden lassen: Frösche verwandeln sich in Prinzen, Arme werden reich, Böse und Geizige werden gut und freigebig, andere Böse werden bestraft, und die Guten werden belohnt... All das können auch wir uns für das neue Jahr wünschen, denn: neues Jahr, neues Leben!

Dezember

Inhaltsverzeichnis

Märchen des Monats: Der Tannenbaum
nach H. Ch. Andersen

1. Der gute Tausch   *nach einem norwegischen Märchen*
2. Der blaue Vogel und der Kojote   *nach einem amerikanischen Märchen*
3. Der gestohlene Esel   *nach einem arabischen Märchen*
4. Der Glückliche Prinz   *nach O. Wilde*
5. Die schlaue Ziege   *nach Äsop*
6. Der Jäger und der Holzfäller   *nach Äsop*
7. Die Teufelsbrücke   *nach einem italienischen Märchen*
8. Der Wolf und der Mensch   *nach den Brüdern Grimm*
9. Däumelinchen, die Blumenkönigin   *nach H. Ch. Andersen*
10. Der Bauer und die Diebe   *nach einem italienischen Märchen*
11. Die drei Äxte des Holzfällers   *nach L. Tolstoi*
12. Vassilissa, die schöne Weberin   *nach einem russischen Märchen*
13. Die Rose und der Fuchsschwanz   *nach Äsop*
14. Der Winter und der Frühling   *nach Äsop*
15. Der Wolf und die Ziege   *nach einem arabischen Märchen*
16. Der Pfau und der Kranich   *nach Äsop*
17. Die Königin der Wiese   *nach einem italienischen Märchen*
18. Der kranke Löwe   *nach einem arabischen Märchen*
19. Der verwundete Wolf und das Lamm   *nach Äsop*
20. Der junge König   *nach O. Wilde*
21. Das verlockende Schaufenster   *nach Ch. Dickens*
22. Das kleine Mädchen mit den Schwefelhölzchen   *nach H. Ch. Andersen*
23. Der fleißige Weihnachtsmann   *nach einem amerikanischen Märchen*
24. Die Geschenke des Weihnachtsmanns   *nach C. Moore*
25. Das Weihnachtsessen   *nach einem englischen Märchen*
26. Der geflickte Schuh   *nach einem englischen Märchen*
27. Die Ziege des Herrn Seguin   *nach A. Daudet*
28. Die Geschenke des kleinen Volkes   *nach den Brüdern Grimm*
29. Der Geizige und die Sterne   *nach einem arabischen Märchen*
30. Die roten Schuhe   *nach H. Ch. Andersen*
31. Neues Jahr, neues Leben   *nach G. Padoan*